싸가지 없는 정치

싸가지 없는 정치

진보는 어떻게 독선과
오만에 빠졌는가?

강준만 지음

인물과
사상사

왜 다시 문제는
'싸가지'인가?

"혹시 우리가 민주화에 대한
헌신과 진보적 가치들에 대한 자부심으로,
생각이 다른 사람들과 선을 그어 편을 가르거나
우월감을 갖지는 않았는지 되돌아볼 필요가 있습니다.
우리가 이른바 '싸가지 없는 진보'를 자초한 것이 아닌지
겸허한 반성이 필요한 때입니다."[1]
● 박근혜에게 패배한 2012년 대선 결과를 성찰한 문재인의 회고록
『1219 끝이 시작이다』

의외로 많은 사람이 '싸가지'를 욕설로 오해하는데, 싸가지는 욕설
이 아니다. "사람에 대한 예의나 배려를 속되게 이르는 말"일 뿐이
다. "싸가지 없다"는 말은 많이 쓰여도 "싸가지 있다"는 말은 비교
적 잘 쓰이지 않는 용법으로 인해 욕설 비슷하게 인식하는 게 아닌
가 싶다.

　　나는 문재인이 『1219 끝이 시작이다』(2013)에서 민주화 세력

의 '싸가지 없음'을 성찰한 것에 대해 박수를 보냈다. 나는 그런 성찰이 결실을 맺는 데 일조하고 싶어 2014년 8월 『싸가지 없는 진보: 진보의 최후 집권 전략』이라는 책을 출간했다. 나는 이 책에서 '싸가지 없는 진보'는 단기적으론 '남는 장사'일망정 장기적으론 자해自害라고 역설했다.

내가 평소 '진보의 선각자'로 평가해온 노회찬(1956~2018)이 3개월 후인 2014년 11월에 출간한 『대한민국 진보, 어디로 가는가: 노회찬, 작심하고 말하다』에 나에 대해 언급한 부분이 있다. 이에 대해 뒤늦게나마 논하는 방식으로 "왜 다시 문제는 '싸가지'인가?"라는 물음에 답을 해보련다. 대담을 한 구영식이 "강준만 교수의 『싸가지 없는 진보』를 읽어보았나?"라고 묻자 노회찬은 다음과 같이 답했다.

"나오자마자 주문해서 읽었다. 처음에는 그 진보가 우리를 가리키는 줄 알고 급하게 읽기 시작했다. 그런데 책에서 말하는 진보는 새정치민주연합 쪽이었다. 그렇다고 안심되지는 않았다. 왜냐하면 책에서 말하는 내용이 우리 쪽에도 거의 해당될 수 있는 내용이었기 때문이다. 공감되는 부분이 많았다. 입에 쓴 약처럼 도움되는 내용도 많았다. 그러나 한 가지 의문은 있다. 강준만 교수가 말하는 '싸가지 있는 정치'가 과연 '진보의 최후 집권 전략'인가? 과대광고가 아닌가도 싶다."[2]

생전에 직접 뵙고 감사 인사를 드리지 못한 게 아쉽다. '과대광고' 혐의에 대해선 굳이 반론을 펼 필요는 없을 것 같다. 얼마든지 그렇게 볼 수 있다는 걸 인정하기 때문이다. 하지만 동시에 이런 말씀을 드리고 싶다. 나는 노회찬이 말한 '진보의 세속화'가 '진보의 최후 집권 전략'이라고 생각한다('진보의 세속화'에 대해선 「제8장 왜 '진보'를 완장으로 애용하는 사람이 많을까?」에서 자세히 말씀드리겠다).

즉, 정치에 임하는 기본자세가 달라져야만 이후 변화가 가능하다는 것이다. '싸가지 있는 정치'란 노회찬이 말한 '진보의 세속화'와 일맥상통하는 것이다. 정치를 하는 목적과 주요 방법론이 '진보의 완장화'가 되어선 안 되며, 노회찬의 표현을 빌리자면, "진보주의자의 기본 덕목은 실사구시"라는 것을 인정하는 기반 위에서 정치를 해야 한다는 것이다.[3]

물론 더불어민주당(민주당)은 '싸가지 없는 정치'를 버리지 않았음에도 집권에 성공했다. 이 점에 비추어본다면 나의 주장은 틀린 셈이 되었지만, 세상에 박근혜가 그런 식으로 정권을 헌납할 줄 상상이나 했겠는가? 진중권은 "말이 촛불 정권이지 문재인 정권은 이른바 '친노 폐족'이 운 좋게 국정 농단 사태를 만나 권력을 거저 얻은 것에 더 가깝다"고 했는데,[4] 내겐 그런 '행운'까지 내다볼 능력은 없다.

중요한 건 민주당 집권 이후 '싸가지 없는 정치'가 계속되고 있기 때문에 민주당은 물론 우리 사회가 큰 위기에 처하게 될 가능성이 매우 높아졌다는 사실이다. 물론 보수 세력이 워낙 한심한 수준이기에 재집권에 성공할 가능성도 높지만, 나라의 장래를 생각한다면, 이는 우리 모두를 패자로 만드는 게 아니고 무엇이겠는가. 나는 노회찬이 말한 '진보의 세속화'를 뜨겁게 지지하며, 그 연장선상에서 진보를 '완장'으로 이용하는 '싸가지 없는 정치'의 종언을 간절히 바라마지 않는다.

시詩로 파시즘에 맞서 싸웠던 영국 시인 세실 데이루이스Cecil Day-Lewis, 1904~1972는 "정직한 꿈을 꾸며 살았던 우리가 나쁜 사람들을 더욱 나쁜 사람들과 비교하여 옹호하는 것은 우리 시대의 논리다"라고 개탄했다지만,[5] 지금 우리가 바로 그런 시대에 살고 있다. '편 가르기'의 광기가 지배하는 사회에서 정치의 목적은 '반대편 타도'로 전락하고 만다. 잘못된 모든 것은 '반대편 탓'으로 돌리고, 우리 편에 대한 내부 비판은 무조건 '배신'과 '변절'로 매도하는 광란의 수렁에선 나라의 장래가 암담하다.

싸가지는 단지 '예의범절'을 말하는 게 아니다. 싸가지 없음은 오만으로 이어진다. 상대에 대한 존중이 없는 오만한 자세로는 정상적인 정치가 불가능하다. 싸가지 없는 발언을 자주 하는 문 정권의 대표 선수들을 자세히 관찰해보시라. 그들은 야당을 대등한 파트너로 인정하지 않는다. 청산해야 할 적폐로 간주하는 것 같다. 국회라고 하는 공간인지라 어쩔 수 없이 야당을 존중하는 척하는 연기를 하는 게 영 내키지 않는다는 속내가 그들의 표정과 어투에 잘 드러나지 않는가.

나 역시 야당을 좋게 생각하지 않는 사람이기에 그들의 반감을 심정적으론 이해한다. 그러나 그들은 공인 중의 공인이다. 그들이 반감을 드러내는 상대편은 정치인인 동시에 국민의 절반 또는 절반 가까이를 대표하는 사람들이다. 문재인은 대통령 취임사에서 "저를 지지하지 않았던 국민 한 분 한 분도 저의 국민이고, 우리의 국민으로 섬기겠습니다"라고 했다.

비록 제대로 실천에 옮기진 못했지만, 노무현도 2006년 이렇게 선언한 바 있다. "독선과 아집 그리고 배제와 타도는 민주주의의 적입니다. 역사 발전의 장애물입니다. 우리 정치도 이제 적과 동지의 문화가 아니라 대화와 타협, 경쟁의 문화로 바꿔나갑시다."

문 정권의 대표 선수들이 노무현과 문재인에게 도전하거나 항명하려는 게 아니라면, 독선·아집·배제·타도의 관성에서 벗어나 섬겨야 할 국민을 대변하는 사람들에게 정중해야 한다. 그런 기본 자세가 있을 때에 비로소 '대화와 타협을 하는 정치'가 가능해진다.

나는 이 책을 통해 그들이 그렇게 하지 않는 이유와 더불어 문 정권이 어떻게 싸가지 없는 독선과 오만의 수렁에 빠져들게 되었는지에 대해 말할 것이다. 미국의 조 바이든Joe Biden이 대선 승리 선언 연설에서 "상대방을 적으로 취급하는 것을 멈춰야 한다. 그들은 우리의 적이 아니라 미국인이다"라고 말했듯이, 나는 문 정권이 정치를 '적을 타도하는 전쟁'으로 이해하는 기존의 정치관을 버릴 것을 촉구할 것이다. 그리고 우리 모두 '증오'를 '정의'로 착각하는 구태에서 벗어나 '대화와 타협을 하는 정치'로 나아가야 한다는 것을 역설할 것이다.

앞서 출간한 『권력은 사람의 뇌를 바꾼다』처럼 이 책 역시 일종의 '아포리즘 에세이' 형식을 취했다. 이번엔 키워드가 '권력'이 아니라 '정치'라는 차이만 있을 뿐이다. 따라서 인용이 많다. 이 책의 원래 기획이 '인용' 중심이라는 걸 이해해주시기 바란다. 인용이 많은 책을 싫어하거나 폄하하는 독자가 많다는 걸 잘 알고 있기에 드리는 말씀이다.

나는 내 주장을 표현할망정 내가 옳다고 강변할 생각은 없다. 내가 평소 심오한 지성이라고 생각했던 사람들마저 '정치 전쟁'의 와중에서 온갖 궤변을 일삼으며 우르르 무너지는 걸 보고서, 두렵다는 생각마저 들었다. 다수결의 원리에 따르자면, 그들이 아니라 그들의 발언을 궤변으로 보는 내가 무너진 건 아닌가? 이런 역지사지易地思之를 하면서 나 역시 그런 함정에 빠졌거나 빠질 수 있다는 생각을 많이 하게 되었는지라 어찌 두렵지 않을 수 있겠는가?

내가 최근 아포리즘이나 명언에 끌린 이유도 그런 변화와 무관치 않다. 그 취지는 많은 명언을 소개함으로써 독자들이 사고의 시공간적 폭을 넓혀 스스로 판단할 수 있는 여지를 넓혀보자는 뜻이다. 나의 이런 작업은 '권력'이나 '정치'에만 머무는 게 아니라 우리의 일상적 삶과 관련된 모든 키워드를 섭렵하는 방향으로 나아갈 것이다. 내가 즐거워서 하는 일이긴 하지만, 이 작업을 하면서 품은 간절한 소망이 있다.

　내가 열망하는 건 '싸가지 있는 정치', 즉 '대화와 타협의 정치'
다. 나는 우리가 그런 정치를 할 수 있는 충분한 자질과 역량을 가
지고 있다고 믿는다. 진보주의자들은 이상하게 '애국'이라는 단어
를 혐오하는 지적 허세를 보이는 경향이 있지만, 나는 애국을 좋아
한다. 나는 1995년에 출간한 『김대중 죽이기』도 그런 마음으로 썼
다. 내 나이 이제 60대 중반에 이르렀지만, 25년 전의 나, 39세 젊
음의 열정을 다시 소환해 "정말 나라가 이렇게 가면 안 된다"는 나
름 비장한 각오로 이 책을 썼다. 무조건 자기편이 옳다고 생각하는
분들이 자신을 좀 내려놓고 '대화와 타협을 하는 정치'에 참여하고
일조할 수 있는 날이 오기를 간절히 소망한다. 물론 우리 모두를 위
해서다.

2020년 12월

강준만

차 례

이는 해독제 | '수구 꼴통'에게도 나름의 도덕적 세계가 있다 | '태극기 부대'를 어떻게 볼 것인가? | 적폐 청산과 태극기 부대의 '인정 투쟁' | 태극기 부대의 '촌스러움'과 '취향의 폭력성'

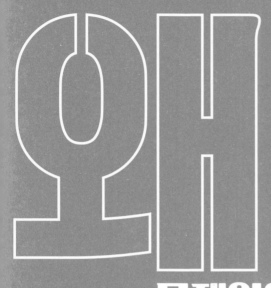

오

문재인은
늘 고구마처럼
침묵할까?

제
1
장

"입을 열어 모든 것을 다 드러내기보다는
차라리 입을 다물고
바보처럼 보이는 편이 낫다."[1]
●미국 작가 마크 트웨인

추미애와 변희재의
컬래버레이션인가?

2020년 11월 24일 오후 6시경 법무부 장관 추미애가 검찰총장 윤석열에 대한 '징계 및 직무 정지'를 발표했다. 추미애가 제시한 6가지 이유는 언론사 사주와의 부적절한 접촉, 조국 전 법무부 장관 사건 등 주요 사건 재판부에 대한 불법 사찰, 채널A 사건 및 한명숙 전 국무총리 사건 관련 측근 비호를 위한 감찰 및 수사 방해, 언론과의 감찰 관련 정보 거래, 검찰총장 대면 조사 과정에서 협조 위반

및 감찰 방해, 검찰총장의 정치 중립 위반이었다.[2]

이 6가지 이유에 대해 갑론을박甲論乙駁을 벌여봐야 아무 소용없다. 대한민국은 이미 대부분의 사람이 반대 의견엔 아예 눈과 귀를 닫아버리고 자기주장만 해대는 '두 개로 쪼개진 나라'이기 때문이다. 다음 날 여론조사 전문기관 리얼미터가 TBS 의뢰로 전국 18세 이상 남녀 500명을 대상으로 조사한 결과, 응답자의 56.3퍼센트는 추미애의 조치를 '잘못한 일'이라고 답변했다. 이 중 '매우 잘못한 일'이라는 답변이 50.3퍼센트로 전체 답변의 절반 이상이었다. 반면 '잘한 일'이라는 답변은 38.8퍼센트였고, '잘 모르겠다'는 4.9퍼센트였다.[3] 이 조사 결과만 놓고 보자면, "56.3대 38.8"로 추미애의 열세다. 그래서 문재인 정권 차원의 총동원령이 가동된 가운데 치열한 여론전이 전개된 것이겠지만, 모든 건 시간이 말해줄 것이다.

나는 6가지 이유 가운데 첫 번째 이유가 가장 웃겼다. 아니 슬펐다. 코미디이긴 한데 블랙코미디였기 때문이다. 추미애는 "윤석열 총장이 2018년 11월 서울중앙지검장 재직 중 사건 관계자인 JTBC의 실질 사주 홍석현을 만나 부적절한 교류를 했다"고 밝혔다. 당시 서울중앙지검은 JTBC가 변희재를 명예훼손으로 고발한 사건을 처리 중이었다. 변희재는 JTBC의 '최순실 태블릿PC' 보도가 조작되었다고 해서 고발당했지만, 그해 11월 이미 기소되어 사건은 법원 손에 넘어간 상황이었으며, 윤석열은 이 만남 직후 당시

검찰총장 문무일에게 이를 보고했다.[4]

놀랍지 않은가? 추미애가 이토록 공명정대하다는 게 말이다. JTBC의 태블릿PC 보도는 문재인 정권 탄생에 결정적 역할을 한 사건이 아닌가. 그럼에도 홍석현이 윤석열을 만나 변희재에게 불리한 조치를 취해주게끔 요청했을 가능성을 문제 삼겠다니 어찌 놀라지 않을 수 있으랴. 이는 추미애가 '박근혜 구명 운동'에 일조해보겠다는 것일 수도 있으니 이 어찌 공명정대의 극치를 보여주는 사건이 아니겠는가 말이다.

그러나 다른 가설도 가능하다. '윤석열 죽이기'를 위해선 수단과 방법을 가리지 않겠다는 맹목 또는 광기일 가능성 말이다. 헛웃음을 나오게 만들 정도로 부실한 근거로 그리 해보겠다고 나선 걸 보면, 후자의 가능성이 더 높긴 하지만, 판단은 독자들에게 맡기겠다.

제3자인 나도 놀랐는데, 당사자인 JTBC가 놀란 건 당연한 일이라 하겠다. JTBC는 8시 뉴스를 통해 "(추미애가) 정당한 보도를 한 언론의 명예와 촛불 민심을 훼손한 세력에 대한 사법 처리 과정에 뒷거래가 있었던 것처럼 왜곡을 했다"고 하면서 추미애의 발표 내용을 상세히 반박했다.[5]

당연히 신바람이 난 쪽은 변희재였다. 그는 25일 '태블릿PC 조작' 사건을 묵살하는 윤석열의 행태를 감찰해달라는 진정서를 법무부에 제출했으며,[6] 그가 운영하는 『미디어워치』엔 「난리 난 JTBC, '홍석현-윤석열 회동 직후 변희재 5년 구형' 핵심 은폐 시도」란 기사가 올랐다.[7] 그는 유튜브 '미디어워치TV'에 '윤석열은 홍석현에 폭탄주 얻어먹고, (변희재에게) 징역 5년 구형 때렸다'는 영상 콘텐츠를 올렸다.

이 영상 콘텐츠에서 변희재는 처음에 문제를 제기한 『뉴스타파』의 두 사람 회동 보도를 가리켜 "원래는 (추미애 장관이 윤 총장을) 삼성하고 엮으려고 들어갔다"며 "말이 안 되는 얘기다. 홍석현은 삼성과 사이가 안 좋다. 삼성에서 홍석현 죽인다고 벼르고 있는데 말이 되느냐"고 주장했다. 또 그는 "추미애 수준에서는 윤석열을 잡을 카드가 태블릿PC밖에 없는 것"이라며 "윤석열 징계 안에 첫 번째로 태블릿PC가 들어간 이유는 그것 제외하고 나머지 사유는 말이 안 되기 때문"이라고 했다.[8] 앞으로 추미애와 변희재의 컬래버레이션을 기대해야 할까? 웃어야 하나, 울어야 하나?

"추미애의 삼보일배는 언제 끝나려나"

나는 자신의 절친이었던 조국과 유시민에 대해 공적 독설을 마다하지 않는 진중권이 부럽다. 아니 존경스럽다. 메시지의 옳고 그름에 관계없이, 그 모든 사적 관계를 초월해 비판의 대상을 대하는 기본자세에 관한 한, 그야말로 진정한 지식인이다. 나는 감히 그 경지를 넘보진 못한다. 사람(공인)을 만나면 비판하기가 어려워지더라는 걸 절감한 나는 오래전부터 사람 만나는 걸 일부러 피하면서 은둔하다시피 살아왔다. 그런 '고의적인' 거리두기를 하는 내가 어찌 '공사公私 구분 DNA'를 갖고 있는 것처럼 보이는 진중권을 부러워하지 않을 수 있겠는가.

김대중 정부 시절, 아니 그가 정치에 뛰어들었던 1995년 이래로 추미애를 긍정 평가했던, 아니 극찬을 하기도 했던 나로선 추미애를 비판하는 게 괴롭다는 뜻으로 드린 말씀이지만, 일단 마음을 독하게 먹었으니 이야길 해보자(이 글은 「제7장 왜 추미애는 졸지에 '이순신 장군'이 되었는가?」의 속편이라고 봐도 무방하다. 이 책의 원고를 출판사에 넘긴 후 추미애의 윤석열 '징계 및 직무 정지' 사건이 터져 추가로 쓴 글이다. '헌정 사상 초유의 일'이라고 하니, 이건 별도의 글로 다루면서 첫 글로 올리는 게 좋겠다는 생각을 했다).

나는 추미애가 윤석열에 대한 '징계 및 직무 정지'를 발표한 뉴스를 듣는 순간 16년 전인 2004년 3월 노무현 탄핵에 가담했던 추미애의 모습이 떠올랐다. "아, 이렇게 어리석을 수가! 그때나 지금이나 달라진 게 전혀 없구나"라는 생각으로 착잡했다. 널리 알려지진 않았지만 당시 추미애는 탄핵에 단호히 반대했다. 그가 결국 탄핵에 찬성한 건 나름 민주당과 나라를 생각하는 충정에서 비롯된 것이었다고 하지만, 중요한 건 최종 행위였다. 노무현에게 아무리 많은 문제가 있어도 탄핵을 당해도 좋을 정도는 아니었다는 점이 중요하다. 마찬가지로 윤석열에게 아무리 많은 문제가 있어도 직무 정지를 당할 정도는 아니었다. 왜 이런 엄청난 과오가 반복되는 건가?

2020년 9월 국회에서 일어난 두 장면도 떠올랐다. 한 장면은 추미애가 야당 의원의 질문에 불쾌함을 드러내는 표시로 20여 초 동안 팔짱을 낀 모습을 보여준 사건이다. 또 하나의 장면은 질문을 하던 야당 의원이 "법무부 장관님"이라고 3번이나 불렀건만 앞만 응시할 뿐 일절 답하지 않고 버틴 사건이다. 두 사건을 텔레비전을 통해 지켜보면서 일순간 어린아이 떼쓰는 모습 같아 귀엽기도 했지만, 추미애는 어린아이가 아니고 그 자리는 그렇게 떼써도 괜찮은 자리가 아니라는 생각이 들면서 혀를 끌끌 차지 않을 수 없었다. 그는 세월이 흐르면서 오만해진 건 아닌가? 그리고 모든 문제가 바로 이 오만에서 잉태된 건 아닌가?

어느 네티즌은 '헌정 사상 초유의 일'과 관련해 "추미애의 삼보일배는 언제 끝나려나. 바라만 봐야 하는 마음마저 시리다"고 했다.⁹ 착잡하고 시린 마음뿐이었겠는가. 추미애를 지지하건 비판하건 많은 사람이 온갖 종류의 감정을 느꼈을 게다. 추미애. 정말 유별난 인물이다. 한때 그를 좋아했던 나로선 곤혹스러우면서도 새삼 인간의 복잡성에 대한 공부를 다시 하게 된다.

야망이 문제였을까? 미국 작가 조지프 엡스타인Joseph Epstein은 "성공이 성공을 낳는다지만 야망은 불신을 낳는다"며 그 이유를 이렇게 설명했다. "일반 대중의 마음속에서 야망이 점점 경멸할 만한 인간의 속성과 연관된다는 사실을 부정할 수는 없다. 대부분의 경우에 야망은 공격성과 혼동된다. 그리고 공격성은 결코 바람직하게 여겨지는 속성이 아니다. 야심에 찬 사람은 일반적으로 외곬이고 자신의 목표에만 집중하여 시야가 좁으며, 마음을 이끄는 다른 성격들, 이를테면 매력, 상상력, 자기 회의를 해볼 수 있는 자기 성찰이 결여되어 있다."[10]

추미애의 야망은 이미 공개된 비밀이다. 나는 오래전부터 『한국의 내일을 말하다: 위기와 희망의 기로에 선 대한민국을 향한 성찰과 비전』(2008), 『중산층 빅뱅』(2011), 『물러서지 않는 진심』(2013) 등 추미애의 저서들을 읽으면서 그의 야망을 잘 알고 있었다. 내가 몰랐던 건 그 야망의 실현을 위한 방법론이었다. 이런 식으로 이루어질 줄은 정말 몰랐다.

문재인 정권을 향한 '검찰의 칼'

독자들과의 소통을 위해 '조국 사건'에 대한 내 생각을 밝히고 넘어가는 게 좋겠다. 이 사건으로 인해 한국 사회가 2개로 쪼개졌지만, 나는 어느 쪽에도 흔쾌히 동의하기가 어려웠다. 나는 조국 부부가 자신들이 저지른 과오 또는 범죄에 비해 적정 수준을 넘어설 정도로 너무 가혹하게 당했다는 시각에 꽤 동의하는 사람이다. 그들이 인간적으로 너무 안됐다는 생각도 자주 했다. 하지만 "그렇기 때문에 윤석열을 쫓아내야 한다"는 생각엔 동의하지 않았다. 왜 그런가?

조국 부부가 가혹하게 당한 책임은 검찰에만 있는 게 아니다. 언론의 역할이 훨씬 컸다. 그래서 조국 지지자들은 언론을 싸잡아 '기레기'라고 부르는 것이겠지만, 그들은 이명박과 박근혜 구속 시 열광했던 자신들을 돌아보는 게 좋겠다. 언론이란 게 원래 그렇다. 언론은 대중의 관심을 먹고사는 법이다. 이전의 이미지와 상반된 모습을 보여준 유명 인사라면 환장하기 마련이다. 물론 그런 선정주의적 생존법으로 인한 부작용이 많지만, 우리 인간이 그런 제도를 수백 년간 유지·발전시켜온 건 실失보다는 득得이 훨씬 크다고 보기 때문이다.

이번엔 '검찰 탓'을 해보자. 나는 문제가 윤석열에게 있다기보다는 특수부 검사들의 오랜 업무 관행에 있다고 생각한다. 아는 사람은 잘 알겠지만, 특수부는 무서운 곳이다. 내가 직접 겪은 건 아니지만, 그곳이 얼마나 무서운 곳인가 하는 이야기는 그간 질리도록 많이 들어왔다. 그런데 우리는 특수부에 대해 이중 기준을 갖고 있다. 선량하게 살아가는 보통 사람은 죽을 때까지 특수부에 불려갈 일이 없다. 만인이 분노할 만한, 고위 공직자의 비리를 낱낱이

파헤쳐 응징하는 특수부의 정의로운 활약에 우리는 그간 박수를 보내왔다. 때로 무리한 수사 기법을 포함한 인권 문제가 불거져도 우리는 거악巨惡을 척결하기 위해선 그 정도는 눈감아줘도 좋다는 자세를 취해왔다.

특수부의 그런 '효율적인' 활약에 찬사를 아끼지 않으면서 그걸 원 없이 이용한 건 바로 문재인 정권이었다. 박근혜와 이명박 구속을 포함한 적폐 청산의 1등 공신이 바로 특수부였다. 특수부의 화신이라 할 윤석열을 중용하고 검찰총장에 앉힌 것도 그런 적폐 청산을 지속하겠다는 의지 때문이었으리라. 윤석열은 이명박·박근혜 시절이나 문재인 정권 시절이나 달라진 게 전혀 없다. 해오던 대로 해왔을 뿐이다. 단지 수사 대상이 바뀌었을 뿐이다. 문 정권은 특수부의 칼이 자신을 향하자 펄쩍 뛰면서 '윤석열 죽이기'에 돌입한 것이다.

이는 투명할 정도로 분명하게 드러난 사실임에도 의외로 많은 사람이 인정하지 않는다. 왜 그럴까? 문 정권이 외치는 정략적 검찰 개혁이 아니라 진정한 의미의 검찰 개혁을 바라는 사람들이 수단과 방법이야 어떠하건 검찰이 정권과 충돌하고 있는 이 시점이 검찰 개혁의 호기라고 보기 때문일 것이다. 그간 검찰 내부에서 외롭게 검찰 개혁을 외쳐온 검사 임은정이 진중권에게서 "임은정 너도 검사냐"라는 비난을 받을 정도로 문 정권의 편에 선 것도 그런 점에서 이해할 수 있지 않을까?[11]

왜 임은정 검사는
작은 일에만 분개하는가?

임은정은 '정권 교체 때마다 변신하며 여론의 환호를 받아 검찰권을 사수하는 데 성공해온' 검찰의 '화려한 분장술'에 속지 말라고 했으며,[12] "선거로 수시로 심판 받는 정치권과는 달리 영원히 이어지는 조직인 검찰이 가장 큰 거악이라고 판단, 지금까지처럼 검찰 한 우물만 팔 각오"라고 했다.[13] 좋은 말이지만, 이 사건의 진상을 이해하고 해결의 출구를 찾는 데엔 문제가 있다.

윤석열은 '화려한 분장술'과는 거리가 멀었다. 멀어도 너무 멀었다. 우직하다 못해 미련하다는 생각이 들 정도였다. 문 정권과 적당히 타협하면서 권력을 만끽할 수도 있었을 텐데, 문 정권 지지자들에게서 '나쁜 사람'으로 욕을 먹으면서 해임의 위기까지 내몰렸으니 말이다. 임은정이 검찰을 가장 큰 거악으로 생각하는 건 한 우물만 파는 분업과 전문화 차원에서 이해할 수 있긴 하지만, 총체적으로 보자면 가장 큰 거악은 검찰 권력을 오·남용한 역대 정권들이었지 검찰은 아니라는 게 내 생각이다.

임은정은 검찰이라는 제도 자체를 거악으로 보진 않을 것이다. 검찰 안에 임은정이라는 양심적인 검사가 있듯이, 어찌 검찰 자체가 거악일 수 있겠는가. 검사들의 부패한 관행을 두고 한 말이 아닌가. 나는 그간 임은정이 검찰의 문제점들을 고발해온 것에 대해 뜨거운 박수와 더불어 존경을 보내온 사람이다. 나는 특히 검사의 범죄를 외면하고 오히려 감싸주는 조폭 같은 관행에 분노했다. 자, 물어보자. 역대 정권들이 그걸 몰랐을까? 알면서도 검찰이 무서워 침묵했던 걸까? 그게 아니라는 걸 잘 알지 않는가. 역대 정권들은 검찰을 권력의 하수인으로 부려먹는 것에만 관심을 두었을 뿐이다. 그 목적만 달성하면 검찰 내부에서 무슨 짓이 벌어져도 신경 쓰지 않겠다는 것이었다. 이게 문제의 근원이다.

임은정은 문재인 정권은 그런 정권이 아니라고 생각하는 것 같다. 「제7장 왜 추미애는 졸지에 '이순신 장군'이 되었는가?」에서 자세히 밝히겠지만, 문 정권에 불리한 사건들이 어떻게 처리되고 있는지 모르는 건가? 아니면 알고 싶지 않은 건가? 문 정권이 무슨 짓을 저지르건 정권은 선거로 갈아치울 수 있지만 검찰은 그렇지 않기 때문에 자신은 그런 문 정권의 힘을 빌려서라도 검찰 개혁을 더 밀어붙여 보겠다는 것인가?

그건 어리석을 정도로 순진한 생각이다. 하나를 얻고 둘을 잃는 게임이다. 그게 바로 '수단과 방법을 가리지 않고'의 함정이다. 내가 앞서 지적한 특수부의 고압적인 업무 관행은 반드시 바꿔야 할 검찰 개혁의 주요 의제이지만, 문 정권은 그걸 정략의 노리개로 만들고 말았다. 정녕 그걸 바꾸는 개혁을 하려면 같은 방법을 써선 안 된다. 그런데 추미애, 아니 문 정권은 어떤 식으로 했던가?

우리가 바꾸고자 하는 특수부의 업무 관행과 비슷하거나 한술 더 뜨는 방식으로 밀어붙이지 않았던가? '윤석열 죽이기'의 과정에서 검찰 개혁의 대의와 각론이 우르르 무너지지 않았던가? 분업과 전문화도 좋지만, 때론 나무만 보지 말고 숲도 봐야 하는 게 아닌가? 55년 전 시인 김수영이 "왜 나는 작은 일에만 분개하는가"라고 자문했듯이, 어떤 게 더 중대 사안인지 살펴봐야 하는 게 아닌가? 왜 국가를 이따위로 불법과 탈법의 경계를 넘나드는 걸 불사할 정도로 야비하고 졸렬하게 운영하느냐고 화를 내야 하는 게 아닌가?

'절차적 정당성'을 무시하는 문재인 정권

2020년 12월 1일 오전 법무부 감찰위원회는 "윤석열 검찰총장에 대한 징계 청구·직무 정지·수사 의뢰 모두 부적절했다"며 만장일치 결론을 내렸다. 이어 이날 오후 서울행정법원은 추미애의 직무 정지 명령에 대해 "검찰의 독립성과 정치적 중립성을 몰각沒却하는 (없애버리는) 것"이라며 효력 중단을 결정함으로써 이 갈등은 새로운 국면에 접어들었다.

다음 날 뜻밖의 신문 칼럼을 읽었다. 이 사건의 이해에 큰 도움이 될 것 같아 논의의 대상으로 삼아보고자 한다. 『한겨레』 논설위원 손원제는 「살아 있는 권력 수사와 '영생 권력' 검찰」이라는 칼럼에서 그간 검찰이 보인 반발에 대해 "고위공직자범죄수사처와 수사권 조정 같은 시스템이 작동하기 전에 개혁의 정당성을 흔들 마지막 기회로 보고 있다"고 주장한다.

동의하기 어려운 말씀이다. 거의 모든 검사가 주장한 것은 절차적 정당성이었는데, 개혁의 정당성 앞에선 절차 따윈 문제가 되지 않는단 말인가? 손원제의 주장이 타당한 말씀이라고 하더라도 검찰에 그 '마지막 기회'를 누가 주었는가 하는 걸 문제 삼아야 하지 않겠는가? 문재인 정권 아닌가? 그런 기회를 준 미련함 또는 오만함에 질타를 가해야 하지 않겠는가?

손원제는 "노무현 정부는 검찰에 독립성을 주고 수사에 아예 개입하지 않았다. 그러나 실패했다. 제어장치 없이 독립성만 보장하자, 검찰은 폭주했다"고 말한다. 맞다. 노무현 정부의 그런 시도는 높은 평가를 받아 마땅하다. 그러나 비판받을 점도 있다. 야당의 협력을 얻어 검찰에 필요한 최소한의 통제와 견제 장치를 마련하는 일을 하지 않았다. 쉽게 이야기해서 검찰 개혁의 청사진이 없었다. 야당과의 관계도 워낙 극단적 적대 관계로 치닫는 바람에 그런 시도를 할 생각조차 하지 않았을 것이다.

문재인 정권이 노무현 정권의 '실패'에서 배워야 할 점이 바로 이것이었건만, 배움은 없었다. 오직 "노무현을 죽인 악마"라는 감정적 프레임으로만 밀어붙임으로써 민심을 잃고 정권 스스로 적폐의 대열에 한 발을 들이미는 결과를 낳고 말았다. 이게 바로 '싸가지 없는 정치'의 비극이다.

　나는 '검찰 권력의 과잉'이라는 손원제의 문제의식에 전적으로 동의한다. 그래서 검찰에 통제와 견제 장치가 필요하다는 주장을 적극 지지한다. 문제는 방법론이다. 문재인 정권은 고위공직자 범죄수사처법과 검경 수사권 조정 법안 통과로 "검찰 개혁이 9부 능선쯤 왔다"(김두관 의원)고 보는 것 같다. 9부 능선쯤 왔다면, 제대를 앞둔 말년 병장이 떨어지는 낙엽에도 조심해야 한다는 말처럼, 정당성 확보에 최선을 다했어야 했다. 잘못 꿴 첫 단추(윤석열)는 순리로 풀어나갈 일이었다. 그러나 문재인 정권은 그렇게 하지 않았고 독재정권을 상대로 싸우던 운동권식 정치로 대처했으니 이런 어리석은 정권이 어디에 있단 말인가. 이야말로 검찰 개혁의 정당성을 스스로 훼손한 게 아니고 무엇이랴.

　그런데 놀랍고도 흥미로운 사실은 문재인 정권이 절차적 정당성에 둔감한 정도를 넘어 그걸 아예 무시해도 괜찮다는 생각에 중독되어 있다는 점이다. 더욱 놀랍고 흥미로운 사실은 문재인 정권과 무관하게 의외로 많은 진보주의자도 그렇다는 사실이다. 반독재 투쟁의 산물로 태어난 한국형 진보의 슬픈 자화상이라는 게 내 생각이다. 이걸 잘 보여준 게 바로 '월성 1호기 조기 폐쇄 결정에 대한 경제성 조작 혐의' 사건이다.

'월성 1호기 사건'은
'윤미향 사건'의 판박이

문재인 정권의 실세인 민주당 의원 윤건영은 11월 15일 '월성 1호기 경제성 평가 조작 의혹'에 대한 감사원 감사와 검찰 수사에 대해 "민주주의에 대한 도전"이라며 "분명히 경고한다. 선을 넘지 말라"고 했다. 그는 "월성 1호기 폐쇄는 19대 대선 공약이었고, 선거를 통해 국민의 지지를 받은 정책"이라며 "민주주의 기본 원리에 따라 선거를 통해 월성 1호기 조기 폐쇄가 결정된 상황에서 이를 감사 또는 수사한다는 것은 민주주의에 대한 정면 도전"이라고 했다. 이 '경고'를 근거로 일부 언론은 검찰이 월성 원전 관련 수사에 속도를 내기 시작한 시점에 추미애의 직무 정지 명령이 나왔다는 점에 주목한다. 이 사건의 '몸통'으로 여겨지는 문재인을 보호하기 위한 조치일 수 있다는 해석이다.

진실이 무엇이건, 윤건영의 발언은 정말 위험하거니와 자신이 실세 중의 실세임을 스스로 과시한 오만방자한 말씀이다. 아니 민주주의에 대해 조금만 아는 초등학생일지라도 결코 하지 않을 말이다. 전체 사회 구성원이 어떤 대원칙에 합의했더라도 실천의 절차적 정당성을 갖춰나가는 것이 민주주의지, 그게 어찌 '민주주의에 대한 정면 도전'일 수 있는가? 과정과 절차는 아무렇게나 해도 괜찮다는 생각이야말로 '민주주의에 대한 정면 도전'일진대 말을 거꾸로 하고 있으니 참으로 기가 막힐 일이다.

17년 전 노무현 정권 임기 초인 2003년 3월로 돌아가보자. 당시 노무현은 대북송금 특검법에 대해 거부권을 행사하지 않고 원안대로 공포해 큰 파장을 불러일으켰다. 김대중과 햇볕정책을 지지해온 노무현 지지자들마저 펄쩍 뛴 사건이었다. 당시 특검법을 지지한 것으로 알려진 문재인에게 이런 질문이 가능하지 않을까? 지지를 한 이유가 남북대화나 남북 평화 무드 조성이라는 큰 목표 못지않게 절차적 투명성과 합법성이 중요하다는 것 아니었나?

나는 당시 노무현 지지자들을 대상으로 한 부산 강연에서 대북송금 특검법에 대한 질문을 받고 노무현과 문재인이 중요하게 생각한 절차적 정당성을 옹호해 일부 청중에게서 항의를 받기도 했다. 왜 그때는 중요했던 절차적 정당성이 문재인 정권하에선 철저히 무시되는가?

나는 월성 1호기 폐쇄 공약을 지지하는 사람이다. 하지만 산업통상자원부 공무원들로 하여금 다른 직원의 눈을 피해 일요일 밤 11시 사무실에 들어가 PC 속 원전 문건 444개를 삭제하게 만들 정도로 절차적 정당성을 유린하는 것엔 단호히 반대한다. 이는 국가 운영의 기본 질서에 관한 문제다. 공무원의 준법 자율성을 말살해 그들을 '영혼 없는 꼭두각시'로 만드는 중대 범죄행위다. 그럼에도 많은 진보주의자와 진보 언론이 이 국기 문란의 중대성을 외면한 채 윤건영의 주장을 앵무새처럼 반복하는 걸 보고 충격을 받왔다.

이 사건은 '윤미향 사건'의 판박이다. '윤미향 사건'이 터지자 여권은 '토착왜구 세력의 반발'이라며 적반하장賊反荷杖의 극치를 보였다. 반일反日의 선봉에 서서 열심히 일해온 사람이 그깟 국가 보조금을 부정하게 또는 엉터리로 사용했기로서니 그게 무슨 문제냐는 식으로 대응하지 않았던가. 정신이 나가도 단단히 나간 사람들이다. '가덕도 신공항' 사건도 여권이 절차적 정당성을 하찮게 보았다는 점에선 전혀 다를 게 없다.

윤석열 검찰에 대한
문재인 정권의 무지

나는 문 정권이 '월성 1호기 사건'에 대해 당혹해하는 동시에 분노하는 심정을 이해할 수 있다. 대선 공약에 따라 어차피 폐쇄하기로 한 월성 1호기를 조금 일찍 폐쇄하는 게 무어 그리 큰일이며, 그로 인해 정권이 큰 이익을 볼 게 뭐가 있다고 검찰이 이렇게까지 발벗고 나서느냐는 불만을 이해할 수 있다는 뜻이다.

그러나 그런 불만을 "민주주의에 대한 정면 도전"이라거나 "헌법 정신에 대한 정면 도전"(김종민 의원)이라는 극단적 언어를 구사하면서 검찰을 '정권의 적'으로 간주하는 적대감으로 표출하는 건 전혀 다른 문제다. 산업통상자원부 공무원 2명이 구속된 것과 관련, 법원을 비판하면서 "인내의 한계를 느낀다"(우원식 의원)고 말하는 것도 마찬가지다.

이게 의외로 매우 중요한 문제다. '무지無知'의 문제이기 때문이다. 이게 처음 나온 문제가 아니다. 검찰이 조국에 대해 본격적인 수사에 돌입했을 때에도 여권은 '선출되지 않은 권력'이 '선출된 권력'의 인사권에 도전하면서 '선출된 권력'을 제압하려는 '위헌적 쿠데타'를 저질렀다고 주장했다. 이 또한 무지의 소치다. 어떤 무지인가? 검찰의 속성에 대한 무지다.

문재인이 윤석열을 검찰총장에 임명하자 일부 문재인 지지자들이 "개자당(현재 국민의힘) 너네들, 다 죽었다"고 환호했던 걸 상기해보라. 과장되고 그릇된 환호일망정 문재인 역시 앞서 지적한 바와 같이 적폐 청산을 염두에 두고 윤석열을 택한 게 아니었나. 당시 포스텍 교수 송호근이 「최종 병기, 그가 왔다」(『중앙일보』, 2019년 6월 24일)는 칼럼에서 잘 지적했듯이, 윤석열은 "국정 농단, 사법 농단 잔재 세력의 완전 소탕"을 해낼 수 있는 "적폐 청산의 최종 병기"로 선택된 게 아니었느냐는 말이다.

적폐 청산이란 무엇인가? 그건 대부분 절차적 정당성의 문제다. 어떤 사건에서건 검찰이 주로 따지는 건 절차적 정당성의 문제다. 그건 수학 공식과 같다. 적어도 정치적 문제에서 가치 판단은 검찰의 업무가 아니다. 가치 판단을 하는 게 필요하거나 좋을 때도 있겠지만, 그렇게 하는 순간 '정치화'될 가능성이 높아진다. '구 적폐'와 '신 적폐'를 구분해서도 안 된다. 윤석열 검찰을 비난하려면 그 철저한 일관성을 문제 삼아야 한다.

물론 여권은 일관되지 않다고 주장한다. 문 정권 공격에만 열중한다고 비난한다. 그럴 수도 있겠다. 문제는 여권이 음모론에 가까운 심증만으로 그런 비난 공세를 퍼붓고 있다는 점이다. 수학 공식과 같은 일관성에서 비롯된 문제일 수도 있다는 '선의의 해석'은 완전히 배제한 채, 누구 말마따나 "소설을 쓰시네"라고 볼 수 있는 상상력 발휘에만 몰두하고 있다는 점이다.

어느 네티즌은 『한겨레』에 실린 검찰 개혁 관련 기사에 이런 댓글을 달았다. "이번에 확실히 검찰 개혁을 완수해서 노무현 전 대통령의 원혼을 달래주세요." 평소 댓글을 눈여겨본 사람이라면 누구나 잘 알고 있겠지만, 이런 댓글이 많다. 지지자들의 간곡한 염원에 부응하기 위해서인지, 여권은 윤석열 문제에 대해 너무 감정적으로 대응하는 바람에 검찰 개혁의 명분에 큰 손상을 입히고 말았다. 검찰 개혁을 둘러싼 이 모든 갈등에서 민심이 작은 격차로나마 윤석열의 손을 들어주는 건 보통 사람들의 눈에도 여권의 그런 무지와 오만이 감지되기 때문일 게다.

여권에 검찰의 속성을 잘 아는 전문가가 많은데, 이 무슨 말 같지 않은 개수작이냐고 힐난할 분들도 있겠다. 하지만 그들은 윤석열이라는 매우 독특한 인물로 인해 "한 번도 경험해보지 못한 검찰"이 등장할 수 있는 가능성마저 내다보진 못했다. 여권 인사들은 단단한 확신과 넘치는 자신감을 갖고 윤석열을 공격해대지만, 영국 생물학자 찰스 다윈Charles Darwin, 1809~1882이 일찍이 간파했듯이, "자신감은 지식보다는 무지에서 나오는 경우가 많다".

'문재인의 침묵'을 향한
비판과 호소

이제 본론으로 들어가자. 이건 '윤석열 사건'이 아니라 '추미애 사건'이다. 아니 '문재인 사건'이다. 추미애가 정말 유별나긴 하지만, 이 사건은 추미애의 손을 떠난 지 오래다. 요즘 유행하는 말로 하자면, "이제야말로 문재인의 시간"이 되었다. 문재인은 추미애보다 훨씬 복잡한 인물이다. 이제 나는 그런 이야길 해보련다. 왜 문재인은 늘 중요한 사건이 일어날 때마다 고구마처럼 침묵하는지, 아니 침묵하는 게 좋을 법한 일엔 굳이 나서서 하지 않는 게 좋을 말을 하는지, 즉 왜 그는 이해하기 어려운 '선택적 침묵'을 구사하는지에 관한 이야기다.

불가리아 출신의 영국 작가이자 문화인류학자인 엘리아스 카네티Elias Canetti, 1905~1994는 "침묵의 힘은 언제나 높은 평가를 받는다. 그것은 입을 열게 하려는 무수한 자극을 물리치고, 질문을 무시하며, 다른 사람의 말이 어떤 감정을 불러일으켰든 그것을 밖으로 드러내지 않을 수 있는 사람이라는 것을 뜻한다"고 했다.[14] 문재인이 그런 권력자의 지위를 과시하기 위해 침묵하는 것 같진 않다. 침묵엔 여러 종류가 있지만, 문재인의 침묵은 고구마 같은 침묵이다. 권력의 과시는 물론 유지에도 아무런 도움이 되지 않는 '답답한 침묵'이라는 뜻이다.

이 사건이 추미애 혼자 벌인 일이 아니라는 건 초등학생도 쉽게 이해할 수 있지만, 문재인은 '추미애 사건'에 대해선 침묵한 채 11월 25일 페이스북에 글을 올려 "정부는 가정 폭력, 데이트 폭력, 스토킹, 디지털 성범죄 같은 여성 대상 범죄에 단호히 대응하며 피해자를 빈틈없이 보호할 것"이라며 "우리는 오랫동안 권위주의에 길들었지만 용기를 내어 인식을 변화시키고, 서로를 존중하는 세상을 만들어가고 있다"고 했다.[15] 10시간 만에 1,000여 건 가까운 댓글이 달렸다. 많은 댓글이 추미애 사건에 대한 그의 침묵을 문제 삼았다.[16]

『동아일보』(11월 25일)는 「추미애·윤석열 갈등, 법적 다툼으로…1년째 침묵 문 대통령, 왜?」라는 기사에서 "문 대통령이 올 들어 공수처는 11번, 검찰 개혁 등 권력기관 개혁은 9번을 공개적으로 언급한 것과는 정반대의 행보다"고 지적했다.[17]

참여연대는 논평을 내고 "추미애 법무부 장관과 윤석열 검찰총장 간의 갈등이 파국으로 치닫고 있다"며 "최종 인사권자이자 행정부 수반인 대통령이 결자해지의 자세로 문제를 풀어야 한다"고 강조했다. 이어 "대통령이 임명한 법무부 장관과 검찰총장이 서로 권한을 놓고 대립하다 온갖 정치적 해석을 낳고 결국에는 법적인 분쟁으로 비화하는 현재의 상황은 분명 정상적이지 않다"고 지적했다.[18]

국민의힘 원내대표 주호영은 "즐기고 있는 문재인 대통령이 훨씬 더 문제다"고 했고, 국민의힘 최다선(5선) 의원 정진석 역시 "참 비겁한 대통령"이라고 문재인을 직격했다. 국민의힘에선 이 밖에도 "추미애를 앞세운 문재인 정권의 친위 쿠데타. 대통령의 침묵은 비겁하다"(윤영석 의원), "대통령이 지시한 게 아니라면 추 장관은 대통령의 인사권에 도전한 것이고, 대통령이 지시한 것이라면 가장 비겁한 통치"(김웅 의원) 등 문재인을 향한 비판이 쏟아졌다.[19]

『중앙일보』(11월 26일)는 「도대체 대통령은 어디 있나」는 사설을 통해 "검찰총장을 경질하든, 법무부 장관을 해임하든 이젠 이 문제에 선을 그어야 한다. 그러고는 대통령의 입장을 국민에게 설명하고, 결과에 책임져야 한다. 최소한 대통령이 법무부 장관 뒤에 숨었다는 비난에서 벗어나야 하지 않겠나. 후세에 '비겁한 대통령'으로 기억되지 않기를 바란다"고 했다.[20]

『경향신문』(11월 26일)도 「초유의 검찰총장 직무 정지, 대통령이 국민에게 답할 때다」는 사설을 통해 "언제까지 이 갈등과 혼란을 지켜봐야 하는가.⋯⋯추·윤의 인사권자이자 국정 최고 책임자인 문 대통령은 정치권이나 검사들을 넘어 이제 시민들에게 답할

때가 됐다. 그 시간은 빠를수록 좋다"고 했다.[21]

『한겨레』(10월 26일)의 「문 대통령의 긴 침묵⋯청와대 입장 표
명은 언제쯤 나오나」는 기사는 의제와전략그룹 더모아 정치 분석
실장 윤태곤의 다음 말로 기사를 끝맺었다. "침묵이 길어지면 침묵
을 깨기가 더 어려워진다. 당장은 부담스럽더라도 대통령이 나서
는 게 순리다."[22]

문재인의
'내로남불형 유체이탈 화법'

그러나 문재인은 침묵을 깰 뜻이 없었다. 언젠가 말을 해야 할 때가
오긴 하겠지만, 지금은 아니라는 자세를 취했다. 한 청와대 관계자
는 문재인의 계속되는 침묵에 대해 "대통령이 검찰총장에 대한 징
계 가이드라인을 줄 수는 없지 않냐"고 했다. "지금은 법무부의 시
간"이라며 "징계위 결과를 지켜봐야 한다"는 것이다.[23]

이에 대해 다른 경우엔 문재인이 가이드라인으로 여겨질 수
도 있는 발언을 적잖이 하지 않았느냐고 따져물을 필요는 없을 것
같다. 문재인의 침묵을 문제 삼는 건 그런 수준을 넘어 문재인이
2019년 12월 법무부 장관으로 추미애를 투입하면서 지난 1년간
벌어진 '지겹고 지저분한 싸움'에 대한 그의 생각을 묻는 것이기

때문이다. 추미애를 지지하건 반대하건,『한겨레』사설의 제목처럼 "'추-윤 충돌', 민생 빨아들이는 블랙홀 돼선 안 된다"고 보는 게 대체적인 민심이 아니겠냐는 것이다.[24]

어디 그뿐인가. 문재인의 오랜 침묵은 여당 의원들까지 망가뜨리고 있다. 의원 머릿수의 절대적 열세에 처해 있는 야당 의원들의 막말과 무슨 법이건 통과시킬 수 있는 거대 여당의 막말이 동급일 수는 없다. 여당이 더 비판받아 마땅하다. "한 줌도 안 되는 부패한 무리의 더러운 공작"(최강욱 의원), "일부 똘마니들을 규합해 장관을 성토"(최강욱 의원), "조폭 검사들의 쿠데타"(최강욱 의원), "마치 악마에게 영혼을 판 파우스트처럼"(윤호중 의원), "'지라시' 만들 때 버릇"(윤호중 의원), "'윤서방파'의 몰락은 시간문제"(정청래 의원), "동네 양아치들 상대하며 배웠는지 '낯짝'이 철판"(김경협 의원), "윤석열은 대역 죄인, 하룻강아지 범 무서운 줄 몰라"(황운하 의원), "그게 깡패지 검사냐"(김종민 의원) 등등 막말 경연 대회를 하는 것 같다.

개혁이라는 좋은 일을 하겠다는 이들이 이렇게까지 최소한의 인간적 품위마저 능멸하는 짓을 스스로 저질러도 괜찮은 걸까? "아빠, 국회에서 무슨 일 해?"라고 물을지도 모를 자식들에게 그런 발언들을 자랑스럽게 들려줄 수 있을까? 아이들 보기에 민망하지도 않은가? 물론 거친 언어를 유일한 자구책처럼 여기는 듯한 야당 의원들도 자문자답해볼 일이다.

사실 여당 의원들이 윤석열을 향해 막말 경연 대회를 하는 이유는 간단하다. "방귀 뀐 놈이 성 낸다"는 속담에 그 모든 답이 들어 있다. 그들은 처음에 윤석열에게 따라붙었던 '칼잡이'라는 별명에 환호했다. 오로지 '앞으로 진격'밖에 모르는 무시무시한 칼잡이라니, 어찌 환호하지 않을 수 있었겠는가. 그들은 같이 방귀를 뀌기로 한 무언의 약속을 믿었다. 즉, 윤석열의 칼이 야권을 초토화하면서 20년, 50년, 아니 100년 집권의 길이 열릴 것을 믿어 의심치 않았던 것이다. 그래서 윤석열에게 아첨에 가까운 극찬을 아끼지 않았다.

그런데 이게 웬일인가? 윤석열이 같이 방귀를 뀌기는커녕 방귀를 뀐 자들을 응징하겠다고 나섰으니, 이게 웬 변고란 말인가. 배신감을 넘어서 자신들의 어리석음에 대한 분노가 치밀어 올랐으리라. 감히 문재인의 어리석음을 탓할 순 없으니, 자신들이 바보 천치가 아니라는 걸 입증하기 위해선 '희대의 악마'라는 프레임이 필요했으리라. '희대의 악마'는 그 누구도 예상할 수 없는 불가항력이라는 걸 강조할 수 있는 좋은 카드가 아닌가 말이다.

그런데 재미있는 건 이들이 윤석열을 향해 퍼부은 막말은 고스란히 문 정권과 자신들의 감춰진 얼굴을 그대로 폭로하는 부메랑이 되고 말았다는 점이다. 앞서 소개한 막말이 문 정권을 향한 것이라고 생각하고 잘 음미해보시라. 꽤 잘 어울린다는 생각이 들면서 웃음이 터져나오는 걸 주체하기 어려울 게다. 그래, 이 미쳐 돌아가는 세상, 웃고 살자! 평소 양심과 정의의 화신처럼 행세하던 여당 의원들을 이렇게까지 골탕 먹이다니, 윤석열이 정말 나쁜 사람인 건 분명한 것 같다.

그러나 나는 이들보다는 문재인을 탓하고 싶다. 대통령으로서 '대화와 타협의 정치'라는 틀만 잘 마련했더라면 서로 선의의 정책 경쟁을 벌이고 있을 의원들을 이렇게 만든 책임은 바로 문재인에게 있으니 말이다.

'추미애 사건'뿐만이 아니다. 문재인은 다른 주요 사건들에 대해서도 늘 침묵으로 대처했다. 오죽하면 인천대학교 교수 이준한은 "이 정도 되면 내치內治는 총리가, 정상회담 등 외치外治는 대통령이 맡는 분권형 내각제가 아니냐"고 했을까?[25]

치열한 갈등 국면에서 마지못해 내놓는 '원칙 천명' 발언도 현실과 동떨어진 경우가 많다. 나는 그간 문재인의 화법을 '유체이탈 화법'이라고 부르는 걸 불경스럽게 생각해 자제해왔지만, 12월 3일 청와대 대변인 입을 통해 나온 발언을 듣고선 생각을 바꾸었다. 윤석열에 대한 법무부 징계위원회 운영과 관련해 절차적 정당성과 공정성이 매우 중요하다고 했다는 말을 듣고선 퍼뜩 이런 생각이 들었다. "아니 이분이 그간 딴 나라에 계시다 오셨나?" 이거야말로 유체이탈 화법이 아니고 무엇이랴.

12월 7일의 사과 발언도 마찬가지다. 문재인은 "혼란스러운 정국이 국민들께 걱정을 끼치고 있어 대통령으로서 매우 죄송한 마음"이라고 말문을 열었지만, 이후 발언은 '혼란의 해결'보다는 '혼란의 심화'로 나아갈 수 있는 고집으로 일관했다. 즉, 문재인이 죄송하다고 말한 건 여당의 '다수결 독재'를 화끈하게 밀어붙이지 못한 것에 대한 사과였을 뿐이다. 국민을 향해 말하는 자세를 취하면서도 사실상 열성 지지자들만을 대상으로 말한 셈이다. 그는 검찰 개혁 의지를 밝힌 자신의 취임사를 인용했지만, 그 취임사에서 가장 많은 시간을 들여 강조했던 '소통'에 대해선 아무런 말이 없었다.

이는 그 유례를 찾기 어려운 '내로남불형 유체이탈 화법'이다. 그의 주요 발언엔 영혼의 무게가 실리지 않는다. 옆에서 누가 써준 원고를 그대로 읽고 있다는 생각이 들 때가 많다. 스스로 썼거나 가필한 원고라면 더욱 큰 문제다. 조지 오웰George Orwell, 1903~1950이 『1984』(1949)에서 지적한 '더블스피크doublespeak'인 경우가 많기 때문이다. 예컨대, 문재인은 7월 16일 국회 개원 연설에서 제21대 국회의 화두로 협치를 강조했지만, 문재인이 말한 협치는 사전적 의미의 협치가 아니라 야당이 '다수결의 독재'에 순응하는 자세로 협조하라는 요구였을 뿐이다. 12월 10일 여당이 야당의 극렬하지만 무기력한 반대 속에 공수처법 개정안을 통과시켰다. '다수결의 독재'의 진면목을 보여준 이 사건은 문재인이 생각하는 협치의 모범 사례일 뿐이다.

'문재인 허수아비론'과
'맹목적 책임 회피론'

따라서 문재인은 여전히 침묵하고 있는 셈이다. 도대체 문재인은 왜 침묵하는 걸까? 이 물음은 이제 사회과학적 분석의 대상이 되었다. 한양대학교 교수 김성수는 "대통령의 침묵은 책임질 사안들과 거리를 두겠다는 것"이라고 했다. 대통령이 책임을 인정할 경우 레임덕과 퇴임 후 책임론으로 이어질 수 있기 때문에 총리, 장관, 여당 대표 선에서 문제를 막아야 한다는 것이다.[26]

진중권은 '문재인 허수아비론'을 내세웠다. "어차피 문재인 대통령은 허수아비일 뿐이고 그 밑의 586(50대·80년대 학번·60년대생) 주류 세력이 다소 모자라 보이는 추미애를 내세워 그냥 막 나가기로 한 거라 본다"는 것이다.[27] 표현이 좀 거칠다는 문제가 있긴 하지만, 사실 많은 사람이 이와 비슷한 주장을 하고 있다.

이번엔 또 다른 분석을 들어보자. 제19대 대선 당시 문재인 후보 캠프에서 공익제보지원위원회 공동 위원장을 맡았고, 조국이 민정수석 당시 대법관 후보로 추천했던 진보 법조인인 변호사 신평은 "추 장관의 꼴불견을 보며 참으로 이상하게 생각되는 것이 하나 있다. 바로 문재인 대통령의 침묵"이라며 "과연 그는 어떤 메시지를 전달할 의도로 지금 침묵을 지키고 있는 것일까. 나는 여기에 도저히 해답을 찾지 못하겠다"고 탄식했다.

그러면서 신평은 "정신과 의사 최중철이 여기에 해답을 제시하려고 한다"며 최중철의 성격 분류론(공격적인 장腸 중심형, 은둔적인 머리 중심형, 의존적인 마음 중심형)을 거론한 뒤 문재인을 '의존적인 마음 중심형'으로 규정했다. 나아가 "그의 성격은 자신을 조종하는 윗사람에게 충성을 바치도록 되어 있다. 그래서 자신을 심리적으로 조종하는 데 능숙한 조국 교수 같은 이에게 충직함을 다하는 것"이라며 "그리고 자신과 같은 편이라고 생각되는 이들에게는 한없이 선한 의도를 갖고 대하나, 반대쪽의 이들에게는 무관심하다. 이 성격 자체가 내 편, 네 편을 가르는 것에 익숙하기 때문이다. 내 편에만 충성스럽게 대하는 것이고, 내 편에만 의지하여, 그리고 내 편을 통해 안전을 확보하려고 한다. 그리고 이 성격의 가장 큰 특징은 자신이 책임을 지지 않으려고 회피하는 점"이라고 분석했다.

신평은 "최 원장의 설명은, 지금 추미애 장관을 둘러싼 현상에서는 물론이고 과거 조국 사태 때 보여줬던 문 대통령이 했던 이해 불가의 행동을 이해하는 데도 상당히 도움을 준다"며 "결론적으로 최 원장의 견해에 의하면, 추 장관이 지금 저지르는 '미치광이'식 행동에 문 대통령이 침묵으로 일관하는 것은, 이로써 어떤 특이한 형태의 메시지를 전하려고 하는 것이 아니라 단순히 책임을 회피하고 있음에 불과하다"고 결론지었다.[28]

이 또한 표현이 너무 거칠다는 문제가 있긴 하지만, 문재인의 착함과 인자함이 선택적으로만 나타나는 경향을 설명할 수 있는 하나의 가설로 볼 순 있겠다. 그러나 나는 역사적인 설명 방식에 더 끌린다. 문 정권의 중심 세력인 586 운동권 출신이 갖고 있는 선악 이분법에 의한 편 가르기 습속은 꼭 586이 아니더라도 많은 민주화 인사에게 똑같이 내재되어 있다고 보는 게 옳지 않겠느냐는 것이다. 그게 '침묵'의 이유는 될 수 없다는 반론도 가능하겠지만, 그 습속은 "선하고 정의로운 우리 편을 위한 일인데 도대체 뭐가 문제라는 거야?"는 식의 둔감을 내포한 것일 수 있다는 이야기다.

내가 『권력은 사람의 뇌를 바꾼다』에 쓴 「05 왜 유대인은 40년간 사막을 헤매야 했는가?」가 바로 이 문제를 다룬 글인데, 이는 거의 한 세대라는 장기간에 걸쳐 민주화 운동가들에게도 선악 이분법 투쟁을 강요했던 한국 현대사의 처절할 정도로 슬픈 상흔이 아닐까 싶다. 그래서 나는 『구약성경』 「출애굽기」가 제시한 교훈을 "어마어마하긴 하되, 무섭고도 슬픈 교훈"이라고 했다.

곧 연락 주겠다고 해놓고
침묵하는 유형의 사람

문재인의 독특한 성격이 미친 영향은 없을까? '의존적인 마음 중심형'과는 좀 다른 성격 분석도 가능하지 않을까? 나는 역사적인 설명 방식과 더불어 이 점에 가장 주목하고 싶다. 『한국일보』 인스

플로러랩장 김지은이 「대통령의 침묵은 '독'이다」라는 칼럼을 썼는데, 이 칼럼에 소개된 에피소드가 의미심장하다. 문재인이 처음 대선에 도전한 2012년에 벌어진 일인데, 좀 풀어서 말씀을 올리자면 다음과 같은 이야기다.

문재인이 이름만 대면 알 만한 정치 원로에게 만나자고 청해 2시간여 이야기를 나누면서 도와달라고 했다. 별 연이 없던데다 반대 진영의 인사로 여겨졌기에 의외라고 생각한 원로는 극구 고사했다고 한다. 그럼에도 "나라를 위해 뭐라도 하겠다는 의지가 강한 분 아니시냐"는 문재인의 말에 마음을 바꿔 "그렇다면 국정의 큰 그림을 미리 그릴 수 있는 역할은 내가 할 수 있겠다"는 역제안을 했다고 한다. 문재인은 "국가 발전 전략을 구상하는 특위를 바로 만들겠다"며 수락하고 돌아갔다. 그러나 일주일이 지나고, 보름이 지났건만, 문재인에게선 가타부타 연락이 없었다. 캠프 안팎의 '친노' 그룹이 거세게 반대했다는 이야기가 들려왔다. "그럼 그런 사정을 설명해주겠지"라고 생각하면서 기다렸지만, 문재인은 끝내 아무런 말이 없었다. 다른 문제로 대면할 기회가 있었는데도 그 이야긴 꺼내지 않았다고 한다.

이 에피소드를 소개한 김지은은 "공당의 후보로서 대통령이 되겠다고 나선 공인이 그러면 안 됐다. 반대 여론에 부딪혔다면 설득해야 했고, 역부족이라 실패했다면 자신의 약속을 지키지 못한 데에 사과해야 했다. 그게 책임이다. 하지만 대통령이 택한 건 입을

닫는 거였다"며 다음과 같이 말했다.

"그래도 백번 양보해 그때의 침묵은 사감私感을 건드린 무례함 정도로 넘어갈 수도 있다. 하지만, 대통령에 당선된 이후라면 달라진다. 국가 공동체의 운명이 그의 입에 달려 있다. 조정과 중재, 대화와 설득은 그래서 지도자의 중요한 자질이다. 그게 정치이며, 정치의 정점인 대통령 리더십의 핵이다. 그 책임을 방기하고 침묵할 때 분열의 씨앗에서 싹이 튼다. 대통령 집권 이후가 이미 이를 방증했다."[29]

옳은 말씀이다. 알 거 같다. 사실 그 누구건 주변에 이런 유형의 사람은 꼭 있기 마련이라는 걸 잘 아실 게다. 어떤 말을 꺼내놓고선 나중에 기다리는 사람에게 아무런 말도 없이 처음에 꺼낸 말이 없었던 것처럼 해버리는 사람 말이다. 나도 몇몇 얼굴이 떠오른다. 그런데 우리는 그 이유를 잘 알고 있다. 사람이 너무 착하기 때문이다. 너무 미안하기 때문에 그 미안한 마음을 전달하는 것조차 힘겨워하는 나머지 침묵으로 넘겨버리는 것이다.

짐작으로만 하는 말이 아니다. 실제로 내게도 그런 일이 있어 나는 상대방에게 "도대체 어떻게 된 겁니까?"라고 따져물은 적이 있다. 그때 그분이 곤혹스러워하면서 털어놓은 말이 바로 그 '너무도 미안함'이었다. 문재인이 처음에 정치를 결코 하지 않으려고 했던 이유 중엔 자신의 이런 성격 문제도 있었을 게다.

착하고 내성적인
'혼밥' 체질의 비극인가?

문재인은 초등학교 시절부터 '아주 내성적'이었다.[30] 성장하면서 성격이 달라지는 사람도 있지만, 문재인은 그런 경우는 아니었다. 그는 '혼밥'을 즐겨 했다. 2017년 1월에 출간한 『대한민국이 묻는다: 완전히 새로운 나라, 문재인이 답하다』의 '직문직답' 코너에서 "혼밥은 언제?"라는 질문에 "늘. 자주"라고 솔직하게 답했다.[31] 대통령이 된 후에도 '혼밥'을 자주 하는 것으로 알려져 정치권 안팎에서는 "대통령의 '혼밥'은 위험 신호"라는 우려가 나오기도 했다.[32]

그런 성격 탓에 문재인은 노무현 대통령 비서실장 시절에도 정무적 업무만큼은 한사코 사양했다. 문재인의 오랜 친구인 부경대학교 교수 황호선(현재 한국해양진흥공사 사장)은 2017년 4월에 출간한 『그래요 문재인: 위기와 희망의 길목에서 문재인을 말하다』에서 문재인이 정치인에게 요구되는 성품에 부적합해 보인다면서도 "수구 기득권 세력의 비열한 몰이에 의한 노 대통령의 처절한 서거는 문 전 대표를 그토록 원하지 않던 정치의 길을 운명으로 받아들이고 다시는 되돌아올 수 없는 길을 선택하게 했다"고 썼다.[33]

그렇듯 '운명'으로 인해 정치의 길에 불려나오긴 했지만, 그 성격 문제는 여전히 극복하지 못한 것으로 보인다. 개인을 위해서나 국가를 위해서나 참으로 안타까운 일이다. '혼밥'을 하더라도 만날 사람은 만나야 하는데, 그것도 아니라서 문제가 더욱 심각하다.

나는 국토교통부 장관 김현미가 2020년 11월 30일 국회 국토교통위원회에서 열린 현안 질의에 참석해 "부동산 문제로 대통령을 직접 만난 게 언제냐"는 질문에 이렇게 답하는 걸 듣고 깜짝 놀랐다. "몇 달 된 것 같습니다. 대통령께서 충분히 듣고 계시고요. 저희들 하고도 소통을 하고 계십니다." 아니 이게 말이 되나? 수개월째 부동산 문제가 온 나라를 강타하고 있는데도 담당 장관을 직접 만나지도 않은 채 소통을 한다는 게 말이 되나?

이 부동산 정책마저 586 운동권 출신 측근들이 좌지우지하고 있는 게 아니라면, 어찌 이런 일이 가능할 수 있단 말인가. 586 운동권 출신 측근들이건 그 누구건 문재인의 귀와 눈을 독점하고 있는 사람들이 있을 게다. 문재인의 리더십 스타일로 볼 때에 지금 그들은 '집단 사고groupthink'에 빠져 있을 가능성이 매우 높다.

집단 사고에 빠져 쿠바의 피그스만 침공 사건이라는 어이없는 대실수를 저질렀던 미국 대통령 존 F. 케네디John F. Kennedy, 1917~1963는 나중에 "내가 어떻게 그렇게 바보 같을 수가 있었지?"라고 탄식했다는데, 훗날 밝혀진 바에 따르면 그런 집단 사고의 원인은 대통령이 내린 결정에 대해 다른 목소리가 나오는 걸 차단하는 이른바 '심기 경호'였다. 나는 부디 문재인이 그런 탄식을 하게 되지 않기를 간절히 바란다. 지금 청와대를 지배하고 있는 '심기 경호'를 깨부수기 위해선 다른 목소리를 내는 사람들을 적극적으로 만나야 한다.

　노무현 정부에서 초대 청와대 정무수석을 지낸 유인태만큼 문 정권의 성공을 바라는 사람이 또 있을까? 자신의 잇속을 위해 문 정권을 이용하는 사람들은 빼고 말이다. 유인태는 가끔 문 정권에 대해 애정 어린 쓴소리를 해왔는데, 문재인은 유인태마저 불편하게 생각하는 것 같다. 그간 서로 전화 통화 한 번 없었다니 이게 말이 되나? 문재인은 스스로 '심기 경호'를 하겠다는 건가?

　문재인의 이런 내성적 소극성은 그의 '공사公私 구분 의식'과 '의전 정치'와도 관련이 있는바, 이는 「제2장 왜 문재인은 '공사 구분 의식'이 모호한가?」, 「제3장 왜 문재인은 '의전'으로만 소통하는가?」, 「제7장 왜 추미애는 졸지에 '이순신 장군'이 되었는가?」에서 논의해보기로 하자.

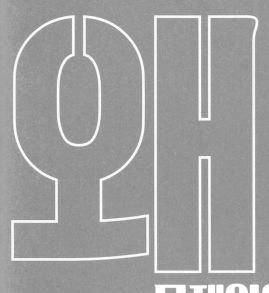

왜

문재인은
'공사 구분 의식'이
모호한가?

제
2
장

패배자 닉슨에 대한
드골의 파격적인 환대

미국 제37대 대통령 리처드 닉슨Richard M. Nixon, 1913~1994에게 1962년은 최악의 해였다. 1960년 대선에서 패배한 것까진 그렇다 치더라도 1962년 캘리포니아 주지사 선거에서도 패배했으니 말이다. 그는 주지사 선거 패배 후 가진 기자회견에서 이렇게 말했다. "여러분은 닉슨을 더이상 괴롭힐 수 없을 것입니다. 이것이 마지막 기자회견입니다."² 이제 닉슨의 정치 생명은 끝났다고 보는 사람들의 시각을 스스로 확인시켜준 말이었다. 닉슨은 쓰라린 상처를 달랠 겸 가족과 함께 유럽 여행을 떠나 파리에서 며칠을 묵게 되었다.

그런데 곧 닉슨이 상상할 수도 없는 일이 벌어졌다. 프랑스 대통령 샤를 드골Charles De Gaulle, 1890~1970이 닉슨을 초청해 "머지않아 당신은 반드시 '정상'에 도달할 겁니다"라는 격려의 말을 들려준 것이다. 좌절한 닉슨에게 이보다 큰 기쁨이 어디에 있었을까? 닉슨의 말을 직접 들어보자.

"그런데 놀랍게도 드골은 나와 아내를 엘리제궁 점심 식사에 초대를 하였던 것이다. 그리고 보렌 주프랑스 대사도 동석한다는 것이었다. 너무도 뜻밖의 일에 나도 놀랐지만 보렌은 경악을 금치 못하였다. 나의 두 번에 걸친 패배로 나 자신은 물론 어느 정치 전문가도 나의 정치가로서의 장래는 이제 끝난 것으로 모두가 믿는 터였다. 따라서 드골의 초대는 공식적으로도 파격이었고, 개인적 우정으로 친다 해도 관대하기 짝이 없는 처사였던 것이다."[3]

이번엔 제3자적 입장에서, 닉슨의 공보 보좌관으로 일했던 데이비드 거겐David Gergen의 말을 들어보자. 그는 "1960년대에 두 번의 선거에서 패배한 닉슨은 고독하고, 겉보기에 망가진 사람처럼 계속해서 세계 여러 나라의 수도를 전전했다. 각국의 각료들은 대부분 그를 만나는 것을 불편하게 생각했고, 그는 서열이 낮은 대표단이나 미국의 외무성 관리들의 접대를 받으며 식사를 하는 정도로 만족해야 했다"며 다음과 같이 말했다.

"그 당시 드골은 감각이 있는 사람이었다. 그 자신도 망각 속에 묻혔다가 부활했던 터라, 닉슨이 언젠가는 대통령이 될 수 있을 것이라는 계산을 했다. 그를 맞아 정중히 붉은 융단을 펼쳤던 것이다. 아내와 함께 엘리제궁에 초대를 받은 닉슨은 들뜬 기분에 도취되었고, 드골은 그가 언젠가는 미국에서 '최고의 자리'에 오를 것이라고 추켜세웠다. 그 같은 관대함은 우정 이상의 것을 주었다. 닉슨을 남은 여생 동안 헌신적인 추종자로 만들었던 것이다."[4]

닉슨과 드골은 이미 수년 전부터 서로 호감을 가진 사이였지만, 드골이 닉슨의 영웅이 된 데엔 드골의 이런 파격적인 초대가 큰 영향을 미쳤다. 사람이란 누구든 자신을 알아봐주는 사람, 그것도 남들은 다 아니라고 할 때에 자신을 인정해주는 사람에게 감격하기 마련이다. 정치인에게 더욱 그렇다는 건 두말할 나위가 없다.

패배자 닉슨에 대한
박정희의 굴욕적인 박대

드골과 극명하게 대비되는 한 정치 지도자가 있었으니, 그는 바로 한국의 박정희(1917~1979)다. 해외여행으로 소일하던 닉슨이 1966년 9월 한국을 방문했다. 물론 개인 자격의 방문이었다. 닉슨은 서울에 오기 전 일본 도쿄에서 비교적 환대를 받았기에 서울에서도 그와 같은 대접을 기대했던 건지도 모르겠다. 그러나 박정희의 생각은 달랐다. 닉슨을 만나줄 필요조차 없다고 생각했다.[5] 주한 미국 대사 윈스럽 브라운Winthrop G. Brown, 1907~1987이 직접 청와대를 접촉했지만 여의치 않자 외무부 장관 이동원(1926~2006)의 도움을 요청했다.

이동원은 "브라운 대사에게 떠밀리다시피 청와대로 들어왔지만 사실 나도 속으론 박 대통령이 닉슨을 꼭 만나주었으면 싶었기에 강력히 닉슨과의 만찬을 종용했다. 그러나 그는 달갑잖은 표정이었다. '그 사람 이미 끝난 사람인데 구태여…….' '그래도 각하…….' 속이 탄 내가 재차 건의했으나 여전히 박 대통령의 얼굴엔 찬 기운이 감돈다. 결국 닉슨은 박 대통령과 점심도 못하고 그저 커피 한 잔 마시는 걸로 끝낸 모양이었다"며 다음과 같이 말했다.

"그러나 안 되려면 뒤로 자빠져도 코가 깨진다더니 예상외의 예우에 몸이 단 브라운이 그날 저녁 급히 장관들과 함께하는 만찬을 추진했는데 공교롭게도 마침 같은 시간에 박 대통령이 장관들을 청와대로 불러 저녁을 하게 된 것이었다. '하느님 맙소사.' 내 입에선 탄식이 새어나왔다. 아니나 다를까 내가 미 대사관 만찬장에 들어서니 미군 장성들과 함께 앉아 있는 사람이라곤 불과 두서너 명에 불과하지 않은가. 내 느낌으로도 시종 식사 내내 닉슨의 표정은 텅 빈 좌석만큼이나 공허해 보였다."[6]

아마도 닉슨은 당시 박정희에게 이를 갈았을지도 모르겠다. 2년여 후인 1968년 11월 5일 미국 대선에서 닉슨이 승리해 1969년 1월 20일 제37대 대통령으로 취임했을 때 박정희가 받은 충격은 어떠했을까? 일국의 대외 정책에 무슨 대통령의 개인감정이 작용하겠느냐고 생각할지 모르지만, 그게 꼭 그렇진 않다. 닉슨의 드골 존경에 개인적인 이유가 다분히 작용했듯이, 박정희가 닉슨을 박대한 것이 이후 닉슨 행정부의 대對한국 정책에 아무런 영향을 미치지 않았을 것이라고 보기는 어려운 것이다.

예상대로 닉슨은 취임식이 끝나기 무섭게 '닉슨 독트린Nixon Doctrine'을 제창하는 동시에 주한미군 철수까지 거론하고 나섰다. 화들짝 놀란 청와대에선 "모든 루트를 다 동원해서 박 대통령과 닉슨의 면담을 주선하라"는 특명이 떨어졌다. 이동원의 회고에 따르면, "한국의 정계는 발칵 뒤집어졌고 워싱턴행 비행기엔 우리 쪽의 밀사가 줄을 이어, 당시 외무장관이던 최규하는 물론 나까지도 워싱턴 정가에 고개를 내밀었다. 그러나 닉슨의 정책성政策性도 좀 가미된 보복은 이때부터였다. 백악관 빗장은커녕 근처에 접근하는 것조차도 허용치 않는 것이었다".

박정희가 당한
처절한 비통함

몸이 단 박정희는 『위싱턴포스트』와의 회견에서 미국에 제주도를 군사기지로 내주겠다는 등 추파를 던졌고 끝내 닉슨은 못 이기는 척 입을 열었다. "그럼 좋소. 그러나 워싱턴에선 안 되고 8월, 내 여름휴가 때 내 고향 근처 샌프란시스코에서 만나도록 합시다." 이에 대해 이동원은 "이 얼마나 수치스러운 일인가. 휴가 때 별장으로 놀러가는데 그쪽으로 오라니"라면서 다음과 같이 말했다.

"그것도 그의 고향인 샌클레멘테 집엔 그나마 헬리콥터 이착륙장까지 갖춰져 있어 박 대통령의 체면을 살려줄 수 있는 최소한의 예우 시설이라도 있었으나 닉슨은 그것마저도 아깝게 여겨 샌프란시스코의 샌프란시스코호텔에서 보자는 것이었다. 무릎 꿇고 피눈물을 흘리며 머리를 조아리는 굴욕이 차라리 더 나을 듯싶었으나 이쪽이 잘못한 것도 있으니 어쩌랴. 박 대통령은 자존심의 눈물을 머금고 1969년 8월 21일 미국 방문길에 올랐다."[7]

그건 닉슨의 명백한 보복이었다. 모든 거물 정치인이 다 그렇긴 하겠지만 닉슨의 강한 승부욕과 복수심은 유별난 점이 있었으니, 그가 박정희에게서 받았다고 생각하는 모욕을 어찌 잊었겠는가? 박정희는 훗날 이동원에게 닉슨을 만나던 날의 비참한 심정을 다음과 같이 토로했다.

"난 그날 비통함의 연속이었소. 약속 시간에 맞춰 자동차로 호텔에 가면서도 난 최소한 호텔 로비에선 닉슨이 맞아주리라 기대했었소. 그러나 호텔 로비에서도, 엘리베이터를 타고 올라가 내릴 때도, 방문을 열고 들어갈 때도 닉슨은 나타나지 않았소. 방에 들어선 후 왼쪽의 큰 문이 다시 열리길래 보니 그쪽 방 저 끝 구석에 닉슨이 선 채 날 맞이하는 게 아니겠소. 마치 속국屬國의 제왕을 맞이하듯 했단 말이오. 그뿐만이 아니오. 저녁 식사 땐 시시껄렁한 자기 고향 친구들 불러다 앉혀놓곤 같이 식사하라는 게 아니겠소. 내 아무리 1966년 닉슨이 방문했을 때 섭섭하게 대했기로서니 너무한 거 아니오."[8]

그러나 얼마든지 그럴 수 있는 게 인간관계요 국제관계였다. 이동원의 말마따나, 박 정권의 "손님 대접은 어제와 내일이 없는 오늘뿐"이었다.[9] 닉슨 독트린은 박정희와는 무관하게 나온 닉슨의 세계 경영 구상이었지만, 그 독트린을 한국에 어떻게 적용시킬 것인가 하는 점에선 닉슨의 박정희에 대한 악감정이 적잖은 영향을 미쳤다고 볼 수 있는 것이다. 이동원은 "닉슨의 보복은 집요하다 못해 고개를 흔들 정도였다"며 그 후에도 계속된 '보복'에 대해 다음과 같이 말한다.

"월남전을 끝내면서도 마찬가지였다. 본래 마닐라 정상회담에 의해 미국과 한국은 종전 시에도 함께 협의하게 돼 있었다. 그러나 닉슨은 이 약속을 깡그리 무시해버리고 키신저를 시켜 월남전을 끝냈다.……또한 워낙 닉슨의 심기가 칼날 같았기에 우린 월남 종전終戰을 마음대로 처리하는 미국에 눈치조차 한 번 못 주고 그대로 당해야 했다. 키신저가 북경과 파리를 오가며 레둑토 월맹 대표와 노벨평화상 문안을 작성할 때도 우린 그저 쓴맛 다시며 멀뚱히 쳐다보고만 있었던 것이다."[10]

문재인의
'김어준·나꼼수에 대한 애정'

나는 문재인의 그 유명한 '양념 발언'[11]과 '김어준·나꼼수에 대한 애정'을 생각할 때마다 닉슨·드골·박정희 에피소드를 떠올린다. 김어준이 누군가? 문재인의 '대통령 자격'을 가장 먼저 알아본 사람이었다. 그리고 가장 열심히 문재인 띄우기를 실천한 사람이었다. 둘의 관계는 2009년 5월 29일로 거슬러 올라간다.

그날 서울광장에서 노무현 전 대통령의 영결식이 열렸을 때, 대통령 이명박이 헌화를 하는 순간 민주당 의원 백원우가 자리에서 일어나 그를 향해 "정치 보복 사죄하라"고 외쳤다. 상주 역할을 맡은 문재인은 이명박에게 머리를 숙이며 사과했다. 바로 이 장면에서 문재인의 '타고난 애티튜드의 힘'을 포착한 김어준은 이후 '문재인 대통령 만들기'의 선봉에 섰고, 대통령이 된 후엔 '문재인 지

키기'의 선봉에 섰음은 이미 널리 알려진 사실이다.[12]

닉슨이 드골에게 감격한 것만큼 문재인이 김어준과 그가 이끄는 나꼼수에 감격했는지는 모르겠지만, 문재인의 '김어준·나꼼수에 대한 애정'은 2012년 4·11 총선에서 잘 드러났다. 4월 1일 민주통합당 서울 노원갑 후보이자 나꼼수 멤버인 김용민이 인터넷 방송 '라디오21'의 〈김구라·한이의 플러스 18〉 코너에서 "라이스(전 미국 국무부 장관)를 강간해서 죽이자"라는 발언을 한 사실이 알려져 총선의 최대 변수로 떠올랐다. 4월 4일엔 김용민의 노인 비하 발언까지 터져나와 논란은 더욱 증폭되었다.[13]

4월 7일 민주통합당 대표 한명숙은 김용민의 막말 파문과 관련해 공식적으로 사과하고 그의 사퇴를 권고했지만, 4·11 총선 직전의 주말 문재인은 한명숙에게 전화를 걸어 "김용민 씨에게 사퇴를 요구해서는 안 된다"고 당부한 것으로 알려졌다. 이 뉴스를 전한 『동아일보』는 이렇게 말했다. "실제로 문재인 고문은 김씨의 막말 파문에도 그를 옹호하는 태도를 보였다. 선거 이틀 전인 9일 방송된 '나꼼수'에 민주당 박지원 최고위원, 통합진보당 노회찬 대변인 등과 함께 출연했다.……같은 날엔 부산대 앞에서 김어준 『딴지일보』 총수, 주진우 『시사IN』 기자 등 나꼼수 멤버들과 민주당 후보 지원 유세를 벌였다."[14]

그래서 김용민은 사퇴하지 않았고, 4·11 총선에서 새누리당은 당초 예상을 깨고 과반인 152석을 차지하는 승리를 거두었다. 민주통합당 패배의 결정적 이유는 김용민의 '막말 파문'인 것으로 분석되었다.[15] 패배에 큰 충격을 받은 민주통합당 내부에서도 "공당 대표가 정치인 팬클럽 반발을 의식해 중요한 결단을 내리지 못했다는 건 그야말로 비극"이라는 비판이 나왔고, 한명숙은 결국 총선 패배의 책임을 지고 대표직을 사퇴했다.[16] 당시 문재인의 책임론은 거의 불거지지 않았지만, 이는 문재인의 리더십과 관련해 '공사_{公私} 구분 의식'의 문제를 제기한 대표적 사건이었다.

문재인의 '공사 구분' 없는 '패밀리 철학'

물론 이후로도 그와 유사한 일들이 일어났다. 착하고 선량한 문재인이 정작 자신이 져야 할 책임을 뒤집어쓴 한명숙에게 미안하다 못해 죄스러워하는 마음을 갖게 되었으리라는 건 쉽게 이해할 수 있는 일 아닌가. 이후 문재인은 한명숙에게 과도하다 싶을 정도의 특별한 배려를 하게 되는데, 이를 그 죄스러워하는 마음과 연계해 이해하는 건 불경한 일일까?

민주통합당은 2014년 3월 26일 새정치민주연합으로 이름을 바꾸었다. 이젠 새정치민주연합 대표가 된 문재인은 2015년 8월 25일 비공개 최고위원 회의에서 전날 구속 수감된 한명숙의 추징금을 모금하자고 제안해 논란을 불러일으켰다(당시 한명숙은 불법 정치자금 수수 혐의로 징역 2년과 추징금 8억 8,000만 원을 선고받아 비례대표 의원직이 상실되었다).

당내 일각에서 '친노계의 제 식구 감싸기'라는 비판이 제기되었지만, 문제는 좀 다른 데 있었다. 문재인 측 관계자는 "한 전 총리 측 변호인단은 회의에서 '한 전 총리가 돈을 받은 적이 없다고 하는 상황에서 추징금을 모금해서 준다는 것은 명분이 없고 실효성이 없다'는 의견을 제시했다"며 "모금 계획은 없다"고 밝혔다.[17] '공사公私 구분' 의식이 약한 문재인의 따뜻한 마음을 알린 해프닝으로 보면 되겠다.

문재인의 따뜻한 마음은 대통령이 된 후에도 인사 문제에서 자주 나타났지만, 가장 화제가 된 건 2020년 1월 14일 신년 기자회견이었다. 그는 이 기자회견에서 전 법무부 장관 조국에 대해 "지금까지 겪은 고초만으로도 아주 크게 마음의 빚을 졌다"고 했다. 인간적인 따뜻함이 묻어나는 아름다운 광경으로 봐야 할까? 공적인 자리와 사적인 자리는 구별해서 말해야 했던 게 아닐까? 개인적으로 만나서 해야 할 말을 그렇게 중요한 공식석상에서 해버리면, 이후 국민들 사이에서 어떤 갈등이 벌어질지 전혀 예상하지 못했던 걸까?

진중권은 이 '사건'이 문재인에 대한 지지를 철회한 결정적 계기였다고 말한다. 그는 "대통령이 공사를 뚜렷이 구별하지 못한다"

며 "그가 대통령직의 윤리적 기능을 번번이 포기하는 것도 그 특유의 패밀리 철학과 관련이 있을 게다"라고 말한다.[18] 나 역시 문재인의 치명적인 약점이 바로 그런 공사 구분을 하지 않는 정실주의에 있다고 본다.

그러나 여기서 조심할 게 있다. 정실주의情實主義는 "사사로운 정이나 관계에 이끌리는 태도"를 말하는데, '사사로움'의 정체가 늘 문제다. 나는 문재인이 공적 가치와 무관한 사사로움은 얼마든지 뛰어넘을 수 있는 청렴하고 강직한 성품의 소유자임을 믿어 의심치 않는다. 그런데 문제는 사사로움엔 다소나마 공적 성격을 띤 경우도 있다는 점이다. 문재인이 김어준·나꼼수에 대해 느끼는 고마움이나 조국에 대해 느끼는 미안함이 바로 그런 경우다. 그래서 그의 '공사公私 구분 의식'이 모호하다는 것이다. 그 밖에도 여러 사례가 있는데, 이는 「제7장 왜 추미애는 졸지에 '이순신 장군'이 되었는가?」에서 이야기해보기로 하자.

문재인은 어떤 일에 대한 책임을 지고 물러나야 할 사람을 한사코 감싸고도는 '의리'가 투철한 편이다. 여론의 분노에 밀려 물러나게 하더라도 문책성 인사가 아니라는 걸 강조한다. 12월 4일 4개 부처 장관을 교체할 때에도 국토교통부 장관 김현미에 대해 청와대는 "경질이 아니다"며 "새로운 정책 수요가 있어 변화된 환경에 맞춰 현장감 있는 정책을 펴기 위한 변화"라고 강조했다.

쓴웃음을 자아내게 만드는 구차한 변명이건만, 문재인은 자신이 공사 구분을 하지 않고 있다는 생각은 꿈에도 하지 않을 가능성이 높다. 이게 바로 '사사로움'의 불분명함으로 인해 빚어지는 문제다. 옆에서 누군가가 다른 의견이라도 말해주면 좋으련만, 이런 시스템은 작동하지 않는 것으로 보인다. 문재인의 그런 '의리'는 사적으론 아름다운 일일망정 대통령 직책은 그런 사사로운 감정이 개입되어선 안 될 자리가 아닌가. 지지자들을 감동시켰던 그의 좋은 품성이 대통령직 수행에선 좋지 않은 결과를 낳고 있으니 참으로 안타까운 일이다.

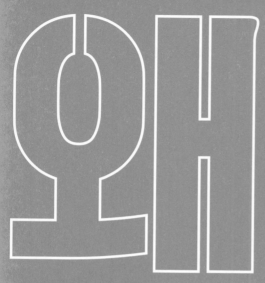

오H

문재인은
'의전'으로만
소통하는가?

제
3
장

"그 어떤 분야보다도
정치에서는 실재와 겉모습을
구별할 길이 없다."[1]
●미국 정치학자이자 철학자 해나 아렌트

현대 정치는
이미지 정치다

정치에서는 실재와 겉모습을 구별할 길이 없다는 주장의 원조는 이
탈리아 정치가이자 사상가인 니콜로 마키아벨리Niccoló Machiavelli,
1469~1527다. 마키아벨리는 군주를 향해 "모든 사람이 당신이 나타
나는바 what you appear to be(당신의 겉모습)를 보지만 당신이
정말로 무엇인지 what you are(당신의 본질)를 인지하는 자는 소
수에 불과하다"고 했다.[2]

그러나 정치학은 오랫동안 마키아벨리의 이런 주장을 실제 연구에선 외면해왔다. 미국 정치학자 머리 에델먼Murray Edelman, 1919~2001은 1964년에 출간한 『정치의 상징적 이용』에서 그런 연구 풍토에 대해 반기를 들고 나섰다. 그는 대중매체가 정치에 미치는 영향이 커짐에 따라 정치에 대한 해럴드 라스웰Harold Lasswell, 1902~1978의 고전적 정의는 이제 폐기처분되어야 한다고 했다. "누가 무엇을 왜 어떻게 언제 어디서 얻는가"라는 라스웰의 모델은 현대 정치를 결코 설명할 수 없으며, 합리적 존재로서 인간관과 대중의 참여를 전제로 하여 쓰인 현대의 정치학 교과서도 전면 개정되어야 마땅하다고 주장했다.

에델먼에 따르면 현대 정치는 이미지 정치다. 이미지 정치는 인간의 생물학적인 지각 능력의 한계, 대중매체를 통한 국민의 정치 이해, 실재보다는 외관을 강조하는 대중매체의 속성이라는 3가지 명제에 근거하고 있다. 에델먼은 라스웰의 전통적인 정치학 모델로는 텔레비전을 중심으로 한 현대의 이미지 정치를 전혀 설명할 수 없음에도 대부분의 정치학자가 여전히 상징, 기호, 이미지 조작을 무시한 채 정치 행위의 '하드웨어'에만 집착하고 있다고 비판했다.[3] 라스웰 자신도 에델먼의 책에 대한 서평을 통해 에델먼의 주장이 '정치학의 지도를 변화시킨' 점을 인정했다.[4]

'상징 정치'의 의미를 제대로 이해하기 위해선, 우리는 다음과 같은 질문들을 스스로 던져볼 필요가 있다. 인간은 늘 현명한가?

인간은 늘 합리적인가? 합리적 세계의 모델은 인간이 그들의 목적을 달성하기 위한 수단을 고르는 일에서 모든 적절한 정보를 취한다는 가정에 근거한 것이다. 그러나 실제로 그러한가? 미국의 사회과학자들은 개인의 정치적 요구나 태도가 비교적 고정되어 있는 걸로 간주해 이를 명확하고, 지속적이며, 조직적인 의미를 갖고 있는 하드 데이터hard data로 사용하는 경향이 있다. 그러나 사람의 생각이나 태도가 안정되어 있으며 일관성이 있다고 믿는 건 옳지 않다.[5]

"정치에서는 인식이 현실이다"

대부분의 사람이 정치적 신념과 의견에 일관성이 없으며, 이는 상당 기간 누적된 여론조사 결과를 살펴보면 분명히 드러난다. 게다가 일반 대중의 정치에 대한 관심과 지식은 의외로 낮다. 특히 민주주의가 꽤 발달했다는 미국은 국민의 정치적 무관심과 무지가 우리의 상상을 초월할 정도로 심하다. 요컨대, 정치적 인지는 외부의 상징 조작에 따라 늘 변할 수 있는 취약한 것에 불과하다는 이야기다.[6]

그러나 그 점을 인정하는 것은 정치인들이 흔히 상습적으로 내뱉기 좋아하는 '우리 국민의 위대한 민주적 역량'을 부인하거나 무시하는 게 아니냐는 비판을 받을 소지가 있다. 아닌 게 아니라 '상징 조작'이니 '여론 조작'이니 하는 단어를 말하면 혼자 잘난 척하고 국민을 깔본다는 말을 듣기 십상인 반면, 국민의 능동성과 주체성을 강조하는 건 겸손하고 긍정적이라는 호의적 평가를 받게 된다. 그것이 우리의 현실임을 부인하기 어렵다. 그러나 사람들 앞에서 떠들기 위한 말이 아니라, 각자 가슴에 손을 얹고 조용히 생각해본다면 다른 이야기가 가능해진다.

그런 생각을 앞장서서 한 건 물론이고 실천에 옮긴 이들은 마케팅 전문가들이었다. 어떤 기업의 브랜드가 소비자의 마음속에 어떤 자리를 차지하고 있는가? 이 물음을 던지기 위해 미국의 마케팅 전문가 잭 트라우트Jack Trout는 1969년 「포지셔닝은 유사 제품들이 난무하는 오늘날의 시장에서 하는 게임이다」라는 글을 발표했다. 이어 다른 마케팅 전문가인 알 리스Al Ries는 1972년 「포지셔닝의 시대가 도래한다」라는 글을 발표했다. '포지셔닝'은 엄청난 호응을 얻어 하루아침에 광고와 마케팅 담당자들 사이에서 유행어가 되었다.[7]

트라우트는 리스와 더불어 전 세계 21개국에서 광고단체들을 대상으로 한 포지셔닝 강의를 1,000회 이상 했다. 그리고 나서 두 사람은 1981년 『포지셔닝Positioning』이란 책을 출간했다. 이들은 "포지셔닝의 출발점은 상품이다. 하나의 상품이나 하나의 서비스, 하나의 회사, 하나의 단체 또는 한 개인에서부터 시작되는 것이다"라며 다음과 같이 말했다.

"어쩌면 여러분 자신에서부터 시작될 수도 있다. 그러나 포지셔닝은 상품에 대해 어떤 행동을 취하는 것이 아니라, 잠재 고객의 마인드에 어떤 행동을 가하는 것이다. 즉, 잠재 고객의 마인드에 해당 상품의 위치를 잡아주는 것이다.……존 린지는 이렇게 말한 바 있다. '정치에서는 인식이 현실이다.' 광고에서도 그렇고, 비즈니스에서도 그러하며, 인생에서도 마찬가지다."[8]

루스벨트·처칠·레이건의 '이미지 정치'

마케팅 전문가들뿐만 아니라 정치인들도 그 사실을 잘 알고 있었다. 그런 일을 거의 예술의 경지까지 이르게 한 이는 미국의 제32대 대통령 프랭클린 루스벨트Franklin D. Roosevelt, 1882~1945였다. 루스벨트의 가장 큰 강점은 사람들의 감정을 이해할 수 있는 뛰어난 능력이었다. 소아마비와 싸움을 하면서 얻은 능력이었다. 일반 대중은 루스벨트가 소아마비에 걸린 적이 있다는 것은 알고 있었지만, 하반신 불수라는 사실은 몰랐다. 그가 매일 아침 침대에서 나오기 위해 다른 사람의 도움이 필요했다는 점도 몰랐다. 대통령의 불구 상태를 보여주지 않는 것이 백악관의 절대적 원칙이었고, 언론도 이 불문율을 따라주었기에 대중은 대통령이 다리를 좀 절 뿐 혼자서 얼마든지 걸을 수 있는 사람으로 여겼다.

영화배우 그레고리 펙Gregory Peck, 1916~2003이 어렸을 때 부두의 환영 인파 속에서 대통령을 기다린 적이 있었다. 그는 대통령이 아이처럼 배에서 내려지는 것을 보고 너무 놀라 울음을 터뜨렸다. 그러나 루스벨트는 휠체어에 앉자마자 군중에게 환한 미소를 지으면서 그들을 안심시켰다. 루스벨트는 사람들의 동정심을 존경심으로 바꿔놓는 능력의 소유자였다.[9] 게리 윌스Gary Wills는 루스벨트가 '완벽한 배우'였다며 다음과 같이 말한다.

"그는 자신의 모든 동작에 대한 사람들의 반응을 연구했고, 사람들의 시선이 자신의 상체에 쏠리도록 연극적인 소도구까지 사용했다. 길다란 담배 파이프, 해군 망토, 구깃구깃한 모자 등을 착용한 것뿐만 아니라, 높은 코가 강조되도록 턱을 내민 자세로 몸짓을 크게 하는 등 모든 행동이 그런 효과를 노린 것이었다(해군 망토는 몸이 불편한 루스벨트로서도 입고 벗기가 편안하다는 장점도 있었다)."[10]

그런 이미지 관리는 평생 지속되기도 하는데, 이를 잘 보여준 인물이 영국 정치가 윈스턴 처칠Winston Churchill, 1874~1965이다. 1958년 84세의 처칠을 만난 리처드 닉슨Richard M. Nixosn, 1913~1994은 "나는 이것이 그와의 마지막 만남이 될 것이라는 것을 알고 있었다"며 흥미로운 에피소드를 소개했다. 닉슨은 "내가 떠나려 하자 그는 굳이 문까지는 배웅을 하겠다고 고집하였다. 그는 부축을 받으며 의자에서 일어나 두 사람의 도움으로 겨우 걸음을 옮기기 시작하였다. 문이 열렸을 때 우리는 급작스런 텔레비전 카메라의 조명으로 잠시 시력을 잃었다. 그런데 이것이 그에게는 놀라운 변화를 일으킨 것이다"며 다음과 같이 말했다.

"그 순간 그는 가슴을 활짝 펴고 양 곁의 부축하는 사람을 밀쳐버리고는 홀로 우뚝 섰던 것이다. 나는 그 순간 분명히 처칠의 처칠다운 참모습을 볼 수가 있었다. 그는 턱을 바짝 쳐들고, 눈에서는 광채가 나기 시작하면서 손을 들어 그 유명한 승리의 신호인 'V'자를 다시 흔들어 보인 것이다. 카메라맨들이 바빠지면서 플래시가 수없이 터졌다. 잠시 후 문은 닫혔다. 카메라 앞에서는 처칠은 변함없이 영원한 영웅이었던 것이다. 세월은 그를 좀먹을 수 있었지만 그의 정신만은 어쩌지 못한 것이다."[11]

현대적 '이미지 정치'의 완성은 미국 제40대 대통령 로널드 레이건Ronald Reagan, 1911~2004에 의해 이루어졌다고 봐야 하지 않을까? 그는 이미 1966년 캘리포니아 주지사로 당선되었을 때 "정치는 쇼 비즈니스와 같다"고 했고,[12] 나중에 대통령이 되어서 이 원칙을 유감없이 실천했다. 레이건은 대통령 재임 시절 폭발적인 인기를 누렸는데, 자기 자신의 인기가 할리우드 시절에 터득한 연기력에 힘입은 바 크다는 점을 다음과 같이 인정했다.

"쇼 비즈니스의 근본은 커뮤니케이션이다. 할리우드에는 한 가지 법칙이 있는데 그것은 카메라에 의해 클로즈업된 상태에서는 대사를 실제로 믿는 그러한 마음으로 연기를 해야 한다는 것이다.

만약 내 자신이 믿지도 않는 말을 연기라는 걸 의식하고 이야기한다면 영화 관객들 또한 실감나게 믿지 않을 것이다."[13]

문 팬덤을 '뭉클, 울컥'하게 만드는 '이미지 쇼'

한국의 문재인은 어떤가? 문재인의 '이미지 정치'는 자주 감동을 자아내는 '의전 정치' 중심이다. 그런데 안타깝게도 문재인은 소통을 멀리하고 있다. '의전'도 일종의 소통이긴 하지만, 이미지만으로 소통을 할 수는 없는 일이 아닌가. 카피라이터 정철이 대통령에 대해 멋진 정의를 내렸다. "꼭 필요한 자질은 소통. 국민과의 소통. 역사와의 소통. 세계와의 소통. 이름이 꼭 대통령일 이유는 없다. 하는 일이 소통이라면 소통령이라는 낮은 이름도 괜찮아 보인다."[14] 그러나 문재인은 이런 전방위적 소통과는 거리가 멀다.

　문재인은 '보여주기식 소통'을 가리키는 '쇼통'에 치중한다는 비판의 목소리도 높다. 『조선일보』 기자 최인준은 「또 '쇼통' 들러리 된 기업인」이라는 칼럼에서 "현 정부 들어 기업인들에게 청와대·정부 행사에 '들러리 참석'을 요구하는 경우가 잦아졌다"며 2020년 11월 25일 경기 일산 킨텍스에서 대통령 주재로 열린 '한국판 뉴딜-대한민국 인공지능AI을 만나다' 행사를 사례로 들었다.

이 행사에 참석한 국내 주요 IT기업의 수장들이 1시간 넘게 자리에 앉아 박수만 치고 돌아갔다는 것이다. 참석자들은 "박수만 치다가 끝난 행사는 처음", "앞으로 얼마나 더 의미 없는 행사에 불려가야 하는지 착잡하다"고 했다는데,[15] 이게 『조선일보』 기사라 그대로 다 믿으면 안 되는 걸까? 아니면 누가 지적했건 구시대 권위주의적 의전을 청산하는 것도 개혁이라는 쪽으로 눈을 돌려야 하는 걸까?

장발장은행장·'소박한 자유인' 대표 홍세화는 「우리 대통령은 착한 임금님」이라는 『한겨레』(2020년 11월 20일) 칼럼에서 "국민과 열심히 소통하겠다는 약속이 가뭇없이 사라졌는데, 이에 대해서는 설명이든 해명이든 듣지 못했다"며 "불편한 질문, 불편한 자리를 피한다는 점에서 문 대통령은 대통령보다 임금님에 가깝다"고 했다. 홍세화는 "국민 사이에 갈등을 일으키는 사회 현안에 대해서는 처음부터 침묵으로 일관한다"며 다음과 같이 말했다.

"전태일 열사 50주기를 맞아 국가최고훈장인 국민훈장 무궁화장을 추서했다. 불온한 시선을 갖고 있어서겠지만, 상이나 훈장 중에는 받는 사람보다 주는 사람을 위한 경우도 많다. 전태일 열사에게 훈장을 주는 자리라면, 적어도 그 이름을 딴 '전태일3법'에 관심을 표명하고 자신의 의사를 밝히는 게 대통령의 모습이다. 하지만 그런 일은 자신의 소관 사항이 아니라고 여길 만큼 임금님이 되어 있다."[16]

많은 사람에게 감동적으로 보였던 전태일 훈장 세리머니가 시사하듯이, 문재인은 주로 의전으로만 소통하려는 경향을 보이고 있다. 그런 '의전 소통'의 총연출자는 탁현민이다. 경희대학교 명예교수 허우성이 2020년 7월 다음과 같이 말했을 정도로 탁현민의 역할은 지대하다. "탁현민 청와대 의전 비서관은 정부 행사 때 빛과 소리·스토리로 국민 감성에 호소하는 데 일가견이 있다. 하지만 그는 자신도 모르게 문 대통령과 다수 국민의 숙의 체계를 훼손시켰다. 문 대통령이 남은 임기 동안 협치의 대통령이 되려면 감성 체계의 직관·감정에 따르기보다는 상대 진영의 숙의 체계도 활용하는 효율적 이타주의자가 돼야 한다."[17]

청와대에서 탁현민의 영향력이 지대하다는 말이 나오는 것도 문재인이 구사하는 '의전 정치'의 중요성 때문일 게다.[18] 탁현민의 활약과 관련, 진중권은 "김정숙 여사가 신분을 감추고 몰래 수해 복구 현장에서 봉사 활동을 한다. 물론 그러다가 들키는 것까지가 연출이다. 대통령은 신임 정은경 본부장에게 임명장을 수여하러 청주에 있는 질병관리본부를 직접 찾았다. 이 이벤트를 탁현민은 '권위를 낮출수록 권위가 더해지고 감동을 준다'라고 자평했다"며 다음과 같이 말한다.

"그가 자백하듯이 문 대통령이 권위를 낮춘다면 그것은 권위를 높이기 위해서다. 문 팬덤이 자주 사용하는 '뭉클, 울컥'이라는 표현은 이 연출의 정치미학적 효과를 보여준다. 과도한 이미지 쇼가 때로 문제가 되기도 한다. 코로나 사태의 한가운데에서 연출한 짜

파구리 쇼는 대중의 질타를 받았다. 송환된 전몰 용사들의 유해를 다른 비행기로 옮기는 결례가 빚어지기도 했다. 전몰 용사보다 영상 효과가 중요했단 것이다. 권위주의 파괴의 연출이 필요한 것은 정권이 여전히 권위주의적이라는 얘기다."[19]

"탁현민이
대한민국 대통령인가?"

진중권이 2020년 6월 "문재인은 남이 써준 연설문 읽고, 탁현민이 해준 이벤트 하는 의전 대통령이라는 느낌이 든다"고 말한 것에 대해 청와대 인사 3명이 반론을 펴는 등 논란을 빚었는데, 『중앙일보』 논설위원 안혜리는 이 사건을 소개하면서 "탁현민이 대한민국 대통령인가?"라는 의문을 제기했다.

2020년 9월 19일 제1회 청년의날 기념식 행사에 주목한 안혜리는 "대통령이 37번이나 언급할 만큼 이날 행사를 관통하는 메시지인 '공정' 이슈에 대해 탁 비서관은 SNS에 자신이 연출자라는 걸 강조하는 것만으로는 모자랐는지 '고민이 많았다'며 본인의 청년 시절까지 소환했다"며 다음과 같이 말했다.

"대통령 행사이고, 탁 비서관은 대통령의 국정 철학을 좀더 돋보이도록 구현하는 역할을 맡았을 뿐이다. 정상적인 대통령과 참모 관계라면 탁 비서관은 국민 눈엔 아예 보이지 않아야 한다. 그런데 행사 당일에 마치 본인이 대통령인양 '메시지를 고민했다'고 떠벌리고, 행사에 참석한 BTS가 대통령에 전달한 선물을 놓고도 '나의 선물'이라고 생색을 냈다. 반면 이날 문 대통령 SNS는 단순했다. '정부는 기회의 공정을 위해 최선을 다하겠습니다. 청년들은 상상하고, 도전하고, 꿈을 향해 힘차게 달려주기 바랍니다.' 두 SNS만 놓고 보자면 탁 비서관이 지휘관이고 대통령은 그저 연출가의 의도를 충실히 구현해낸 무대 위 배우일 뿐이다."[20]

어찌 되었건 이 행사는 탁현민이 그렇게 뻐기고 싶었을 정도로 큰 성공을 거둔 것으로 보인다. 흥미로운 건 보름 후인 10월 3~4일 이틀간에 걸쳐 『경향신문』·한국리서치가 문재인의 국정 운영에 대한 여론조사를 한 결과에 따르면, 유일하게 '잘하고 있다'는 평가(50퍼센트)가 '잘못하고 있다'는 평가(45퍼센트)보다 높은 건 국민과의 소통 항목이었다는 사실이다. 2017년 조사에 비해 30퍼센트포인트가량 하락했다지만,[21] 그래도 놀라운 결과인 건 분명하다. 문재인이 대통령 취임사에서 가장 많은 시간을 할애해 강조했던 소통에 대한 약속이 사실상 부도가 났다는 점에 비추어본다면 말이다.[22]

바로 이게 '이미지 정치'의 파워는 아닐까? '이미지 정치'를 부정하거나 비난하는 건 비현실적이다. 보통 사람들 역시 일상적 삶에서 이미지 중심으로 소통을 하면서 정치인들에게만 이미지 소통을 하지 말라는 건 말이 안 된다. 어느 정도가 적정 수준인지 판단하긴 어렵지만, 본말本末의 전도가 이루어질 정도가 아니라면 무방하지 않을까 싶다. 문제는 문재인은 그 적정 수준을 넘어섰다는 점이다.

국민의힘 전 의원 유승민은 "광 파는 일에만 얼굴을 내밀고 책임져야 할 순간에는 도망쳐버린다. 참 비겁한 대통령"이라고 했고,[23] 국민의힘 의원 김기현은 "폼 날 때는 앞에 나서 그 공을 차지하고, 책임질 일이 있을 때는 부하에게 떠넘기고 자신은 뒤로 숨는다면 비겁하고 지도자가 아니다"라고 했다.[24] 이런 비판에 동의할 수 없을지라도, 야당이 거세게 비난하는 게 아무리 정략적이더라도, 문재인이 '선택적 침묵'만큼은 다시 생각해보는 게 좋겠다.

대통령 취임사에서 "야당은 국정 운영의 동반자입니다. 대화를 정례화하고 수시로 만나겠습니다.……소통하는 대통령이 되겠습니다"라고 약속했던 것처럼, 부디 문재인이 반대편과의 소통을 하는 데에도 그 따뜻하고 인자한 미소를 지어주길 바랄 뿐이다. 반대편이 예뻐서가 아니다. 그들을 지지하는 국민들도 껴안는 게 대통령의 숙명이기 때문이다. 문재인도 스스로 말하지 않았던가. "오늘부터 저는 국민 모두의 대통령이 되겠습니다. 저를 지지하지 않았던 국민 한 분 한 분도 저의 국민이고, 우리의 국민으로 섬기겠습니다. 저는 감히 약속드립니다. 2017년 5월 10일, 이날은 진정한 국민 통합이 시작되는 예로 역사에 기록될 것입니다."

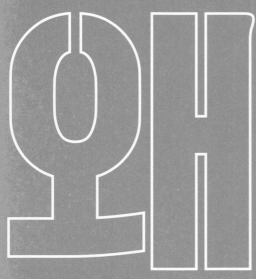

왜 문재인 정권은
적에게
포위되었다고
주장하는가?

"열성적인 개혁 운동가들은
빈번히 공포를 조장함으로써
의식을 일깨우는 방식이 지닌
정당성을 주장한다."[1]
● 헝가리 출신 영국 사회학자 프랭크 푸레디

'독선과 오만'을 낳는
'아웃사이더 의식'

"기득권의 저항이라는 것은 사실상 아이디어의 점진적인 침투에
비하면 과장된 것이다."[2] 영국 경제학자 존 메이너드 케인스John
Maynard Keynes, 1883~1946의 말이다. 케인스가 "정책 결정자들이 자
기는 지적인 영향권에서부터 벗어났다고 믿고 있지만, 실제로는
더이상 쓸모없는 것을 붙잡고 있는 경제학자들의 노예다"고 말한
것도 바로 그런 맥락에서 이해할 수 있겠다.[3] 물론 정반대로 뒤집어

서 한 말이지만 말이다.

　기득권의 저항에 대한 과장 심리는 '아웃사이더 의식'에서 비롯되기도 한다. '아웃사이더 의식'은 좋은 점이 많지만, 이게 잘못 작동하면 피해의식과 그에 따른 '독선과 오만'을 유발하기 십상이다. 미국 정치인 힐러리 클린턴Hillary Clinton이 좋은 예다. 힐러리는 동부 명문대에서 공부를 하는 등 자신을 인사이더로 간주할 만한 충분한 조건을 갖춘 인물이었다. 하지만 빌 클린턴Bill Clinton을 만나 아칸소 주지사 부인으로 살면서, 그리고 1992년 대선에서 남편이 대통령에 당선되어 워싱턴에 살게 되면서 달라졌다.

　이미 대선 때부터 경쟁자인 조지 W. 부시George W. Bush 대통령은 빌 클린턴과 앨 고어Al Gore를 '촌놈들bozo'이라고 불렀으며, 라디오 토크쇼 진행자 돈 아이머스Don Imus는 클린턴을 '남부의 가난한 촌놈'이라고 부르는 등 아칸소 비하는 공공연히 이루어졌다. 공개적으로 그랬을진대 사석에선 얼마나 많은 아칸소 비하가 이루어졌겠는가. 클린턴이 5선 경력의 아칸소 주지사였다는 사실은 아칸소의 작은 규모 때문에 미국 경영엔 별 도움이 되지 않는 것이었다. 아칸소 주민의 수는 미국 인구의 1퍼센트에 불과했고, 아칸소주의 연간 예산은 17억 달러였지만 연방정부가 관장해야 할 예산은 1조 1,600억 달러였다. 아칸소주에서 하던 식으로 하면 절대 안 되는 일이었건만, 초기 클린턴 행정부는 실패로 끝난 지미 카터Jimmy Carter 행정부의 전철을 밟고 있었다.

클린턴과 카터는 같은 남부 출신으로 워싱턴을 경멸한다는 점에서 같았다. 카터 행정부의 핵심 인력이 조지아 출신의 '조지아 마피아'로 꾸려졌듯이, 클린턴의 핵심 인력 역시 '아칸소 마피아'로 구성되었다. '조지아 마피아'가 '아칸소 마피아'로 바뀌었다는 것 외엔 차이가 없었다. 클린턴과 힐러리는 노련한 워싱턴의 베테랑들을 거의 배제했다. '공동 대통령copresidency'이라는 말을 들을 정도로 실세였던 힐러리는 고위직은 아칸소 시절부터 함께한 친구들과 보좌관들, 대선 기간의 충성파들에게 돌아가야 한다고 주장했고, 대부분 그렇게 관철되었다.

워싱턴에 대한 강한 적대감이라는 점에선 클린턴과 힐러리는 죽이 맞았다. 클린턴은 "승리가 워싱턴에 달려 있었다면 난 애초 선출되지 않을 겁니다"라고 했고, 힐러리는 이 말을 슬로건처럼 되풀이해서 강조했다. 두 사람은 코웃음을 치며 워싱턴의 언론과 사교계는 자기들에게 적대적이라는 판단을 내리고, 이 두 집단을 멀리하기 시작했다.[4]

적에게 포위되었다고 믿는 '피포위 의식'

워싱턴 문화에 대한 적대감은 클린턴보다는 힐러리가 심했다. 힐러리의 열렬한 지지자로 백악관의 피해 대책 대변인으로 일했던 래니 데이비스Lanny J. Davis는 『말해야 할 진실Truth to Tell』(2002)에서 힐러리의 언론에 대한 반감은 너무도 극단적이라 자신도 어찌할 수가 없었다고 털어놓았다. "언론의 생리가 어떤지 이해하지 못하는데다가 언론을 어떻게 활용해야 하는지 판단이 흐려질 만큼 적대감까지 더해져서 상태는 최악이었다."

언론에 대한 반감은 거의 병적 수준이었다. 힐러리의 허락을 받지 않은 정보를 기자들에게 건넸다는 의심을 받는 직원에게 퍼붓는 힐러리의 한결같은 질책은 "왜 그자들에게 아무거나 말했지? 그자들에게는 절대로 아무것도 발설하지 말아!"였다. 힐러리는 언론에 대한 혐오감 때문에 그러는 것이었지만, 언론 쪽에서는 그런 신경질적인 대응을 뭔가 굉장한 거라도 감춘 것처럼 여기게 만드는 악순환을 힐러리 스스로 초래한 셈이었다.[5]

아칸소에서 아칸소 사투리까지 익히며 지낸 18년 세월에 기대어 힐러리는 자신을 아웃사이더로 간주해 좌우를 막론하고 기득권 체제에 도전한다고 믿음으로써 자신의 '독선과 오만'을 정당화했다. 힐러리는 자신의 의료 개혁에 대한 반대를 무조건 기득권 세력의 이기적 저항으로 몰아붙였다. 선악 이분법에 사로잡힌 그는 백악관 내부 회의에서 일이 잘 안 풀리자 참모들에게 "나는 악마가 존재한다는 것을 믿습니다. 그리고 세상에는 악마와 같은 사람들이 있다고 생각합니다"라고 말하기도 했다.[6] 힐러리가 언론에 대해 매우 불편해한 것과 거짓말을 사소하게 여긴 심리도 그런 선악 이분법에서 비롯된 '독선과 오만'과 무관치 않았다. 힐러리가 2016년 대선에서 도널드 트럼프Donald Trump에게 패배한 건 그런 왜곡된 '아웃사이더 의식'이 적잖이 작용한 결과다.

반면 트럼프는 실제론 '아웃사이더 의식'이 없으면서도 그걸 정치 상품으로 팔아먹는 묘기를 선보였다. 그는 대선 유세에서 "나는 미국을 최우선에 둘 겁니다. 힐러리 클린턴은 자신과 고액 기부자를 위해 싸우는 내부자insider입니다. 나는 여러분을 위해 싸우는 아웃사이더입니다"라고 주장했다.[7] 물론 그는 공화당 내에선 명실상부한 아웃사이더였지만, 이걸 오히려 자신의 장점으로 내세우는 수법을 썼다.

트럼프는 대선 유세가 한창 진행되고 있던 6월까지도 워낙 '막말'을 많이 한 탓에 공화당의 전폭적인 지지를 받지 못하고 있었다. 6월 19일 트럼프는 반反트럼프 정서가 당내에서 다시 확산하고 있는 데 대한 반발로 "나는 아웃사이더다. 공화당 지도부 없이도 11월 대선에서 이길 수 있다"라고 말했다. 그는 공화당 지도부에 대해 "그들은 그들의 일을, 나는 내 일을 하면 된다"며 "나는 정치인과 국민 모두로부터 엄청난 지지를 받고 있다"라고 큰소리를 쳤다.[8]

'독선과 오만'이란 게 참 묘하다. 일반적으로 그건 권력자나 정치인에겐 독약임에도 트럼프처럼 어느 임계점을 넘어서면 오히려 그게 경쟁력의 원천이 되니 말이다. 그러나 이건 아무나 할 수 있는 건 아니므로 행여 트럼프를 흉내낼 생각은 하지 않는 게 좋으리라.

'아웃사이더 의식'은 이른바 '피포위 의식siege mentality'을 불러온다. 전투 중 적들에게 포위된 병사들의 실제 경험에서 유래된 이 개념은 자신들이 끊임없이 공격받고, 억압당하고 있으며, 고립되어 있다고 믿는 정신 상태를 말한다.[9] 국가들 가운데 이런 의식이 가장 강한 나라가 이스라엘이다. 이스라엘은 늘 적들에 의해 둘러싸여 있다고 두려워하는 데에서 오는 '피포위 의식'을 갖고 있으며, 이는 필요 이상으로 호전적 자세를 취하는 것으로 나타난다.[10]

문재인 정권의
'피포위 의식'

2020년 8월 22일 영국의 대표 시사주간지 『이코노미스트』가 문재인 정권의 내로남불 행태를 비판하면서 '피포위 의식'이란 말을 써서 화제가 된 적이 있다. 이 주간지는 "정부 안에 있는 좌파들은 약자라는 자신들의 자아상을 버리지 않았다"며 "특정 언론들을 (상대편) 정당의 무기로 여기면서 그들로부터 비판이 나오면 '피포위 의식'을 가진다"고 했다.[11]

아닌 게 아니라 문 정권 열성 지지자들의 댓글을 보면 이들의 '피포위 의식'이 매우 강하다는 걸 쉽게 알 수 있다. 그걸 갖도록 교육하는 데에 앞장서는 이가 많다. 예컨대, 민주당 의원 정청래는 "우리는 그저 청와대 권력을 잡았을 뿐이다. 수많은 적폐와 싸우기 위해서는 노무현 때와 같은 오류를 범해선 안 된다"고 주장한다. 이는 문재인 지지자들이 제시하는 모범답안으로 널리 유통되고 있다.

그런데 그렇게 말하는 정청래는 정말 그 말을 믿는 걸까? 손희정은 "스스로 피해자 서사를 쓰고 비주류로 머무르려는 것이 반복되는 것은, 그것이 '한국 진보'의 권력 재생산 메커니즘이기 때문이다"고 말한다.[12] 옳은 말씀이다. 혹 좋아하는 유명 맛집이 있다면 그 주인에게 물어보라. 내가 아는 어느 주인은 건물을 몇 채 샀다는 소문이 파다한데도 돈 이야기만 나오면 많이 번 게 없다고 앓는 소리를 한다. 어쩔 땐 귀엽다는 생각마저 들 정도로 펄펄 뛴다. 한마디로 말해서, 돈을 더 많이 벌어야겠다는 이야기다.

맛집 주인이야 그렇게 말하는 건 애교로 봐줄 수 있지만, 정권 권력을 가진 사람들이 "우리에겐 청와대뿐이다"고 말하는 건 어이가 없다. 장관들을 들러리나 꼭두각시로 만들 정도로 행정부의 모든 권력을 틀어쥔 청와대를 두고서 그런 말을 해도 되나? 문 정권은 '피포위 의식'을 갖고 있긴 하지만 순도가 높은 건 아니다. 그런 의식이 있는 건 분명하지만, 그걸 정략적 목적으로 활용할 정도로 영악하다는 이야기다. 열성적인 환경 운동가들이 기후 변화 문제에 대한 사람들의 관심을 제고하기 위해 공포를 조장하는 건 어느 정도 이해할 수 있지만, 문 정권이 그런 선의의 목적으로 '공포 마케팅'을 한다고 보긴 어려울 것 같다.

'문재인 지킴이'를 자처하는 나꼼수는 어떤가? 이들은 늘 "거대 꼼수(음모)와 싸운다"며 자주 음모론을 양산해낸다. 엉터리 음모론으로 밝혀져도 매우 당당하다. 오죽하면 친문 성향의 전前 MBC 사장 최승호마저 저널리스트의 양심으로 문제 제기를 하고 나섰겠는가?

최승호는 2020년 7월 그간 김어준이 주장해온 '세월호 고의 침몰설'과 '제18대 대선 개표 조작설' 등의 음모론을 공개적으로 비판했다. 그는 "김어준은 이해할 수 없는 현상이 발견되면 '취재'하기보다 상상·추론하고 음모론을 펼치다가도 반박이 나오면 무시한다"면서 "자신의 위상만큼 책임을 지려고 노력했으면 한다, 틀린 것은 틀렸다고 인정하고 사과해야 한다"고 지적했다. 그는 "대중들은 김어준의 이런 행동 방식에 대해 매우 관대하다, 그는 사실이 아닌 위험한 주장을 마음껏 할 수 있는 특권을 가진 것 같다"고도 했다.[13] 물론 김어준의 그런 특권은 문재인 지지자들의 '닥치고 지지'에서 비롯된 것이지만, 이들 역시 음모론이 선사하는 '피해자 행세'가 '권력 재생산 메커니즘'일 수 있다는 걸 모르진 않을 것이다.

이해찬의
'20년 집권론', '50년 집권론', '100년 집권론'

문재인 정권의 '피포위 의식'에 나름의 이론을 제시하려고 시도하는 이도 있는데, 그 대표적 인물은 바로 이해찬이다. 2018년 전당대회 때 민주당 대표였던 이해찬은 '20년 집권론'을 내놓은 후 '50년 집권론'을 주장하더니, 2019년 2월엔 '100년 집권론'까지 내놓았다. 실소失笑를 자아내게 하지만, 이게 바로 그런 일거양득一擧兩得용 '피포위 의식'의 산물이다. 왜 그래야 한다는 건지 이해찬이 2020년 9월 『시사IN』 인터뷰에서 밝힌 이유를 들어보자.

"우리 역사의 지형을 보면 정조 대왕이 1800년에 돌아가십니다. 그 이후로 220년 동안 개혁 세력이 집권한 적이 없어요. 조선 말기는 수구 쇄국 세력이 집권했고, 일제강점기 거쳤지, 분단됐지, 4·19는 바로 뒤집어졌지, 군사독재 했지, 김대중·노무현 10년 빼면 210년을 전부 수구 보수 세력이 집권한 역사입니다. 그 결과로 우리 경제나 사회가 굉장히 불균형 성장을 해요. 우리 사회를 크게 규정하는 몇 가지 영역들이 있습니다. 분단 구조, 계층 간·지역 간 균형 발전 문제, 부동산 문제, 또 요즘 이슈인 검찰 개혁 문제 등이 그렇죠. 이런 영역들이 다 규모는 커졌는데 구조는 굉장히 편향된 사회로 흘러온 겁니다."

"보수가 너무 약해 보여서 승리를 과신하는 건 아닌가요?"라는 기자의 질문에 이해찬은 이렇게 답한다. "보수가 너무 세기 때문에 20년 집권이 필요합니다. 제도 정치권 딱 한 군데만 보수가 약해요. 220년 중에 210년을 집권한 세력이 보수입니다. 경제, 금융, 언론, 이데올로기, 검찰……사회 거의 모든 영역을 보수가 쥐고 있는 나라가 한국입니다. 이렇게 균형이 무너진 나라가 없어요."

이해찬은 "민주당이 이제는 집권 세력인데도 아직 민주화 투쟁 중이라고 착각한다는 냉소도 있습니다"라는 기자의 질문엔 이런 답을 내놓는다. "그렇지가 않아요. 경제, 사법, 언론 이런 곳이 민주화가 안 돼 있잖아요. 사회 제반 영역이 다 민주화되어야 합니다. 그래서 노동조합이 강하고, 시민사회가 강하고, 언론이 강해져야 해요. 사회의 나머지 영역이 민주화되어 있으면 우리가 선거 한두 번 국민 선택을 못 받아도 사회는 회복이 가능해요. 지금은 제도 정치 한 곳에서 정당만 섬처럼 있으니까, 노조·시민사회·언론이 다 취약하니까, 정당이 밀려나면 다 밀려나는 겁니다."[14]

좋은 생각이다. 그러려면 일을 잘해서 국민의 점수를 많이 따는 게 좋을 게다. 그러나 서울 부동산 가격 폭등과 지방 소멸의 가속화가 말해주듯이, 민주당의 안중엔 '민생'이 없거나 '민생'에 대해 무능하다. 진중권처럼 민주당의 핵심 세력인 586세대가 기득권이 되어 부패했다고 보는 시각도 있다. "그들은 바꿀 것보다 지킬 것이 더 많은 보수층이 되었다. 그리고 그들이 살해한 나쁜 아버지보다 더 나쁜 아버지가 되었다. 산업화 세대는 적어도 그들에게 일자리도 얻어주고 아파트도 한 채 갖게 해줬다. 하지만 586세대는 지금의 젊은 세대에게 일자리도 아파트도 주지 않는다. 그저 자기 자식들에게 재산과 학벌을 물려주느라 그 검은 커넥션을 활용해 다른 젊은이들에게서 '공정'하게 경쟁할 기회마저 빼앗아버린다."[15] 이런 주장에 동의하지 않더라도, 적어도 민주당의 장기 집권이 선이나 정의일 수 없는 이유를 말해주기엔 족하다.

게다가 민주당은 모든 게 내로남불이다. 진보? 보수? 진보의 장기 집권론은 그 이분법적 정치 구도에 인생의 부귀영화富貴榮華를 건 그들만의 사정일 뿐이다. 미국 『뉴욕타임스』 칼럼니스트 데이비드 브룩스David Brooks는 '피포위 의식'을 가진 집단의 말로末路에 대해 "자신들에게 거슬리는 팩트는 걸러버리고 점점 극단으로 치닫다가 자기 파괴적인 결말을 맞이한다"고 했는데,[16] 그렇게 되지 않기를 바랄 뿐이다.

문재인 정권의 '약자 코스프레'

이해찬의 주장을 최대한 선의로 해석하자면, 보수 정권의 집권 기간이 워낙 길었던 만큼 그 기간에 형성된 기득권 구조를 깨기 위해선 진보 정권의 장기 집권이 필요하다는 것이겠지만, 문제는 이런 마인드로 인해 '독선과 오만'이 불가피한 자구책으로 여겨지기 마련이라는 점이다.

나는 나의 오랜 지론인 '공영방송의 중립화'를 주장하는데, 이런 주장에 대해 나오는 반론, 아니 비난은 한결같다. "언론판에선 수구 기득권 세력이 절대 우위를 보이고 있는데, 무슨 개소리냐"라는 식이다. 답답한 일이다. 문재인은 『사람이 먼저다: 문재인의 힘』(2012)에서 "정권의 입맛에 맞는 사장을 앉히기 쉬운 현재 공영방송사의 사장 선임권을 개혁해서 그 권한을 국민에게 돌려줘야 합니다"라고 말한 바 있으며,[17] 이를 이후로도 여러 차례 강조해왔다. 그 약속의 이행을 촉구하는 것이 도대체 뭐가 문제란 말인가?

보수 논객 고성국과 이종근의 대담집인 『자유 우파 필승 대전략』(2019)을 읽다가 친문 세력의 '피포위 의식'과 너무 대비되는 주장이 있어 쓴웃음을 짓지 않을 수 없었다. 고성국은 이종근이 문재인 정권 들어 "노조가 방송사를 장악하고 직접 운영한다"는 뜻으로 '노영방송'이란 신조어가 만들어졌다고 말하자, 다음과 같이 답한다.

"문재인 정권 후반기에도 우리의 기대만큼 언론이 정상화되진 않을 겁니다. 지금 9대 1 정도로 좌파한테 유리하게 언론 지형이 형성돼 있잖아요. 5대 5 또는 6대 4 정도로 자유 우파에게 유리해질 수도 있지만, 그렇다고 해서 7대 3이나 8대 2 정도는 안 될 겁니다. 모든 언론사에 포진되어 있는 언론노조는 민노총의 핵심 조직이어서 어떤 형태로든 버텨내려고 할 테니 너무 큰 기대는 하지 말자는 뜻이고요. 다만 엄청난 불이익을 당하고 있는 지금과는 달라질 것이라는 말씀을 드립니다."[18]

양쪽 모두 엄살을 피우는 것 같다. '약자 코스프레' 경쟁 같다는 느낌마저 준다. 물론 여권의 엄살이 더 심하다. 진중권은 "이들은 벌써 정계와 관계, 방송과 신문, 시민단체와 지식인층을 망라하는 거대한 기득권의 커넥션을 구축했다"고 했는데,[19] 이게 진실에 더 가까운 게 아닐까? 제21대 총선(2020년 4월 15일)에서 압승을 거두면서 그 기득권 커넥션의 위세는 하늘을 찌르지 않았던가? 그래서 열린민주당 비례대표 2번으로 당선된 전 청와대 공직기강비서관 최강욱은 윤석열 검찰과 보수 언론을 겨냥해 "세상이 바뀌었다는 걸 확실히 느끼도록 갚아주겠다"고 호언하지 않았던가?

어찌 되었건, 지금은 바야흐로 유튜브와 소셜미디어의 시대가 아닌가. 전통 미디어는 다 죽었다는 게 좌우를 막론하고 외쳐진 진단인 것 같은데, 그게 아니었던 말인가? 2020년 9월 청와대 국민소통수석을 지낸 민주당 의원 윤영찬이 포털사이트 뉴스 배치를 문제 삼아 카카오 관계자를 국회로 불러들이라는 내용의 문자메시지를 자신의 보좌관에게 보내는 장면이 포착되자, 야당은 "포털 장악 시도"라고 펄펄 뛴 사건이 있었다.[20] 그런 압박으로 포털사이트는 여권에 유리하게 갈 수도 있겠지만, 정작 따져야 할 것은 어느 쪽 지지자들이 더 유튜브와 소셜미디어의 활용에 적극적인가 하는 점이 아닐까?

어느 쪽이건 '피포위 의식'은 갖지 않는 게 좋고, 갖더라도 적당히 갖는 게 좋다. 피포위 의식이 비장한 결의를 다지면서 내부 결속을 강화하는 데엔 큰 도움이 되기 때문에 알게 모르게 부풀려지는 경향이 있다. 케인스가 잘 지적했듯이, 기득권 또는 반대편의 저항이라는 것은 아이디어의 점진적인 침투에 비하면 과장된 것이다. 더 좋은 아이디어를 제시하기 위한 경쟁을 하는 게 국리민복國利民福에 도움이 된다. 권력을 쥔 문 정권의 '약자 코스프레'는 이젠 보기에 지겨울 정도라는 것도 제발 알아주시면 좋겠다.

문재인 정권은
정치를 '적과 동지'의
대결 구도로만
보는가?

"공중을 어떤 적에 대해서
반대하게 하는 것은
그들의 선두에 서고
그들의 왕이 되는 가장 확실한 방법이다."[1]
●루마니아 태생의 프랑스 사회심리학자 세르주 모스코비치

집단적 증오는
정치의 큰 무기다

"정치적인 행동이나 동기의 원인으로 여겨지는 특정한 정치적 구
별이란 적과 동지의 구별이다."[2] 독일 정치학자이자 법학자 카를
슈미트Carl Schmitt, 1888~1985가 『정치적인 것의 개념』(1932)에서
한 말이다. 이어 그는 이렇게 말했다. "정치적인 대립은 가장 강
도 높고 극단적인 대립이다. 어떠한 구체적인 대립도 그것이 적과
동지의 편 가르기에 가까우면 가까울수록 점점 정치적인 것이 된

다.……적과 동지의 구별이 사라지면, 정치 생활도 없어진다.……국민의 일부분이 더이상 어떠한 적도 없다고 선언하는 것은 상황에 따라서는 적에 가담하고 적을 돕는 일이며, 이 선언으로 적과 동지의 구별이 해소된 것은 아니다."[3]

슈미트가 1933년 1월 아돌프 히틀러Adolf Hitler, 1889~1945가 정권을 장악하자 5월에 나치당에 입당해 나치즘을 정당화한 데엔 이런 사고방식이 작용한 건지도 모르겠다. 그는 유대인이 저술한 책들을 불태우는 데 적극적으로 나섰고 반유대주의 정책을 공개적으로 옹호했으며, 종전 이후에도 전혀 뉘우치지 않았다(그는 1945년 소련군에 체포·석방된 후 다시 미군에 구속되어 1947년 전범 혐의를 받고 뉘른베르크의 감옥에 수감되기도 했다).[4]

슈미트는 나치 전과가 있었지만, "정치는 적과 동지를 구별하는 것"이라는 그의 주장은 많은 나라에서 정치적 현실이 되고 말았다. 슈미트에 앞서 독일 철학자 프리드리히 빌헬름 니체Friedrich Wilhelm Nietzsche, 1844~1900는 "정치인은 인간을 두 종류로만 나눈다. 도구 아니면 적"이라고 했는데, 이제 이 말은 '상식'이 되고 말았다.

영국의 '팽창주의' 작가 러디어드 키플링Rudyard Kipling, 1865~1936은 "우리와 같은 모든 사람은 '우리'이고, 그 밖의 나머지 사람들은 '그들'이다"고 했고, 케냐 출신의 미국 정치학자 알리 마즈루이Ali Mazrui, 1933~2014는 "'우리'와 '그들'의 대립 구도 경향은 정치 영역에선 거의 보편적이다"고 했다.[5] '우리'와 '그들'의 대립 구도에선 증오가 나타나기 마련이고, 집단적 증오는 정치의 큰 무기가 된다.

미국 작가이자 사회운동가인 에릭 호퍼Eric Hoffer, 1902~1983는 "공동의 증오는 아무리 이질적인 구성원들이라도 하나로 결합시킨다. 공동의 증오심을 품게 되면 원수된 자라 해도 어떤 동질감에 감화되며, 그럼으로써 저항할 힘이 빠져나간다"며 이렇게 말한다. "히틀러가 반유대주의를 이용한 것은 동족 독일인들을 단합하기 위해서만이 아니라 유대인을 증오하는 폴란드와 루마니아, 헝가리의 결연한 저항을 약화시키려는 의도도 있었으며, 심지어는 프랑스에서도 이를 꾀했다. 히틀러는 반공주의도 이와 비슷하게 이용했다."[6]

정치인과 조직 폭력배의
공통점

적이 분명했던 냉전시대엔 적에 대한 공포감으로 기존 체제를 유지할 수 있었지만, 적이 사라진 탈냉전시대엔 그게 가능하지 않았다. 그래서 독일 사회학자 울리히 벡Ulrich Beck, 1944~2015은 『적이 사라진 민주주의』(1995)에서 "냉전은 신이 내린 일종의 선물이었노라고 이제 우리는 회고적으로 말할 수 있게 되었으며, 또 그렇게 말해야 한다"며 "확실히 그것은 공포에 입각한 질서로서 내적 위기를 계속 외적 원인, 즉 적들에게로 전가할 수 있도록 해주었다"고 말했다.[7]

하지만 '신이 내린 일종의 선물'이 사라졌다고 해서 포기할 인간이 아니다. 적을 만들어내면 되니까 말이다. 벡은 이렇게 묻는다. "적의 결여가 상투적인 적의 결여를 의미하지는 않는다. 정반대로 그것은 새로운 적에 대한 누를 수 없는 욕구를 낳는다. 냉전 종식 후 세계 도처에서 유혈 분쟁이 발생하고 있는 것을 누가 부인한단 말인가?"[8]

물론 한 국가 내에서도 치열한 '적敵 만들기enemy-making'가 이루어지고 있으며, 그런 '적 만들기'가 일상화된 풍토에선 정치인은 '조직 폭력배'를 닮아가기 마련이다. 미국 민주당 하원의원 짐 쿠퍼Jim Cooper는 2011년 "의회는 더이상 평등한 합의체의 모습이라고 할 수 없다. 오히려 조직 폭력배의 행동에 가깝다. 의원들은 다들 적의에 가득 찬 채로 회의장에 발을 들인다"고 했다.[9]

물론 한국도 다를 게 없다. 『경향신문』 논설위원 박용래는 2018년 11월 "우리나라 정치인과 조직 폭력배의 공통점이 있다"며 이렇게 말했다. "혼자 다니는 경우는 거의 없고, 늘 떼로 몰려다닌다. 고향이나 출신지에 따라 모인다. 주로 검은 승용차를 타고 다닌다. 조직의 이름은 보스의 이름이나 그가 사는 동네를 따서 만든다. 하는 일은 주로 모여서 같이 밥을 먹는다. 그래서 조폭은 '식구'라고 하고, 정치인은 '계보'라고 한다."[10]

『중앙일보』 논설위원 이정민은 좀 다른 맥락에서 "고위공직자범죄수사처법 처리를 놓고 벌이는 여당의 행태는 조폭을 방불케 한다"고 주장한다. "민주당은 야당에게 공수처장 비토권을 주는 것을 미끼로 야당을 안심시켜 법을 통과시켜놓고, 야당 추천 위원들의 반대로 공수처장 후보를 확정짓지 못하자 다수 의석을 이용해 야당의 비토권을 없애려 들고 있다. 권력자의 입맛대로 그때그때 법을 바꾸고 원칙을 뒤집는 '야바위 정치'가 민주주의를 망가뜨리고 법치를 위협하고 있다."[11]

적이 없으면 정치는 존재하기 어렵다고 해도 과언이 아니지만, 모든 정치 세력이 다 '적 만들기'에만 미쳐 돌아가는 건 아니다. 정도의 차이가 있다는 뜻이다. 문재인 정권은 어떤가? 역대 정권들 중 '적 만들기'가 가장 심한 정권이 아닐까? 2020년 10월 5일 서울대학교 정치외교학부 교수 강원택은 "그동안 여당 의원들은 청와대의 나팔수나 돌격대 이외의 모습을 보여준 바 없다"며 다음과 같이 말했다.

"최근 들어 그동안 한 번도 경험해보지 못한 일을 겪는 게 한두 가지가 아니지만 여당의 이런 무기력 또한 매우 드문 일이다. '제왕적 당 총재'라는 비판을 받아왔던 김영삼, 김대중 정부 때에도 아들 문제로 인한 잡음이 끊이지 않자, 자식 문제라는 사안의 예민함에도 불구하고, 이에 대한 우려를 대통령에게 제기한 건 여당 의원들이었다. 심지어 전두환 정권하에서도 여당은 지금과 같은 모습이 아니었다."[12]

같은 날 『중앙일보』 주필 이하경은 「대통령직에 스스로 침을 뱉은 문재인 정권」이라는 칼럼에서 "대통령이 특정 무리의 두목이라는 착각에서 깨어나지 못하면 모든 권력의 헌법적 근거인 국민은 군주의 보호를 확신할 수 없는 비참한 신민臣民 신세가 된다"며 이렇게 말했다. "연평도 해역 공무원 피격 사건이 슬픈 실상을 보여주었다. 북한은 전시가 아닌 평시에, 군인도 아닌 비무장 민간인에게 총질해서 시신을 불태웠다. 문 대통령은 대한민국의 국가성을 송두리째 부정한 북의 잔인한 범죄행위에 대해 항의하지 않았다. 국민의 생명과 안전을 지키기 위해 존재하는 공화국 대통령직의 가치에 스스로 침을 뱉었다."[13] '적 만들기'를 하더라도 제대로 해야 한다는 고언苦言으로 이해하면 되겠다.

"민주당의 편 가르기에
절망했다"

2020년 10월 21일 민주당 전 의원 금태섭이 민주당을 탈당하겠다고 밝히면서 던진 메시지는 그런 이상한 현실을 말해주기에 충분했다. 그는 "다른 무엇보다 편 가르기로 국민들을 대립시키고 생각이 다른 사람을 범법자, 친일파로 몰아붙이며 윽박지르는 오만한 태도가 가장 큰 문제입니다"며 다음과 같이 말했다.

"거기에서부터 우리 편에 대해서는 한없이 관대하고 상대방에게는 가혹한 '내로남불', 이전에 했던 주장을 아무런 해명이나 설명 없이 뻔뻔스럽게 바꾸는 '말 뒤집기'의 행태가 나타납니다. '우리는 항상 옳고, 우리는 항상 이겨야' 하기 때문에 원칙을 저버리고 일관성을 지키지 않는 것쯤은 아무것도 아니라고 여깁니다. 이런 모습에 대한 건강한 비판이나 자기반성은 '내부 총질'로 몰리고, 입을 막기 위한 문자 폭탄과 악플의 좌표가 찍힙니다. 여야 대치의 와중에 격해지는 지지자들의 심정은 이해할 수 있지만, 당의 지도적 위치에 계신 분들마저 양념이니 에너지니 하면서 잘못을 바로잡기는커녕 눈치를 보고 정치적 유불리만을 계산하는 모습에는 절망했습니다."

이어 금태섭은 "독일의 정치학자 카를 슈미트는 '정치는 적과 동지를 구별하는 것'이라는 얼핏 보기에 영리한 말을 했지만, 그런 영리한 생각이 결국 약자에 대한 극단적 탄압인 홀로코스트와 다수의 횡포인 파시즘으로 이어졌습니다. 우리 사회가 그렇게까지 되리라고 생각하지는 않습니다"라면서 다음과 같이 말했다.

"그러나 지금처럼 집권 여당이 비판적인 국민들을 '토착왜구'로 취급한다면 민주주의와 공동체 의식이 훼손되고 정치에 대한 냉소가 더욱더 판을 칠 것입니다. 탄핵을 거치면서 보수, 진보를 넘어 상식적인 세력들이 협력하고 경쟁하는 정치를 만들 수 있는 절호의 기회를 잡았음에도 과거에만 집착하고 편을 나누면서 변화의 중대한 계기를 놓친 것이 너무나 안타깝습니다. 정치는 단순히 승패를 가르는 게임이 아닙니다. 우리 편이 20년 집권하는 것 자체가 정치의 가장 중요한 목표가 될 수도 없습니다. 공공선을 추구하고 우리 사회를 한 단계씩 더 나아지게 하는 것이 우리에게 필요한 정치입니다. 그러기 위해서는 생각이 다른 사람들의 선의를 인정해야 합니다. 상대방이 한 일이라도 옳은 것은 받아들이고, 스스로 잘못한 것은 반성하면서 합의할 수 있는 영역을 넓혀나갈 때 정치가 제대로 작동하게 됩니다. 특히 집권 여당은 반대하는 사람도 설득하고 기다려서 함께 간다는 책임감을 가져야 합니다."[14]

귀담아들을 말이 많건만, 민주당은 어떻게 반응했던가? 비난 일색이었지만, 역으로 이런 비난이야말로 금태섭의 말이 옳았음을 입증해준 건 아니었을까? 특히 민주당 의원 김남국의 말이 재미있었다. 그는 금태섭을 향해 "정치적 신념과 소신에 따른 선택이 아니라 자리와 이익을 쫓아가는 철새 정치인의 모습"이라고 주장했으니 말이다.[15] 소신 발언으로 숱한 '문자 폭탄과 악플' 테러를 당한 건 물론 결국엔 공천에서 탈락한 사람이 '자리와 이익'을 쫓았다니, 이게 웬 말인가? 우리 편이 아니면 무조건 섬멸해야 할 적이라는 사고방식의 전형을 보여준 건 아닐까?

걸핏하면 '정치 공작'이라는
음모론

왜 착하고 선량해 보이는 사람들까지 그런 무시무시한 생각을 하게 된 걸까? 그런데 진짜 문제는 그런 사고방식이 민주당에 널리 퍼져 있는 기본적인 '디폴트'라는 데에 있다. 이 '디폴트'는 그 내용이 무엇이건 '민주당 비판=자리와 이익을 쫓아가는 변절자의 모습'이며, 반대편의 비판은 거대한 '정치 공작'이라는 음모론 공식이다. 최근 사례 3개만 살펴보자.

2020년 8월 17일 민주당 의원 조응천은 '위기에 마주 설 용기가 필요하다'는 페이스북 글을 통해 "전당대회 나선 후보들이 표를 쫓아 비슷한 주장들만 한다"며 "말로는 '민생'을 외치면서 몸은 '과거사'와 '검찰'에 집중했다"고 비판했다. 그러자 친문 성향 의원들과 지지자들은 일제히 조응천을 향해 "적절치 않은 말이다", "미래통합당으로 가라"는 공격을 쏟아냈다.[16]

2020년 9월 14일 민주당 의원 정청래는 국회에서 열린 대정부 질문 정치 부문 첫 질의자로 나서 "아니면 말고 식 카더라 군불때기로 온 나라가 시끄럽다"면서 "(추미애 장관 아들 관련 의혹은) 박근혜 전 대통령을 사랑하는 정치군인, 정치검찰, 박근혜 전 대통령 추종 정당과 태극기 부대가 만들어낸 정치 공작 합작품"이라고 주장했다.[17]

2020년 9월 16일 민주당 의원 홍영표는 국회 국방위원회에서 열린 서욱 국방부 장관 후보자 인사청문회에서 추미애 법무부 장관 아들의 '특혜 군복무' 논란과 관련, "과거 군을 사유화하고, 군에서 정치에 개입하고 그랬던 세력들이 민간인 사찰 공작하고 쿠데타도 일으켰다"며 "이제 그게 안 되니 그 세력이 국회에 와서 공작한다"고 주장했다.[18]

군이 반론을 할 필요가 있을까? 자신들에게 조금이라도 불리한 일만 생기면 자기편 사람에게도 "미래통합당으로 가라"는 몹쓸 말을 해대고, 야당 시절엔 비리 의혹 제기를 주식主食으로 삼았던 그들이 여당이 되었다는 이유로 걸핏하면 군사독재정권의 후예들이 일으킨 '정치 공작' 운운해대고 있으니 이런 사람들과 그 어떤 대화가 가능하겠는가 말이다. 진중권은 "의원들이 다 문재인의 차지철(박정희 대통령의 경호실장) 노릇을 하려 한다"고 비판했는데,[19] 혹 군사독재정권과 싸우면서 닮아간 걸까?

그래도 애써 선의로 해석하면서 이해해보자. 정치심리학자 제럴드 포스트Jerold Post는 사람들이 적을 소중히 여기고 그들을 키우는 것은 그들이 없다면 자기규정self-definition을 잃어버릴 위험에 처하기 때문이라고 했다.[20] 영국 작가 마이클 딥딘Michael Dibdin, 1947~2007의 소설『죽은 늪Dead Lagoon』에 나오는 베네치아의 민족주의 선동가는 이렇게 외친다. "진정한 적敵이 없다면 진정한 친구도 있을 수 없다. 우리가 아닌 것을 증오하지 않는다면 우리 것도 사랑할 수 없다."²¹ 자기편에 대한 사랑이 흘러넘친 나머지 그런 무시무시한 생각을 하게 되었을 것이라고 이해해주자는 것이다. 그들이 증오의 늪에 빠져 허우적대더라도 그건 어디까지나 같이 늪에 빠진 동지들을 위한 뜨거운 동지애 때문일 것이라고 믿고 싶다.

선거라고 하는 경쟁의 관문을 통과해야 하는 정치인이 정치를 '적과 동지'의 대결 구도로 보는 건 불가피한 면도 있고 이해할 수 있는 점도 있다. 하지만 반드시 영국의 보수 사상가이자 정치가인 에드먼드 버크Edmund Burke, 1729~1797의 다음 말은 명심하는 게 좋겠다. "우리와 싸우는 사람들은 우리의 정신을 강하게 해주고 우리의 기술을 연마시켜준다. 우리의 적敵은 우리를 돕는 사람이다."²² 여유가 있는 좋은 자세라고 할 수 있겠다. 아무리 한심한 수준의 적일망정, 이런 자세를 가져야만 국민이 정치에서 얻을 게 있지 않겠는가.

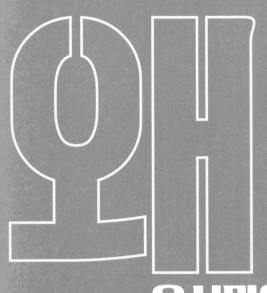

왜

유시민은
김정은을
'계몽 군주'라고
했을까?

"폴란드의 한 청년 자원 소방대원이 일거리를 만들기 위해
10차례에 걸쳐 방화를 했다가 쇠고랑을 찼다.
그레고리 C라고만 알려진 20세의 이 젊은이는
자신이 진화 작업을 도울 수 있도록 하기 위해
그동안 건물 6채에 방화를 해 10만 들로티(3만 7,000달러)
상당의 재산상 손실을 내게 했다."[1]
● 『경향신문』, 1996년 7월 17일, 7면.

"종교가 된
대한민국 정치"

"정치인은 '신'이 되었고 시민·유권자는 '(맹)신도'가 되었다." 연세대학교 커뮤니케이션대학원 교수 윤태진이 『경향신문』(2017년 4월 10일)에 기고한 「종교가 된 대한민국 정치」라는 칼럼에서 한 말이다. 그는 "대통령 후보들이 정책에 대한 이야기는 별로 없이 상대방 흠결을 찾는 데만 몰두한다고들 비판하지만, 그 이유는 너무나 자명하다"며 다음과 같이 말했다.

"이 정치판에는 이해해서 믿는 시민보다 믿기 때문에 이해하는 신도가 더 많다. 그러니 상대 후보를 비난하는 창의적 방법을 찾는 데에 골몰하는 각 후보 캠프들을 딱히 욕할 수만도 없다. 지지자들은 자기가 믿는 바와 일치하는 정보만을 선택적으로 수용하는 확증 편향을 가진 신자들이다. 이들은 자신이 믿지 않는 경쟁 후보의 문제점이 드러날 때마다 귀를 세우고 눈을 반짝이며 기사를 읽을 것이다. 종교는 합리적 설득으로 포교를 하지 않는다."[2]

날카로운 분석이다. 우리가 굳이 위안을 찾자면, 대한민국 정치뿐만 아니라 거의 모든 나라의 정치가 다 종교라는 점일 게다. 하지만 미리 분명히 해둘 점이 있다. 앞서 거론한 카를 슈미트Carl Schmitt, 1888~1985는 『정치 신학』(1934)에서 신神을 통한 존재적 구원을 약속하는 종교와 같이, 정치는 지상에서 천국과 구원을 약속한다는 의미에서 모든 정치는 결국 종교라고 주장했지만,[3] 이런 의미에서 종교를 말하는 게 아니다.

미국 대통령 조지 W. 부시George W. Bush는 미군을 '십자군'이라 부르면서 "선善의 세력과 동맹을 맺고, 악惡의 세력을 구축해야 한다"고 역설했다. 부시 행정부의 법무부 장관 존 애슈크로프트John Ashcroft는 "그 어떤 나라와도 달리, 미국은 나라의 근본을 시민적이고 덧없는 것이 아니라 신적이고 영원한 것에 두고 있다. 우리는 왕을 섬기지 않지만, 예수를 섬긴다"고 했다. 지그문트 바우만Zygmunt Bauman은 이런 발언들을 들어 미국에서 '정치의 종교화'가 심각하다고 했지만,[4] 이런 근본주의적 일탈을 말하는 것도 아니다.

그런 종교적 근본주의가 없는, 활짝 만개한 민주주의 체제하에서도 대중이 정치에 대해 갖는 당파성이 종교적 신앙과 비슷함을 말하려는 것이다. 정치 신도들은 정치를 대할 때에 "우리가 하면 로맨스, 그들이 하면 불륜"이라는 이중 기준을 자연스럽게 받아들인다. 이스라엘에서 이스라엘-팔레스타인 갈등을 대상으로 한 실험 결과는 이 점을 잘 보여준다. 이스라엘 협상가들이 제시한 평화안을 팔레스타인의 제안이라고 속이고 이스라엘 시민들에게 평가를 요청했다. 어떤 결과가 나왔을까? 에릭 제프Eric Jaffe는 다음과 같이 말한다.

"이스라엘인들은 팔레스타인에서 제시한 것이라고 속인 이스라엘 평화안보다 이스라엘이 제시한 것이라고 속인 팔레스타인의 평화안을 더 좋아했다. 자신의 제안을 상대편에서 내놓는다 해서 마음에 들지 않는다면, 상대편의 제안이 실제로 상대편에서 나올 때 그것이 마음에 들 가능성이 얼마나 되겠는가?"[5]

"공허한 삶에 의미를 주는 열정적 증오"

제프리 코언Geoffrey Cohen의 실험 결과도 마찬가지다. 미국에서 민주당원들은 민주당이 제안한 것이라고 생각할 때는 공화당원들이나 좋아할 극히 제한적인 복지 정책도 지지하고, 공화당원들은 공화당에서 내놓은 것이라고 생각할 때는 넉넉한 복지 정책도 지지하더라는 게 밝혀졌다. 이 연구에서 비극적인 건 자신의 맹점, 즉 자신이 자기 당의 입장에 영향을 받고 있음을 깨닫는 사람이 아무도 없었다는 사실이다. 오히려 모두가 자신의 견해는 그 정책을 자신의 전반적인 정치철학에 비추어 면밀히 검토한 끝에 나온 논리적 결과라고 주장했다.[6]

미국 정치학자 도널드 그린Donald Green, 브래들리 팜퀴스트 Bradley Palmquist, 에릭 시클러Eric Schickler는『당파적인 심장과 정신 Partisan Hearts and Minds』(2002)에서, 특정 정당에 대한 선호를 부모에게서 물려받거나, 혹은 성인기로 막 접어든 무렵에 특정 정당에 대한 애착심을 가지게 된다고 주장한다. 어떤 정당을 지지하기로 마음먹고 나면, 중년을 넘어서 지지 정당을 바꾸는 경우는 거의 없으며, 심지어 세계대전이나 워터게이트 사건과 같은 역사적으로 중요한 사건도 지지 정당 변화에 크게 영향을 미치지 못한다는 것이다.

이들은 정당을 선택하는 행위는 종교를 선택하는 행위와 훨씬 더 비슷하다고 주장한다. 정당을 선택할 때 논리적 판단을 하기보다는 민주당은 어떻고 공화당은 어떻다 하는 식으로 머릿속에 어떤 고정관념을 가지고 있으며, 자기와 비슷한 사람들로 구성된 정당에 이끌리며, 이렇게 해서 어떤 정당에 가입한 뒤에는 그 정당에 속한 사람들과 더 일치되도록 하려고 기존에 가지고 있던 철학이나 현실을 바라보는 눈을 수정한다는 것이다. 한마디로 이야기해서 집단의 소속감이 이념보다 우위라는 이야기다.[7]

열정 없는 종교를 본 적이 있는가? 열정엔 좋은 점이 많지만 매우 충동적이고 격정적이기도 해서 증오로 바뀌기 쉽다.[8] 영국 철학자 버트런드 러셀Bertrand Russell, 1872~1970이 "인간의 집단 열정은 대개 사악하다"고 한 것도 그런 이유 때문이었을 게다.[9] 왜 사람들은 때로 증오가 수반되는 열정에 빠져드는 걸까? 미국 사회운동가이자 작가인 에릭 호퍼Eric Hoffer, 1902~1983는 "열정적인 증오는 공허한 삶에 의미와 목적을 줄 수 있다"는 답을 제시했다.[10] 특정 정치적 신념이나 노선을 내세워 생각이 다른 사람들을 증오하면서 욕설과 악플로 공격하는 정치적 광신도들의 의식과 행태를 설명할 수 있는 최상의 진술이 아닐까?

"열정적 증오가
늘 나쁘기만 한 건 아니지만"

많은 미국 지식인이 공산주의에 기울었다가 스탈린주의에 질려 전향하던 시절, 노동자 출신의 독학자로서 사회비평가로 활약한 호퍼는 1951년『맹신자들』을 출간해 기독교에서 민족주의와 공산주의에 이르기까지 대중적 신념의 문제를 날카롭게 해부했다. 호퍼는 좌우左右를 막론하고 맹신자들에겐 공통점이 있는데, 그것은 현실을 외면하고 혐오하는 것이라고 했다.

호퍼는 "군중이 대중운동에 매혹되고 빠지는 것은 그것이 제공하는 약속과 교리 때문이 아니다. 개인의 무력한 존재감과 두려움, 공허함을 피할 수 있는 피난처를 제공하기 때문이다"고 말한다. 따라서 대중운동에 잘 휩쓸리는 사람은 아주 가난한 사람들은 아니다. 호퍼는 "아무것도 갖지 못한 사람보다는 많이 갖고 있으면서 더 많은 걸 갖고 싶어 하는 사람의 욕구 불만이 크다"고 말한다.[11]

호퍼는 "이것이다"보다는 "이것이 아니다"가 늘 강력한 동기를 유발한다고 말한다. 즉, '긍정'보다는 '부정'의 힘이 훨씬 크다는 것이다. 열정적 증오는 그런 부정의 힘이 극대화된 것으로 볼 수 있다. 선거가 네거티브 공세 위주로 전개되는 것도 바로 그런 이유 때문이다. 그는 "대중운동이 시작되고 전파되려면 신에 대한 믿음은 없어도 가능하지만 악마에 대한 믿음 없이는 불가능하다"며 다음과 같이 말한다.

"대중운동의 힘은 대개 악마가 얼마나 선명하며 얼마나 만져질 듯 생생한가에 비례한다.……공동의 증오는 아무리 이질적인 구성원들이라도 하나로 결합시킨다.……증오는 우리의 부적합함, 쓸모없음, 죄의식, 그 밖의 결함을 자각하지 못하게 억누르려는 필사적인 노력의 표현이다.……머리끝부터 발끝까지 나쁘기만 한 적보다는 장점이 많은 적을 증오하는 편이 쉽다. 경멸스러운 상대를 증오하기는 어렵다."[12]

물론 열정적 증오가 전부는 아니다. 그런 증오를 공유하는 집단에서 느끼는 연대와 결속감은 큰 쾌감과 더불어 보람마저 안겨준다. 그런데 문제는 "이처럼 높아진 내집단 결속력과 협동심은 다름 아닌 집단 간 적대감이 절정에 다다랐을 때 나타난다"는 사실이다.[13] 증오와 쾌감은 동전의 양면과 같기에, 이런 현상은 전쟁에서 자주 나타나는 걸로 보고되고 있다.

제2차 세계대전에 참전했던 미국 역사학자 윌리엄 맥닐William H. McNeill, 1917~2016은 동료 군인들과 함께 기계적인 행진 훈련을 반복할 때 황홀경을 경험했다며 이렇게 말한다. "온몸에 스며들던 행복감은 지금도 기억에 뚜렷하다. 더 구체적으로 말하면, 집단 의례collective ritual에 참여함으로써 온몸이 확대되는 기분, 온몸이 부풀어올라 실제보다 더 커진 기분이었다."[14]

열정적 증오가 늘 나쁘기만 한 것도 아니다. 이와 관련, 톰 버틀러 보던Tom Butler-Bowdon은 이렇게 말한다. "현실에 대한 증오는 때로 끔찍한 재앙을 일으키기도 하지만, 더 나은 세상을 꿈꾸며 계획하는 사람들, 자유와 평등의 이상을 위해 유혈 혁명도 마다하지 않은 사람들 덕분에 과거 수많은 전제정치가 타도될 수 있었던 것도 엄연한 사실이다. 좋든지 나쁘든지 간에 미래에 대한 인간의 열정이 지금의 세상을 만든 것이다."[15]

　세상에 공짜는 없다는 건 이 경우에도 들어맞는 것 같다. 우리는 가급적 좋은 열정과 증오가 많아지기를 희망할 수 있을 뿐, 열정과 증오가 없는 세상은 기대하기 어렵다. 그러니 정치가 종교가 된 것도 환영할 순 없을망정 불가피한 것으로 이해하는 수밖엔 없을 것 같다. 그런 열린 마음으로 노무현재단 이사장 유시민의 활약을 음미해보자.

유시민의
"김정은은 계몽 군주" 발언

2020년 9월 25일, 서해상에서 일어난 공무원 총격 피살 사건과 관련해 유시민이 유튜브 생중계를 하던 도중 김정은이 청와대에 통지문을 보내 사과했다는 소식이 알려졌다. 당시 유시민은 내심 만세를 불렀던 걸까? 그는 "우리가 바라던 것이 일정 부분 진전됐다는 점에서 희소식"이라며 "김정은 위원장의 리더십 스타일이 이전과 다르다. 제 느낌에는 계몽 군주 같다"고 했다. 물론 유시민의 이 발언은 큰 논란을 불러일으켰다.

　이에 대해 국민의힘 서울 송파병 당협위원장인 경남대학교 교수 김근식은 26일 페이스북에서 "김정은은 계몽 군주가 아니라 폭군이다. 김정은이 계몽 군주라면 계몽주의 사상가들이 땅을 칠 일"이라고 했다. 그는 "김정은은 고모부를 총살하고 이복형을 독살하고 남북연락사무소를 폭파하고 한국의 민간인을 무참히 사살하고 훼손했다"며 "절대 권력의 수령이 계몽 군주가 아니라 제어 불능의 폭군이 되고 있다"고 했다.[16]

청와대 국민청원 게시판에 '시무 7조'를 썼던 '진인塵人 조은산'이란 필명을 사용하는 네티즌은 26일 자신의 블로그에서 천안함 폭침 사건과 박왕자 피격 사건, 목함 지뢰 도발 사건을 언급하고 "해상에 표류하던 민간인을 소총탄으로 사살하는 저들의 만행은 온데간데없고, 자애로운 장군님의 사과 하나에 또다시 온갖 벌레들이 들러붙어 빨판을 들이민다"며 "계몽 군주라, 계간鷄姦(사내끼리 성교하듯이 하는 짓) 군주와 북에서 상봉해 한바탕 물고 빨고 비벼 댈 마음에 오타라도 낸 건 아닌가 싶다"고 비판했다.[17]

비난이 빗발치자 30일 유시민은 유튜브 방송 '김어준의 다스뵈이다'에 출연해 "옛말에 식자우환識字憂患(글자를 아는 것이 오히려 근심된다는 뜻)이라고, 배운 게 죄"라며 "계몽 군주라고 한 거로 (비판적으로) 떠드는 분들은 2,500년 전에 아테네에서 태어났으면 소크라테스를 고발했을 사람들"이라고 했다. 그러면서 그는 자신의 '김정은 계몽 군주' 발언은 "고급스러운 비유"라고 주장했다.

그러자 김근식은 자신의 페이스북에 올린 '고급스런 비유라고요? 천지분간 못하는 비유'라는 글에서 "천지분간天地分揀(하늘과 땅을 구분하는 것처럼 자명한 일) 못하고 혹세무민惑世誣民(세상을 어지럽히고 시민을 속임)한다"고 비판했다. 그는 "김정은의 잔혹함은 애써 무시하고 사과한 것만 부각시켜 계몽 군주로 추켜세우는 것이야말로, 봐야 할 것을 보지 않고 보고 싶은 것만 보는 현실 왜곡의 극치"라며 "고급스런 비유가 아니라 천지분간 못하는 비유라서 욕먹는 것"이라고 했다.[18]

한신대학교 교수 윤평중은 "살아 있는 권력을 결사 옹위하기 위해 궤변을 농하는 어용 지식인이 스스로를 슬쩍 소크라테스에 비유하는 모습"이라고 비판했다. 그는 "유시민 씨는 '김정은 계몽 군주'설을 옹호하면서 자기가 공부를 너무 많이 한 죄라며 동료 시민들의 무식과 무지를 개탄한다"며 "하지만 소크라테스는 모든 아테네 시민 앞에서 자신의 무지를 고백하는 것으로 대화를 시작한다"고 설명했다. 그러면서 "어용 지식인임을 자부하는 유시민 씨와는 달리 소크라테스는 권력에 대한 아부를 경멸했다. 소크라테스는 오직 진리 추구에만 관심이 있었다"고 말했다.[19]

진중권은 "설마 싸구려 입에서 고급스러운 비유가 나오겠냐"며 "어느 나라 계몽 군주가 고모부(장성택)를 처형하고, 이복형(김정남)을 암살하고, 신종 코로나바이러스 감염증(코로나19) 방역에 소총을 사용합니까"라고 반박했다. 진중권은 "살해당한 사람 장례식장에서 범인이 '계몽 범인'이라 하는 격"이라며 "증거인멸을 증거보전이라 하던 개그 감각으로 이젠 블랙 유머에 도전하시나 보다"라

고 덧붙였다.[20]

　또 진중권은 "유시민은 소크라테스가 아니라 소피스트"라며 "증거인멸을 증거보전이라 부르는 건 전형적인 소피스트 궤변"이라고 주장했다. 그는 "소피스트들도 최소한 저 수준은 아니었다"며 "저 바닥까지 내려간 것은 소피스트들 중에서 극히 일부였던 막장들뿐"이라고 했다. 또 그는 "소크라테스는 소피스트들에 맞서 진리의 객관성과 보편성을 옹호했다"며 "(유 이사장 때문에) '테스형'이 고생이 많다"고도 했다.[21]

한때 '절친'이었던
유시민과 진중권의 차이

이런 일련의 비판에 뭔가 느낀 게 있었던 걸까? 유시민은 11월 4일 도서 비평 유튜브 방송인 '알릴레오 시즌3' 복귀를 알리면서 "진짜 책 이야기밖에 안 할 것"이라고 했다. 나는 이 말을 믿었다. '그래, 자신도 엄청 피곤할 텐데, 그냥 책 이야기나 하면서 평온을 즐기는 게 자신은 물론 이 사회에도 기여하는 일일 거야'라는 생각으로 말이다.

　물론 내 생각은 순진했다. 유시민의 삶의 보람이 어디에서 나오는 것인지를 간과한 판단 착오였다. 유시민은 11월 13일 방송에서 영국 철학자 존 스튜어트 밀John Stuart Mill, 1806~1873의 『자유론』을 인용하면서 8·15 광화문 집회 당시 정부의 집회 차단 조치가 정당했다고 주장했다. 많은 사람이 집회 차단 조치의 정당성 여부를 떠나 『자유론』을 그런 식으로 오용하는 것에 반론을 폈고, 그 선두에 또 진중권이 나섰다.

진중권은 "유시민 씨가 존 스튜어트 밀의 『자유론』을 손에 들고 유튜브 방송으로 복귀했단다. 소식을 듣고 뿜었다. 그가 몰고 다니는 '대깨문'이야말로 자유주의의 적들이 아닌가. 이견을 낸 의원을 핍박하고, 바른말 하는 기자들 조리돌림하고, 견해가 다른 동료 시민들 '양념' 범벅을 만드는 오소리떼의 우두머리가 자유주의의 바이블을 '사랑한다'니, 이 무슨 변괴란 말인가"라는 말로 글을 시작하더니 다음과 같은 주장으로 글을 끝맺었다.

"유시민 씨는 '어용 지식인'을 자처한다. 실제로 그는 '어용'에 필요한 모든 재능을 타고났다. 도덕의 당파성, 지식의 피상성, 언변의 궤변성. 밀을 재인산성의 옹호자로 둔갑시키는 솜씨라면, 히틀러나 스탈린을 위대한 자유주의 사상가로 바꿔놓고도 남을 게다. 과연 탁월한 '어용 지식인'이다. 보았는가. 어용질, 이렇게 하는 거다."[22]

유시민 스스로 자처한 것이기에 '어용 지식인'이란 말은 유시민에게 욕이나 결례는 아닐 게다. 과거에 수많은 '어용 지식인'이 있었지만, '어용 지식인'의 새로운 경지를 개척해 선보였다는 점에서 그의 활약은 정말 독보적이다. 나는 그가 '재인산성'을 옹호하기 위해 존 스튜어트 밀을 끌어들인 것에 대해선 크게 놀라지 않았지만, 김정은을 '계몽 군주'라고 한 것에 대해선 충격을 받았다.

지금이야 그가 무슨 말을 하건, 아니 충격적인 발언을 하면 할수록, 문재인 지지자들의 열광적인 환호는 높아지고 강해지니, 그로선 그런 유혹을 떨쳐버리기 어려울 게다. 하지만 냉정하게 생각해볼 일이다. 과거의 '절친'이었던 진중권은 단독자인 반면, 유시민은 거대 집단과 같이 있다. 유시민이 훨씬 더 든든하고 안전할 것같지만, 적어도 지식인의 세계에선 그렇지 않다. 나중에 「제9장 왜집단은 제정신이 아닌 게 정상인가?」에서 자세히 밝히겠지만, 집단이 개인에 비해 훨씬 위험할 수도 있다.

2002년 노벨경제학상 수상자인 대니얼 카너먼Daniel Kahneman은 "인간은 같은 믿음을 가진 집단의 뒷받침이 있으면 그 어떤 황당한 주장에 대해서도 확고부동한 믿음을 유지할 수 있다"고 했다.[23] 그간 이런 일들은 우리 사회에서도 여러 번 일어났다. 황우석사태는 어떤가? 당시 황우석을 공격적으로 옹호했던 유시민은 이미 집단의 뒷받침이 물거품과 같다는 걸 몸소 체험하지 않았던가.

그런 과오를 또 한 번 반복할 셈인가? 몇 년 살고 끝낼 인생이 아니잖은가. 1959년생이면 한국인 평균 수명(여자 85.7세, 남자 79.7세)에 비추어보더라도 아직 20년 안팎의 삶이 남아 있는데, 그렇게까지 '살신성인殺身成仁'을 해야 하는 것인지 도무지 이해하기 어려웠다. 유시민은 도대체 왜 그러는 걸까? 이미 앞서 이야기하긴 했지만, 이번엔 좀 다른 각도에서 생각해보자.

'문빠'를 지배하는
'파킨슨의 법칙'

과거 유시민의 정치 분석은 냉정하고 현실주의적이었다. 탁월했다. 그랬던 그가 정녕 자신의 '어용 지식인'이나 '어용 시민' 모델이 문 정권의 성공에 기여할 거라고 믿는 걸까? 나는 결코 그렇지 않을 것이라고 본다. 이와 관련, 여성학자 정희진이 정말 멋진 말을 했다. 그는 자신이 "저도 '문빠'지만……, 이건 좀 아니라고 생각합니다"라는 말을 달고 산다고 했다.

왜 그럴까? 그는 "저는 '문빠' 문화가 아이돌 팬 문화를 본받아야 한다고 생각합니다. 지난 20년 동안 한국 사회는 타락했어요. 세계가 완전히 바뀐 거예요. '사랑'이 상대에 대한 존중과 내가 성장하는 동력이 아니라 나의 개인적인 불만과 좌절, 약자에 대한 분노와 혐오를 '셀럽'을 매개로 분풀이를 하는 문화가 된 겁니다"라며 다음과 같이 말한다.

"상대방 중심이 아니라 '나 중심'인 거죠. 쉽게 얘기하면, 제가 동방신기 팬이면 팬을 모으기 위해 노력을 하죠. 그런데 지금 '빠'들은 그 반대예요. 기존의 지지자조차 쫓아내고 있어요. 아는 지역구 국회의원 관계자들에게 물어보니, '문빠'나 '박사모(박근혜를 사랑하는 모임)'나 행동과 사고방식은 똑같다고 하더군요. 골치 아파 죽겠대요. 문재인 정권이 '문빠'의 덕을 볼까요?"[24]

문재인 정권은 '문빠'의 덕을 볼 수 없다! 그럼에도 문 정권 진영 내부에서 이걸 말하는 사람이 거의 없다. 가장 큰 이유는 문빠에게 암묵적 지지를 보내는 문재인의 신념을 거스르고 싶지 않기 때문이다. 문재인이 오판을 하고 있다는 걸 잘 알지만, "38선 나 혼자 막나?"라는 생각으로 포기하고 오히려 단기적일망정 자신의 정치적 이익을 위해 문빠의 눈에 들려고 애쓰는 게 현실이다.

전부는 아닐망정 문빠의 상당수도 문재인이 자신들의 덕을 볼 수 없다는 점을 잘 알고 있을 게다. 그럼에도 그들은 잠재적 지지자들을 쫓아내는 작업을 멈추지 않을 것이다. 왜 그럴까? 나는 '파킨슨의 법칙Parkinson's Law'에서 그 답을 찾고 싶다. 파킨슨의 법칙은 공무원의 수와 업무량은 아무 관계가 없으며, 업무의 많고 적음과는 관계없이 공무원의 수는 늘어난다는 법칙이다. 이 법칙에 따르면, 공무원은 사회를 위해 일하는 게 아니다. 자기 자신을 위해 일한다. 자기 부서의 파워를 위해선 인원은 많을수록 좋기에 필요 없는 일(규제 등)을 스스로 만들어내기까지 한다.[25]

이 원리를 문빠에 적용하면 이런 가설이 중요해진다. 공무원이 사회를 위해 일한다고 주장하는 것처럼 문빠 역시 문재인을 위해 일한다고 주장한다. 하지만 문빠가 더 원하는 건 자기 자신의 즐거움이다. 생각이 같은 사람들끼리 생각을 공유하고 연대하는 재미다. 이 재미를 위해 주로 하는 일이 자신들과 생각이 다른 사람들을 공격하는 일인데, 이걸 그만두게 되면 할 일이 없어진다. 낮은 자세로 남을 설득하는 일은 재미도 없을뿐더러 매우 힘든 일인데, 무엇 때문에 그런 일을 한단 말인가.

유시민은 그런 경우는 아니지만, 나는 그가 자신의 명예를 위한 투쟁을 하고 있다고 생각한다. 노무현 정권의 '실패'는 유시민이 실제로 얼마나 큰 영향을 미쳤건 이른바 '유시민 모델'에 의한 정치를 했기 때문이라는 게 내 생각이다. '유시민 모델'은 지금 문 정권의 정치 모델인데, 노 정권 때보다 더욱 악화된 형태로 나타나고 있다. 유시민은 자신의 모델이 옳았음을 강변하고 싶은 욕망에 사로잡힌 나머지 "가볼 때까지 가보자"는 생각을 하고 있는 것으로 보인다. 그렇다면 이는 지나친 이기주의가 아닐까?

유시민이 크고 넓게 생각해주기를 호소한다

물론 그건 하나의 가설일 뿐, 확언할 순 없다. 이번엔 다른 가설도 검토해보자. 나는 유시민의 2019년 5월 발언에 주목하고 싶다. 그는 『경향신문』 인터뷰에서 정계 복귀를 할 뜻이 전혀 없다면서 다음과 같이 말했다. "정치의 일상은 되게 누추하고 남루해요. 상대방이 있는 게임이고 같은 진영 안에서조차 작은 진영들이 여러 개있는 생활이죠. 제로섬게임이에요. 또 선거는 누가 되면 누구는 안돼야 해요. 시장점유율 1등 쟁탈을 위해 1년 내내 수단과 방법을 가리지 않아야 하죠. 저는 그게 고통스러웠어요. 제 인생이 마모되는 것 같았어요."

이상하다. '계몽 군주' 발언은 자신의 인생을 마모시키는 정치 행위가 아니란 말인가? 1등 쟁탈을 위해 1년 내내 수단과 방법을 가리지 않아야 하는 고통이 없기 때문에 이런 정치 행위는 해볼 만하다는 뜻일까? 이어지는 다음 발언도 비슷한 의문을 불러일으킨다.

"정치를 하는 동안 맺는 모든 인간관계는 자신을 마케팅하기 위한 거예요. 허무해요. 또 그 속에 있으면 적대감, 증오, 분노 같은 아주 극단적인 감정에 휩싸이게 되는데 저처럼 예민한 사람은 힘들어요. 지금은 (정치와) 물리적 거리가 확보된 상태라 황교안 대표의 '지옥' 발언을 들어도 '흥!' 하고 넘기지만요. 제가 정치할 때 사나웠다면 감정 관리 능력이 심하게 부족해서예요. 저는 하나도 달라지지 않았어요."[26]

뜻밖의 이야기다. 상대방을 아프게 하는 독설을 많이 했던 그가 이른바 '멘탈갑'이 아니라 극단적인 감정에 휩싸이는 걸 힘들어하는 예민한 사람이라니 말이다. 그렇다면, 자신의 '계몽 군주' 발언이 어떤 사람들에겐 견디기 힘들 정도의 고통과 분노를 유발할 수 있다는 건 생각해보지 않았을까?

괜한 시비를 걸려는 게 아니다. 나는 그가 문재인에게 유리하면 뭐든지 선善이요 정의正義라고 보는, 비생산적이고 파괴적인 '진영 논리'에 중독된 나머지 깊은 신앙을 갖게 되었기 때문에 문제의 발언을 했다고 보지만, 이 인터뷰에서 한 말을 그대로 믿기에 조금 더 크게 생각해보면 안 되겠느냐는 제안을 하려는 것이다.

유시민이 고통스럽게 여긴 기존 정치의 문법은 움직일 수 없는 자연의 법칙은 아니다. 물론 치열한 경쟁을 해야 하는 정치의 속성까지 뛰어넘을 순 없겠지만, 어느 정도 생산적인 경쟁도 가능한 수준의 방향 전환은 얼마든지 가능하다고 생각한다. 그러나 스스로 '어용 지식인' 노릇을 하면서 지지자들에게 '어용 시민'이 될 것을 요청하는 방식이 답이 될 수는 없다. 유시민이 인터뷰에서 한 말은 그런 방식의 정치가 유발하는 고통을 말한 게 아니고 무엇이겠는가.

자신은 그런 고통이 싫다는 이유로 정계를 떠난 사람이 그런 고통을 심화시키는 방향으로 정치에 영향력을 행사한다면, 이 또한 지나치게 이기적인 행태가 아닐까? 나만 당하지 않으면 그만일 뿐, 남들은 그런 판이나 물에서 고통을 당해보라는 이야기가 아닌가. 아니 오히려 그렇기 때문에 자신만 빠져나온 미안하고 죄스러운 마음에서 동지들을 위해 헌신 또는 희생하려는 건 아닌가?

그런 마음을 이해할 순 있지만, 나는 유시민이 크고 넓게 생각해주기를 바란다. 아니 나라를 위해 간곡히 호소하고 싶다. 나는 유시민이 '어용 지식인'과 '어용 시민'을 필요로 하는 정치 패러다임 자체를 의문시하면서, 누구에게 유리한가 불리한가 하는 셈법을 잠시 유보하면서, 자신이 알게 모르게 기여한 '정치의 종교화' 자체를 바꾸는 데에 노력해주면 좋겠다. 물론 그 누구도 배제하지 않는, 우리 모두를 위해서다.

왜

추미애는
졸지에
'이순신 장군'이
되었는가?

제
7
장

"결정을 해야 할 순간에
 최선은 옳은 결정을 내리는 것이고,
 차선은 잘못된 결정을 내리는 것이고,
 최악은 아무런 결정도 내리지 않는 것이다."
●미국 제26대 대통령 시어도어 루스벨트

"민주당은
악랄하게 싸워야 한다"

2016년 11월 8일 치러진 미국 대통령 선거로, 도널드 트럼프
Donald Trump가 제45대 대통령으로 당선되자 민주당 지지자들은
패닉 상태에 빠졌다. 그런 상황에서 민주당 지지자인 정치학자 데
이비드 패리스David Faris는 『위크』(12월 1일)에 기고한 글에서 "민
주당은 지저분하게 싸워야 한다"고 주장했다. 8개월 전인 2016년
3월 버락 오바마Barack Obama 대통령은 대법관 후보에 진보 성향의

메릭 갈런드Merrick Garland를 지명했으나, 상원 다수당이던 공화당은 그해 대선이 있다는 점을 들어 "다음 대통령이 새 대법관을 뽑아야 한다"며 인준 절차 자체를 거부한 적이 있다. 패리스는 이를 거론하면서 다음과 같이 말했다.

"모든 사안에 대한 민주당의 태도는 지극히 단호해야 한다. 메릭 갈런드를 임명하지 않으면 불에 타 죽을 것이라고 경고해야 한다.……즉, 다음번에 공화당이 대통령을 차지하고 민주당이 상원을 장악했을 때 지금의 일에 대해 엄청난 대가를 치르게 될 것이라는 경고를 분명히 전해야 한다. 권력이 분산된 상황에서 다음번 공화당 대통령은 하나도 얻지 못할 것이다.……동의는 없다. 최하위 지방법원에서 단 한 명의 판사와 단 한 명의 장관 임명도. 그리고 단 하나의 법안 통과도."[1]

이 주장은 민주당 지지자들의 많은 호응을 얻었으며, 2017년 1월 20일 트럼프의 대통령 취임 이후에도 같은 주장이 반복되었다. 예컨대, 유명 블로거 마코스 물릿사스Markos Moulitsas는 "상원을 통과하려면 공화당은 매번 싸워야 할 것이다. 안건이 아침 기도라고 해도 상관없다. 우리는 모든 것에 맞설 것이다"고 주장했다. 일부 민주당 인사들은 조기 탄핵 가능성까지 거론하면서 이런 전투적 분위기를 지속시켜나갔다.[2]

"민주당은 지저분하게 싸워야 한다"는 패리스의 주장은 한국의 친문 진영 일각에서 나오는 "민주당은 악랄하게 싸워야 한다"

는 주장과도 일맥상통한다. 그 나름의 상당한 근거가 있음을 부인하긴 어렵다. 하지만 하나만 알고 둘은 모르는 건 아닐까? 미국 민주당의 그런 전략에 대해 하버드대학 정치학자 스티븐 레비츠키Steven Levitsky와 대니얼 지블랫Daniel Ziblatt은 『어떻게 민주주의는 무너지는가: 우리가 놓치는 민주주의 위기 신호』(2018)에서 민주당이 "공화당처럼 싸워야 한다"는 생각은 착각에 불과하다며, 다음과 같이 말한다.

"외국 사례들은 이러한 대응 전략이 오히려 전제주의가 등장할 가능성을 높여주었다는 사실을 보여준다. 일반적으로 이러한 전면적인 전략은 중도 진영을 위협함으로써 야당의 지지도를 떨어뜨린다. 반면 여당 내 반대파조차 야당의 강경한 태도에 맞서 단결하게 함으로써 친정부 세력을 집결하는 역할을 한다. 게다가 야당이 진흙탕 싸움에 뛰어들 때 정부는 이들을 탄압하기 위한 정치 정당성을 확보한다."

이어 레비츠키와 지블랫은 "설령 민주당이 강경 전술을 통해 트럼프를 무력화시키거나 자리에서 끌어내리는 데 성공했다고 해도, 그러한 승리는 상처뿐인 영광이다. 그 이유는 다음 정권이 가드레일이 사라진 민주주의를 물려받게 될 것이기 때문이다"며 다음과 같이 말한다.

"민주당이 상호 관용과 자제 규범을 회복하려는 노력을 기울이지 않을 때 다음번 대통령도 수단과 방법을 가리지 않고 그를 끌어내리려는 야당을 상대해야 할 것이다. 그리고 정당 간 갈등의 골이 깊어지고, 성문화되지 않은 규범이 지속적으로 허물어질 때 미국은 트럼프보다 훨씬 더 위험한 대통령을 맞이하게 될 것이다.……모든 민주주의 사회에서 대중의 저항은 기본적인 권리이자 중요한 책임이다. 하지만 저항의 목표는 권리와 제도를 뒤엎는 것이 아니라 지키기 위한 것이어야 한다.……우리는 역사에서 배워야 한다. 반트럼프 세력은 민주주의를 지지하는 광범위한 연합 전선을 형성해야 한다."[3]

'윤석열 죽이기'로 변질된
'검찰 개혁'

2020년 미국 대선에서 민주당이 '민주주의를 지지하는 광범위한 연합 전선'을 형성해서 승리한 것인지, 아니면 트럼프가 스스로 자기 무덤 파는 일을 너무도 많이 한 탓인지, 그것도 아니면 코로나19 때문인지, 그건 분명치 않다. 중요한 건 한국에도 "민주당은 지저분하게 싸워야 한다"고 주장하는 열성 지지자가 많다는 사실이다. 진보랍시고 점잖만 빼다간 수구 기득권 세력에 당할 수 있으니, 전투적인 자세로 임해야 한다는 것이다.

그 결과는 무엇인가? 문재인의 40퍼센트대 지지율, 민주당의

30퍼센트대 지지율이다. 최근 들어 각각 30퍼센트대와 20퍼센트대로 떨어지기도 했지만, 여론의 변덕이 워낙 심한지라 언제든 다시 40퍼센트대와 30퍼센트대로 올라갈 수도 있을 것이다. 역대 정권들에 비추어보자면, 결코 낮은 수치는 아니다. 다만 여기서 꼭 던져야 할 질문은 문재인 정권이 '지저분한 싸움'을 마다하지 않았기에 그런 지지율을 누리고 있는 것인지, 아니면 바로 그 이유 때문에 스스로 지지율을 깎아먹어 그 수준에 머물러 있는가 하는 점이다. 아마도 열성 지지자들은 전자를 택하겠지만, 나는 후자가 답이라고 본다.

문 정권이 가장 큰 공을 들였던 '검찰 개혁'은 거의 모든 국민이 지지한 과업이었지만, 지금은 '지저분한 싸움' 때문에 엉망진창이 되고 말았다. "검찰 개혁이 사적 원한을 갚기 위한 보복 수단으로 전락한 것이다"는 비판마저 나오고 있는 실정이다.[4] 결정적 분기점은 2019년 8월 27일이었다. 여야가 조국 법무부 장관 후보자 인사청문회 일정을 결정한 상황에서 돌연 검찰이 조국 주변에 대한 압수수색을 벌인 날이다. 이후 이른바 '조국 사태'가 전개되었고, 지금까지도 현재진행형이다.

믿거나 말거나, 나는 중립 스탠스를 유지하련다. 무엇이 문제였을까? 문재인이 윤석열에게 검찰총장 임명장을 주면서 "살아 있는 권력의 비리도 엄정하게 수사하라"고 주문하는 허세를 부린 게 문제였을까? 이후 문 정권이 윤석열에게 보인 태도를 보자면, 문 정권의 인사 실패였던 게 분명하다. 문 정권은 해임이라는 '정면 돌파' 대신 윤석열 스스로 물러나게 만드는 전략을 집요하게 구사했다. 윤석열은 끈질기게 버텼고, 2019년 12월 법무부 장관으로 추미애를 투입하면서 '지저분한 싸움'의 농도는 짙어졌다. 이 과정에서 '검찰 개혁'은 '윤석열 죽이기' 프로젝트로 변질되고 말았으며, 이해하기 어려운 해괴한 일들이 벌어졌다.

이런 식으로 '나라 망가뜨리기'를 할 게 아니라 문재인이 윤석열을 해임했어야 했던 게 아닐까? 대통령이 검찰총장을 해임할 수 있느냐에 대해 다른 의견도 있긴 하지만, 『한겨레』는 이렇게 말한다. "대통령은 검찰총장을 해임할 수 있다. 1988년 검찰총장 2년 임기제를 도입했지만 강행 규정이 아니다. 임기제 도입 뒤 21명의 검찰총장 가운데 2년 임기를 다 채운 이는 8명뿐이다. 하지만 대통령에게도 엄청난 부담이 따른다. 정치적 중립성 훼손 논란과 검찰의 조직적 반발로 여론이 어디로 흐를지 알 수 없다."[5]

이게 참 미스터리다. 단지 그런 '엄청난 부담' 때문에 나라를 이렇게까지 망가뜨려야 한단 말인가? 더욱 희한한 건 문재인의 태도다. 2020년 10월 22일 윤석열은 국정감사에서 "지난 총선 후 민주당에서 사퇴하란 얘기가 나왔을 때 대통령이 '흔들리지 말고 임기를 지키면서 소임을 다하라'고 전했다"고 했다. 그러자 4일 후인 26일 추미애는 "(민주당) 당대표로서 문 대통령을 그전에 접촉할 기회가 많았다"며 "(그래서) 그분 성품을 비교적 아는 편인데 절대로 정식 보고 라인을 생략한 채로 비선을 통해서 메시지를 전달할 분이 아니다"고 말했다.

과연 진실은 무엇인가? 11월 4일 국회 운영위원회의 청와대 국정감사에서 대통령 비서실장 노영민은 "문재인 대통령이 윤석열 검찰총장에게 임기를 지키라고 말했다는 게 사실이냐"고 묻는 야당 의원 질문에 "말할 수 없다"며 답변을 거부했다. 국민의힘 의원 조수진은 5차례 물었지만, 노영민은 매번 "인사나 임기 관련된 사안은 말씀드릴 수 없다"는 말만 반복했다.[6]

"검찰을 난장판 만드는 게 대통령 뜻인가?"

그 무엇이 진실이건, 적어도 그 어떤 결단도 내리지 않은 채 검찰 개혁이 '윤석열 죽이기' 프로젝트로 전락한 것을 방치했다는 점에서, 이 모든 일은 문재인의 독특한 '성품' 문제로 인해 빚어진 일이 아닌가 하는 생각마저 든다. 언론은 이 갈등을 '추-윤 갈등' 또는 '추-윤 전쟁'이라 불렀지만, 그건 결코 진실이 아니다. 대통령으로서 최소한의 '교통정리' 책무를 방기한 문재인의 성품에서 빚어진 전쟁이다.

문재인은 왜 그런 걸까? 1952년 대선에서 패배한 민주당 후보아들라이 스티븐슨Adlai E. Stevenson, 1900~1965을 지지했던『워싱턴 포스트』사주 캐서린 그레이엄Katharine Graham이 자서전에서 이런 말을 한 게 흥미롭다. "스티븐슨의 약점은 대통령 자리를 원하면서도 원하지 않는 것 같은 모호한 태도였다. 나는 대통령이 되려고 적극적으로 나서지 않는 정치인은 대통령이 될 자격이 없다는 사실을 나중에 깨닫게 됐지만 1952년 여름 내내 비범한 웅변력과 기지機智를 겸비한 스티븐슨에게 푹 빠져 있었다."[7]

권력 의지가 없었던 문재인은 '운명'의 부름을 받아 대통령직을 맡게 되었음은 주지의 사실이다. 나는 문재인을 이해하는 데에 이 사실이 매우 중요하다고 본다. 그래서『권력은 사람의 뇌를 바꾼다』에서 "권력에 전혀 관심이 없었던 사람에게 '운명'에 의해 주체하기 힘들 정도로 큰 권력이 주어지면서 그렇지 않았더라면 당면할 필요가 없었던 일들이 무더기로 터져나오"는 것에 대한 문재인의 소극적 대응을 지적한 바 있다.

누구나 인정하겠지만, 문재인은 전형적인 '소극적 대통령'이다.[8] 그는 남북문제와 '의전 정치'를 빼고, 믿기지 않을 정도로 소극적이다. 사실상 '청와대 정부'를 운영하고 있음에도 주요 갈등 사안에 대해 언급하는 법이 없다. '침묵 대통령'이라고 해도 과언이 아니다. 그 결과는 참혹하다.

검찰 개혁이 '윤석열 죽이기'로 변질되었음에도 문재인은 내내 침묵했다.『중앙일보』(2020년 11월 20일)는「추미애 내세워 검찰을 난장판 만드는 게 대통령 뜻인가」라는 사설을 통해 "검찰은 정말 난장판이 돼가고 있다. 말 안 듣는 검찰총장을 몰아내기 위해 여론과 관행도 무시하고 심지어 법규까지 어기는 추미애 법무부 장관과 법무부의 폭주는 눈 뜨고 볼 수 없을 지경이다"고 했다.⁹ 아닌가? 이는 추미애가 옳으냐 윤석열이 옳으냐의 차원을 넘어선 문제다. 그럼에도 문 정권은 자못 진지하고 심각한 어조로 계속 검찰 개혁을 외쳐댔으니, 이거야말로 국론을 극단적으로 분열시키는 자해 행위가 아니고 무엇인가.

정략적 '마법의 주문'이 된 '검찰 개혁'

전 민주당 의원 금태섭의 말을 들어보자. 여권에선 탈당 후 보인 그의 일련의 언행에 대해 대단히 비판적이지만, '검찰 개혁'이라는 슬로건을 이해하는 데엔 민주당 내부 사정을 잘 아는 그의 주장을 들어보는 게 도움이 된다. 그는 2020년 9월 "'검찰 개혁'은 마법의 주문이다. 무슨 공격을 당하든 맥락과 상관없이 '지금 검찰 개혁이 시급한데 왜 이러십니까'라고 하면 답변이 된다. 조국 전 법무부 장관의 언행 불일치를 지적하면, '우리가 몰라서 그러는 게 아니라 검찰 개혁이 중요해서 가만히 있는 겁니다'라는 반박을 듣는다"며 다음과 같이 말했다.

"현직 법무부 장관 아들의 병역 문제와 관련해서도, '추미애가 무너지면 검찰 개혁이 날아가고, 결국 문재인 정부 위기로 간다'라는 주장이 공공연하게 나온다. 분위기가 이렇다 보니 언론에서도 은연중에 조국 전 장관이나 추미애 장관을 지지하는 사람들은 검찰 개혁을 중시하는 사람이고, 비판하는 입장에 있는 사람들은 검찰 개혁보다는 다른 가치를 더 중요하게 보는 사람이라는 구분을 한다. 일각에서는 심지어 개혁에 저항한다고 몰아붙이기도 한다. 나는 이런 논리가 정말 말도 안 된다고 생각한다."

금태섭은 문 정권 초기부터 요란하게 시작한 검찰 개혁이 3년이 지났음에도 별다른 성과를 내지 못하고 지지부진한 이유로 3가지를 들었는데, "다른 목적을 위해 검찰 개혁을 이용하려 들었기 때문이다"는 두 번째 이유가 흥미롭다. 그는 "지방선거를 몇 달 앞둔 2017년 말경, 법사위 민주당 간사로 일하던 나는 청와대 인사로부터 그해 말까지 공수처법을 통과시켜달라는 요청을 받았다. 180석에 가까운 의석을 확보한 지금과 달리 여당이 과반수도 되지 않았던 그때는 야당의 동의 없이는 법 통과가 불가능했다"며 다음과 같이 말한다.

"나는 그 인사에게 야당 의원들을 찾아가서 설득해야 하고 야당에도 실적이 되는 방식으로 추진하지 않으면 성과를 내기 어렵다고 대답했다. 그때 그분이 답답하다는 표정으로 한 말이 정말 잊

히지 않는다. '우리도 바보가 아닙니다. 올해 안에 통과가 안 될 것도 알아요. 그러나 공수처법을 강력하게 밀어붙이고 야당은 반대하는 모습이 되면, 우리는 개혁 세력으로 보이고 저쪽은 수구 세력으로 보일 것 아닙니까? 그러면 지방선거 승리는 떼어놓은 당상이죠.' 솔직히 말하면 나는 검찰 개혁을 입에 달고 사는 분들이 진짜 개혁을 하고 싶은 것인지 혹은 다른 마음이 있는 것인지 의심스러울 때가 있다."[10]

'검찰 개혁'의 본질이 된
내로남불

의심할 것 전혀 없다. 정답은 어느덧 문 정권의 트레이드마크가 된 내로남불에 있다. 문 정권이 생각한 검찰 개혁과 일반 국민이 생각한 검찰 개혁은 같은 게 아니다. 잘 생각해보자. 검찰 개혁의 목소리는 오래전부터 외쳐져왔는데, 실천은 거의 없었다. 왜 그랬을까? 검찰 개혁의 알파이자 오메가는 검찰이 정권 권력에서 독립하는 것이다. 문 정권 세력이 야당 시절 목이 터져라 외쳐온 목표였다. 그런데 어디에 서느냐에 따라 풍경이 달라진다는 말이 있듯이, 권력을 잡으면 사정이 달라진다. 정녕 검찰의 독립을 원할 정권이 있을까? 검찰이 자신의 품 안에서 벗어나는 걸 원할 정권이 있었겠는가 말이다. 없었다! 그래서 개혁을 하지 않은 것이다.

물론 문 정권 역시 다를 게 없다. "살아 있는 권력의 비리도 엄정하게 수사하라"는 문재인의 주문은 정권에 타격을 주지 않는 선에서 하라는 것이었으며, 정도의 차이는 있지만 이런 주문은 역대 권력자들도 했던 것이다. 검찰이 장관급에 미치지 못하는 고위 공직자들의 부패를 수사하는 것은 독재정권하에서도 있었다. 아픔은 좀 있을망정 '깨끗하고 공명정대한 정권'의 이미지를 부각시켜주는 일인 만큼, 결사적으로 막을 일은 아니었다는 뜻이다.

그러나 대통령이 심혈을 기울여 추진하겠다는 검찰 개혁의 사령탑으로 내세운 사람을 검찰이 허락도 받지 않은 채 수사하겠다고 달려드는 건 다른 문제다. 바람직하건 바람직하지 않건 이거야말로 진짜 '독립'을 보여준 사건이지만, "너의 품에서의 독립은 환영해도 나의 품에서의 독립은 용납할 수 없다"는 이중 기준, 이게 바로 우리가 오늘날 익히 잘 알고 있는 '조국 사태'가 일어난 이유다.

열성 지지자들은 이런 내로남불을 당연하게 여겼지만, 반대편의 지지자가 아니더라도 당파성보다는 민주주의와 정의·공정의 가치를 앞세우는 사람들은 결코 그럴 수 없었다. 어제 한 말을 오늘 뒤집고 또 내일 어떻게 달라질지 모르는 문 정권의 이기적 변덕과 횡포는 인내의 임계점을 넘어서게 만들었다.

예컨대, 여당인 민주당은 '피의사실 공표'를 검찰 개혁의 주요 의제로 내세우면서 조국 일가 수사와 관련해 검찰을 고발하기까지

했지만,[11] '피의사실 공표'를 이용한 여론전을 박근혜 국정 농단 응징과 적폐 청산의 주요 도구로 활용한 것에 대해선 아무런 말이 없었다. 그 과정에서 자살자가 4명이나 나왔지만, '인권' 문제를 제기한 사람은 아무도 없었다. 우리 편의 인권은 중요해도 반대편의 인권은 아랑곳하지 않는 이런 식의 내로남불은 이후 '검찰 개혁'의 본질이 되다시피 했다. 오죽하면 "검찰 개혁은 면죄부, 뭐든 해도 용서가 되는 부적"이라고 희화화되고 있겠는가.[12]

비전은 없고 정략적 의욕만 앞선 '검찰 개혁'

여권은 이제 검찰의 독립을 말하지 않는다. 심지어 "검찰은 중립성을 지켜야지, 독립성을 지켜야 할 조직이 아니다"는 말까지 나왔다.[13] 독립성 없는 중립성이 가능하냐고 따져물을 필요는 없다. 여권이 이슈를 급전환해, 검찰 권력의 오·남용에 대해서만 말하는 건 이미 세상 사람들이 다 알고 있는 사실이니까 말이다.

그러나 '검찰의 독립'과 '검찰 권력의 오·남용'은 분리될 수 있는 게 아니다. 그간 저질러진 검찰 권력의 오·남용 중 정치적 논란을 빚었던 것은 거의 대부분 '검찰의 독립'이 없었기 때문에 벌어진 일이었다. 이걸 잘 아는 여권은 '검찰의 독립'과는 무관하게 벌어진 '검찰 권력의 오·남용'에 초점을 맞추어 맹렬한 여론전을 전개해나갔다. 여권 매체들은 과거에 벌어진 그런 '검찰 권력의 오·남용' 사례들을 다시 열심히 들춰내면서 검찰을 적폐 중의 적폐로 몰아붙였고, 이는 적잖은 국민적 호응을 얻었다.

말이야 바른 말이지만, '검찰의 독립'과는 무관하게 벌어진 비정치적인 '검찰 권력의 오·남용' 사례는 정말 입에서 거친 욕이 쏟아질 정도로 분노를 유발한다. 나도 사적인 자리에서 욕설을 막 내뱉은 게 한두 번이 아니다. 이걸 개혁하는 건 전 국민적 동의와 지지를 받을 수 있는 일이었지만, 문 정권은 정략적으로 이용할 의욕이 앞선 나머지 이 일마저 그르치고 말았다.

무엇보다도 도무지 큰 그림, 즉 비전이 없었다. 이는 부동산 정책의 실패와 어쩌나 비슷한지 놀랄 지경이다. 서울에 일자리와 명문대를 집중시키면서 서울 부동산 가격을 안정시킬 수는 없는 법이다. 이 간단한 이치를 외면하고 새로운 부동산 정책을 수십, 수백 번 내놓아봐야 효과가 있을 리 만무하다. 비정치적 '검찰 권력의 오·남용'을 근절하는 것도 마찬가지다. '검찰 권력의 오·남용'은 비교적 언론의 조명을 받는 편이어서 국민들의 피를 끓게 만드는 것일 뿐, 전반적인 정치·행정 권력의 오·남용은 상시적으로 일어나고 있다. 이에 대해선 어떠한 개혁도 시도하지 않는 가운데 검찰만 달라질 수 있을 것이라고 보는가? 아니 검찰만 먼저 개혁하는 것도 좋다. 그러려면 개혁의 순수성을 의심받지 않게끔 '공정'하게 해야 할 게 아닌가?

검찰의 문제는 검찰만의 문제가 아니라 이 나라 엘리트 계급의 전반적인 문제라는 점을 제대로 인식할 때에 정교한 디테일이 살아 있는 개혁이 가능해진다. 엘리트 계급의 문제는 무엇인가? 사회 비평가 박권일이 잘 지적했다. 그는 "사법부를 포함한 고시 합격자 집단은 체제를 끌어가는 지도층으로 불리지만, 사실 민주적 가치에 대한 불신이 가장 강한 '민주주의 인식 취약 집단'이다"며 다음과 같이 말한다.

"합격자 대다수는 학교 외에 다른 이질적 집단이나 조직을 경험하지 않은 상태에서 고시 준비에 돌입하며, 그 과정에서 인간을 우열화하는 관점과 선민의식을 자연스럽게 내면화한다. 이들은 '내가 열심히 해서 고시에 합격했으니 마음대로 그 권력을 행사해도 된다'고 생각하고, 그런 이들끼리 폐쇄적인 공동체를 만드는 걸 당연시한다."[14]

'선한 DNA'는 없다

자신과 가족의 영광을 위한 입신양명立身揚名의 동기로 엘리트 자리에 오른 그들은 그 어떤 의미에서건 공복公僕이 아니다. 그들은 '갑질'을 할 수 있는 특권을 쟁취한 것뿐이다. 갑의 못된 횡포, 즉 '갑질'은 도처에 만연해 있다. 『경향신문』의 사설이 잘 지적했듯이, "지금 대한민국은 수많은 '을'의 눈물로 가득 찬 '갑질민국'",[15] 즉 '갑질 공화국'이다. 새삼 고시 합격자들을 비판하려는 게 아니다. "개천에서 용 난다"를 신앙으로 삼아 고시를 숭상해온 국민들의 환호 속에서 탄생한 현상을 적폐로 간주해 바로잡으려면 차분하고 포괄적이고 공정한 접근이 필요하다는 뜻이다.

가습기 살균제로 인해 1,528명이 죽어나가는 동안 정부와 관련 공직자들은 무슨 일을 했는가? 피해 규모가 2조 원대에 달하는 희대의 사기 사건 라임·옵티머스 사태에 대한 금융감독원의 책임은 어떤가? 직원 약 2,000명에 평균 연봉이 1억 원을 넘는 거대 조직인 금융감독원은 도대체 무슨 일을 한 건가?[16] "금융감독원이 아니라 '금융범죄원'이다"는 말까지 나오고 있지 않은가.[17]

온갖 비리 의혹으로 악명 높은 '모피아(옛 재무부 마피아)'는 어떤가? 2019년 11월 경제학자 우석훈은 "참 이상한 건, 금융 행정에는 여야도 없고, 진보와 보수도 없다는 점이다"며 "진보적 금융, 금융 공공성, 문재인 정부에도 그런 건 없다. 여전히 모피아 전성시대다"고 개탄했다.[18] 2020년 11월 전 대구지방국세청장 안원구도 이렇게 한숨을 쉬었다. "금융 마피아들은 금융 마피아들대로 자기들의 세계가, 이너서클이 따로 있는 거예요. 그래서 정말 웃기는 것이 정권이 바뀌면 이런 인사도, 금융계 인사들도 그 정권이 바르게 가려고 하면 그 정권의 취지에 맞게 인사가 이루어져야 되는데 묘하게도 그 사람들이 하나도 없어지지 않고 그대로 존속하는 거예요."[19]

나중에 「제20장 왜 민주당은 부자들을 위한 정당이 되었는가?」에서 살펴보겠지만, '망국적 전관예우前官禮遇'라는 비난의 소리가 높음에도 왜 이 몹쓸 관행은 보수와 진보를 막론한 모든 정권에서 날이 갈수록 기승을 부리는가? 문 정권이 핏대 올려가면서 외치는 개혁의 목소리가 부메랑이 되어 자신을 향할 때 "우리는 떳떳하다"고 말할 수 있겠는가? 청와대가 주범으로 지목되고 있는 울산 시장의 선거 부정 사건 의혹 등 문 정권에 불리한 사건들이 "검찰의 수사를 틀어막는 수준이 아니라 검찰이라는 국가기관의 기능을 아예 무력화한 것"이 아니냐는 의문마저 제기되고 있다.[20] 여기서도 문재인의 '공사公私 구분 의식'이 흔들리고 있다는 의심을 지울 길이 없다.

대통령 측근과 청와대 참모들의 비위 의혹이 잇따라 터져나왔음에도,[21] 문 정권은 왜 청와대 특별감찰관을 4년째 공석으로 남겨놓고 있는가? 이에 대해 문제 제기가 여러 차례 있었음에도 왜 청와대는 모르쇠로 일관하고 있는 건가?[22] 혹 문재인 집권 후 2018년 최고의 명언 중 하나로 꼽힌, 청와대 대변인 김의겸의 "문재인 정부 DNA에는 민간 사찰이 없다"는 말처럼, '청와대의 선한 DNA'를 믿는 건가? 만의 하나 그렇다면 정말 큰일 날 일이다.

미국 이야길 하나 들려드리고 싶다. 빌 클린턴Bill Clinton 행정부

시절 백악관 법률 고문 빈센트 포스터Vincent Foster, 1945~1993가 버지니아주의 포트 마시 공원Fort Marcy Park에서 리볼버 권총으로 자살하는 사건이 벌어졌다(1993년 7월 20일). 비리 의혹으로 추궁당하면서 모든 진실을 밝히기 어려웠던 딜레마 상황에서 고민하다가 내린 선택이었다. 정직하고 양심적인 사람이었던 그는 죽기 몇 주 전 가진 언론 인터뷰에서 이렇게 말했다. "이곳에 오기 전까지 우리는 스스로를 좋은 사람이라고 생각했다."[23]

권력이란 그런 것이다. 선량한 사람도 이런저런 권력관계에 얽히다 보면 돌아올 수 없는 길로 들어서고 만다. 권력에 '선한 DNA' 같은 건 없다. 반대편엔 추상秋霜 같으면서 자기편엔 믿기지 않을 정도로 관대한 걸 선하다고 볼 수 있을까? 아무리 선의로 해석해도, 그런 이중 기준은 문 정권의 고질병인 내로남불의 극치를 보여주는 것과 다름없다.

"추미애는 2020년 이순신 장군이다"

내로남불과 오만은 한 몸이다. 오만하기 때문에 내로남불을 저지르는 것이고, 그렇게 저지르는 내로남불을 정당화하기 위해 더욱 오만해지는 것이다. 이런 내로남불이 끼어들면 될 일도 안 되는 법이다. 검찰 개혁이 '윤석열 죽이기'로 변질된 가운데 벌어진 추미애의 검찰 인사권, 수사 지휘권, 감찰권의 오·남용도 영 이상했지만, 그 밖에도 도무지 이해할 수 없는 일이 하나둘이 아니었다. 내가 가장 흥미롭게 본 것은 '정치 언어'의 타락이었다.

영국 작가 조지 오웰George Orwell, 1903~1950은 "우리 시대에 정치적인 말과 글은 주로 변호할 수 없는 것을 변호하는 데 쓰인다"고 했지만,[24] 문제는 '변호할 수 없는 것'을 판정하는 주체가 누구냐 하는 것이다. 그는 정치권력의 언어 사용법에 대해서만 말했을 뿐, 국민이 둘로 나뉜 가운데 '묻지 마 지지'와 '묻지 마 비판'을 하는 상황에서 벌어지는 정치 언어의 타락상에 대해선 말하지 않았다. 한 단계 진전된 정치 언어 연구를 위해 나는 정치학자들이 '추미애 어록'을 잘 작성해 정치학 교재로 써야 한다고 생각한다.

모두가 다 잘 알다시피, 추미애의 언어 구사는 화려했다. "명을 거역"에서부터 "소설 쓰시네"에 이르기까지 추미애는 장관이 쓸 수 있는 언어 구사 범위의 지평을 확장시킨 선구자였다. "딸 가게라고 해서 제가 공짜로 먹을 수는 없는 것이죠"나 "그럼 봉투 없이 돈 줍니까"와 같은 발언은 〈개그 콘서트〉에나 나올 법한 고급 개그였지만, 문제는 추미애가 개그를 한 건 아니었다는 사실이다. 못마땅해하는 찌푸린 얼굴로 진지하고 심각하게 한 말이었다.

『중앙일보』 논설위원 이현상은 추미애의 이런 일련의 행태에 대해 "아집·분노 장애·미성숙을 느끼는 사람도 있지만 소신·강단·치열함을 읽는 사람도 있다"고 했다.[25] 맞다. 그는 어떤 사람들에겐 혐오의 대상이었지만, 어떤 사람들에겐 예찬의 대상이었다. 수많은 추미애 예찬론자 가운데 가장 열성적인 이는 민주당의 비례당 더불어시민당 대표를 지낸 건국대학교 경제학과 교수 최배근이다.

최배근은 7월 3일 페이스북에서 "자기 몸에 흙탕물 튀기며 국민을 위해 쓰레기를 치우는 추미애 장관에게 응원의 글과 꽃을 보내자"고 독려했다.[26] 그는 11월 20일엔 "추미애 법무부 장관은 2020년 이순신 장군"이라고 주장했다. 그는 추미애에 대해 "민주 공화국을 거부하고 검찰 공화국을 유지하려는 검찰에 대한 개혁에 온몸을 던진다"고 소개하며 "교체를 입에 담는 이들이 바로 토착 왜구 혹은 그들의 협력자다"라고 규정했다.[27]

최배근이 '오버'하는 건가? 누구의 관점에서 보느냐에 따라 평가가 달라진다. 한국은 이미 '두 개로 쪼개진 나라'가 아닌가. 여론조사 결과도 그렇게 둘로 갈라진 민심을 잘 말해준다. 추미애의 수사 지휘권 행사에 대해 리얼미터·『오마이뉴스』가 10월 20일에 실시한 여론조사 결과에 따르면, '잘한 일이다', '잘못한 일이다' 평가 모두 각각 46.4퍼센트의 응답을 얻었다.[28] 추·윤 갈등에 대한 책임과 관련해 엠브레인퍼블릭·케이스탯리서치·코리아리서치·한국리서치가 11월 5~7일에 실시한 여론조사에선 '추 장관의 책임이 더 크다'는 답변이 36퍼센트, '둘 다 비슷하다'는 응답이 34퍼

센트, '윤 총장의 책임이 더 크다'는 답변은 24퍼센트로 나타났다.[29]

"너 누구 편이냐?"고 묻는
'아메바 짓' 그만하자

추미애 관련 기사에 달린 댓글들엔 비난과 더불어 "역시 추 다르크", "추 장관님, 멋쟁이" 등과 같은 '영웅 찬가'가 울려퍼진다. 나는 문 정권 지지자들이 엄청 많은 호남에 사는 덕분에 내 일상적 삶에서도 '추미애 예찬'을 가끔 접한다. 이게 바로 추미애가 '믿는 구석'이요, 추미애가 졸지에 '이순신 장군'이 된 이유다.

  전 정의당 의원 박원석은 10월 21일 추미애의 수사 지휘권 발동에 대해 "추 장관이 지지층을 동원하고 윤석열을 제물로 정치 게임을 하고 있다"고 주장했다. 정치권으로 다시 돌아올 추미애가 이 상황을 자신의 정치에 이용하고 있다는 주장인데,[30] 지지자들은 "그럼 어때"라는 자세를 취하니 이래저래 추미애는 요지부동이다.

  '두 개로 쪼개진 나라'에서 벌어지는 이 희한한 풍경에 대해 나는 앞서 문재인의 책임을 물었지만, 모든 분께 호소를 하고 싶다. 두 개의 선택지를 제시하면서 "너 누구 편이냐?"고 묻는 '아메바 짓'은 절대 하지 말자는 것이다. 추미애를 영웅시하듯 윤석열을 영웅시하는 사람들이 있다는 건 잘 알고 있지만, 어느 쪽이건 그런 영웅 숭배 자체를 혐오하는 사람들도 있다는 걸 인정하자는 것이다.

달리 말하자면, 이 사안을 나라 전체를 생각하는 애국적 관점에서 보자는 것이다. 그러면 다른 그림이 그려진다. 문재인·추미애 지지자들은 윤석열이 나쁘기 때문에 그를 제거하기 위해선 불법적이지만 않다면 어떤 방법을 써도 좋고 어떤 말을 해도 좋다는 자세를 취한다. 정권 권력의 불법성은 훗날에 밝혀지게 되어 있다는 걸 우리는 그간 질리도록 많이 봐왔지만, 중요한 건 그게 아니다. 감히 말하건대, 그런 자세 자체가 매우 위험하거니와 어리석은 것이다. 민주주의를 망가뜨리는 일이다.

문재인·추미애 지지자들은 이 사건의 맥락을 벗어나 일반론의 차원에선 "권력은 불법적이지만 않다면 어떤 방법을 써도 좋고 어떤 말을 해도 좋다"는 원칙에 결코 동의하지 않을 것이다. 그럼에도 이 사안에서 다른 자세를 취하는 이유는 간단하다. 그게 바로 내로남불이다. 윤석열이 나쁘다면, 정당한 절차를 거쳐 해임하거나 탄핵하면 된다. 그렇게 할 만한 근거가 없으면 무리하게 '근거 만들기 쇼'를 벌일 게 아니라, 다른 해법을 모색해야 할 게 아닌가?

여기서 다시 문재인이 문제가 된다. 앞서 지적했듯이, 윤석열은 자신의 사퇴 문제와 관련해 문재인이 자신에게 "흔들리지 말고 임기를 지키면서 소임을 다하라"는 전언을 들었다고 했다. 노영민은 이 발언의 사실 여부에 대해 5차례나 답변을 거부했다. 문재인을 믿는 듯한 윤석열의 이 발언은 다른 가능성을 시사한다.

문재인이 윤석열을 만나 "당신은 이 정권의 철학과 맞지 않으니 스스로 물러나는 게 어떻겠소?"라는 취지의 말을 우회적으로 하면 안 되는 건가? "지금까지 겪은 고초만으로도 아주 크게 마음의 빚을 졌다"는 위로의 말을 곁들이면서 말이다. 그게 쉽진 않을망정, 그렇게 하는 것이 지금과 같은 '윤석열 죽이기 쇼'보다는 훨씬 나은 게 아닌가? 적어도 애국적 관점에선 말이다. 문재인 지지자들도 추미애를 '이순신 장군'으로 떠받드는 '이순신 모욕'보다는 나라 전체를 생각하는 '이순신의 애국심'을 가져야 하는 게 아닌가?

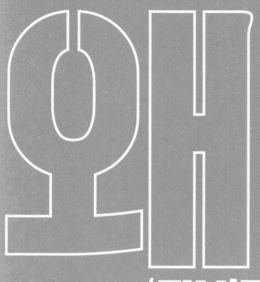

왜

'진보'를
완장으로 애용하는
사람이 많을까?

제 8 장

"눈에 뵈는 완장은
기중 벨 볼일 없는 하빠리들이나 차는 게여.
진짜배기 완장은 눈에 뵈지도 않어…….
진수성찬은 말짱 다 뒷전에 숨어서
눈에 뵈지도 않는 완장들 차지란 말여."[1]

● 윤흥길의 소설 『완장』에서 완장에 집착하는
   주인공 임종술에게 그의 연인 부월이 한 말

"진보는 더 낮은 곳으로
내려가야 한다"

"'진보'라는 단어가 주홍글씨처럼 인식되던 시대는 지났다. 민주당
이 압승한 총선 결과를 '진보' 개념의 확장으로 보든 또는 변질로
보든, 적어도 다수 국민이 우리 정치 지형을 그렇게 인식하고 있다
는 건 분명하다." 『한겨레』 선임 논설위원 박찬수가 『한겨레』(2020년
7월 14일)에 쓴 「김대중은 왜 '진보'란 이름을 피했을까」라는 칼럼
에서 한 말이다.

박찬수는 '진보를 찾아서'라는 연재 기사를 쓰고 있는데, 내용이 알찰 뿐만 아니라 '진보'를 완장으로 애용하는 사람들에게 성찰의 기회가 될 이야기가 많다. 참으로 격세지감隔世之感이다. 금기시되던 '진보'라는 단어가 이젠 상대방을 폄하하고 비난하려는 용도로 쓰이게 되었으니, 두 손 들고 환영해야 할 일인가? 그럴 수 없는 게 안타깝다.

김대중은 왜 '진보'란 이름을 피했을까? 제목만 보고서도 그 이유를 짐작할 사람이 많을 것이다. 박찬수는 "1990년대만 해도 김대중 총재가 이끄는 야당을 '진보 진영'이라 부르지 않았다. '진보 진영'은 재야 운동권과, 2000년 민주노동당 창당으로 결실을 맺는 진보 정당 추진 그룹을 일컫는 말이었다. '민주 대 반민주' 구도에서 재야·시민단체와 민주당을 함께 묶어서 부를 때는 '민주개혁 세력'이라고 언론에선 지칭했다. 2000년 민주노동당이 창당한 뒤엔 '진보 정당'은 곧 민주노동당이었다"며 다음과 같이 말한다.

"민주당 스스로 '진보'로 규정되는 걸 꺼리는 측면도 적지 않았다. 군사독재는 막을 내렸지만 여전히 보수 권위주의 영향력이 막강하던 시절이었다. 민주당은 '진보'로 불리면 자칫 '색깔 프레임'에 빠져 보수 세력의 집중 공격을 받을 걸 우려했다. 실제로 보수 집권 세력은 서경원 국회의원 방북 사건이나 북한 공작원 리선실의 선거 자금 지원설, 재야인사의 북한 공작원 접촉설을 끊임없이 제기하며 야당에 의혹의 그림자를 덧씌우려 했다. 김대중 정부에서 홍보수석을 지낸 박선숙 전 국회의원은 '김 대통령은 야당 시절이나 집권 기간에나 '진보'라는 표현을 쓰지 않았다. 야당 시절엔 정당의 정체성을 중도개혁이라고 정의했다. 그 시절 가장 진보적인 정치인이었지만 이를 둘러싼 논란이 이는 것을 피하려 했다'고 말했다."[2]

2000년대 들어선 진보 진영 내에서 운동권의 '낡은 진보'를 넘자는 주장도 제기되었으니, 그 주인공은 바로 '진보의 선각자'라 할 노회찬이었다. 그는 2012년 10월 진보정의당 공동대표 수락 연설에서 6411번 버스 이야기를 하며 "더 낮은 곳으로 내려가는 대중 정당을 실현해야 한다"고 역설했다. 어떤 내용이었던가?

"새벽 4시에 구로에서 출발해 개포동까지 가는 6411번 버스는 50~60대 아주머니들로 가득 찹니다. 이름으로 불리지 않고 그저 '청소 미화원'으로 통하는 이분들은 존재하되 존재를 우리가 느끼지 못하는 투명 인간입니다. 이런 분들에게 우리는 투명 정당이나 다름없었습니다. 정치한다고 목소리 높이지만 이분들의 손에 닿는 거리에 우리는 없었습니다. 존재했지만 보이지 않는 정당, 투명 정당 그것이 대한민국 진보 정당의 모습이었습니다."

이날 현장에서 연설을 들은 노회찬재단 사무총장 김형탁은 "온몸에 전기가 흐르는 것 같았다. 이렇게 쉬운 언어로 진보 정당의 길을 얘기할 수 있는 이가 노회찬 말고 또 누가 있을까"라고 회상했다. 하지만, 당시 진보 정당은 노회찬의 '쉬운 언어'에 귀를 기울이지 않았다. 아니 기울일 수 없었을 것이다. 이른바 '경로의존經路依存, path dependency' 현상 때문이다.[3] 이미 몸에 밴 관성을 바꾼다는 건 결코 쉬운 일이 아니다.

"감방 안 갔다 온 사람은
행세를 못한다"

2012년 대선에서 새누리당 후보 박근혜가 당선된 뒤 진보 정당 입지가 훨씬 어려워졌을 때 노회찬은 '진보의 세속화'를 강하게 주창했다. 진보는 겁 많은 제1야당(민주당)도 자주 활용하는 좋은 말이 되었고, 새누리당이 경제 민주화를, 박근혜가 만5세 무상교육을 외치는 시대, 즉 "진보와 반진보가 대립하는 게 아니라 진짜 진보와 가짜 진보가 경쟁하는 시대"가 되었다는 이유에서였다. 그런 상황에서 '진보의 세속화'란 그간의 관념성을 버리고 세상 속으로 들어가 현실 정치를 하자는 것이었다.[4]

'세속화'란 단어의 어감이 그리 좋지 않음에도 왜 그는 '진보의 세속화'를 주장한 걸까? 그가 2014년 11월에 출간한 『대한민국 진보, 어디로 가는가: 노회찬, 작심하고 말하다』에 그 답이 잘 나와 있다. 이런 이상한 일이 있었다고 한다. "서울 노원병에 처음 출마했을 때 한 당원 부부는 내가 당선되지 않기를 바랐다고 한다. 내가 당선되면 현실 정치로 자꾸 세속화될 가능성이 있어서 당선되지 않고 계속 투사로 남아주길 바랐다는 것이다.(웃음) 하지만 나는 진보 정치가 더 세속화되어야 한다고 본다. 더 현실화되어야 하고, 더 냉정하게 대중에게 평가받고, 평가받은 것을 인정하고, 그것을 바탕으로 반성하고 개선해야 한다."[5]

노회찬은 운동권 출신이 운동 경력을 '완장'으로 쓰려는 행태에 대해서도 일침을 가했다. 그는 "과거 민주화 운동은 우리 사회에 기여한 바도 많다. 하지만 이젠 흘러간 옛일이다. 그런데 아직도 그 아련한 추억에 매달려 낡은 훈장인 양 연연하며 자기들이 희생하고 운동할 때 운동하지 않은 다수에게 우월의식이나 선민의식을 가지고 있다"며 다음과 같이 말했다.

"참 놀랐던 일이 하나 있다. 현재 제1야당의 초선 의원인데, 이 사람도 옛날에 감방에는 안 갔지만 노동운동을 한 사람이다. 이 사람이 '감방 안 갔다 온 사람은 행세를 못한다'고 했다. 나이가 40, 50이 넘어가는데 그것을 따지고 있다. 극단적인 일화이긴 하지만, 이제는 운동권적 진보에서 탈운동권적 진보로 넘어가야 한다."[6]

아니다. 극단적인 일화가 아니다. 문 정권의 일부 586 운동권 출신 의원들의 발언을 잘 살펴보시라. 앞서 일부 소개하긴 했지만, 이들은 싸울 때에 '우월의식이나 선민의식'을 노골적으로 드러낸다. 그러니 노회찬의 다음 결론에 어찌 동의하지 않을 수 있으랴. "진보 정치가 제대로 되려면 운동권을 극복해야 한다. 운동권을 부정할 수는 없지만 그건 흘러간 옛날얘기다. 신앙과 정치는 다르다. 신앙은 자기를 간직하면 되지만, 정치는 끊임없이 국민을 설득해서 동의를 구하는 것이다."[7]

진짜 진보 정당에선 운동권은 '흘러간 옛날얘기'라는 각성을 투철하게 한 선구자가 나타났지만, 유사 진보 정당이라 할 민주당에선 정반대의 일이 벌어지고 있었다. 이게 바로 '진보의 완장화'다. 결코 만만치 않은 기세다. 고령임에도 세상의 기류를 간파하는 눈이 비교적 밝은 미래통합당 비상대책위원장 김종인이 2020년 4·15 총선 참패 42일 만인 5월 27일 미래통합당이 강조해온 '보수', '자유 우파' 같은 말을 쓰지 말 것을 당부한 것은 무엇을 말하는가? 그는 "보수냐 진보냐, 이념으로 나누지 말자. 이제 시대가 바뀌었고 세대가 바뀌었다. 국민은 더이상 이념에 반응하지 않는다"고 설명했지만,[8] 정말 그런 이유 때문이었을까? 그렇다면 진보를 '완장'으로 사용해 재미를 보는 민주당의 행태는 어떻게 설명할 수 있을까?

586 운동권의
'개인숭배 문화'

'완장'은 그간 보수 언론이 문 정권을 비판할 때에 즐겨 사용해온 용어라는 사실을 들어 눈을 부라릴 사람들도 있겠지만, 그들이 사랑하는 '진보'의 이름으로도 얼마든지 '완장론'을 제기할 수 있다. 민주당의 열성 지지자들이 쓴 정치적 댓글을 잠시 동안만이라도 살펴보시라. 민주화 투쟁을 역사책에서 보았을 젊은이들까지 586 운동권 정치인들의 교육을 투철하게 받은 탓인지 끊임없이 군사독재 정권을 불러내 자신들의 정당성과 도덕적 우위를 확보하려는 전략을 구사하면서 조금만 생각이 다르면 '진보'의 이름으로 몰매를 주는 게 무슨 공식이나 되는 것처럼 활용되고 있으니 말이다. '진보'가 과거 금기시되던 단어에서 상대방을 찍어누르려는 단어로 활용될 정도로 변화가 일어난 건 일단 반길 일이지만, 그런 '진보'의 용법이 결국엔 진보를 죽이는 부메랑이 될 것이라는 점에서 결코 환영할 수 없는 게 안타깝다.

586 운동권 문화에 좋은 점도 많지만, 문재인 정권에서 가장 치명적으로 작용한 건 이른바 '개인숭배 문화'다. 진중권이 이 점을 잘 지적했다. "과거의 운동권 주류였던 NL 진영에는 독특한 개인숭배 문화가 있다. 학창 시절 우리에게 학생회장은 감옥 가는 순서 외에 아무것도 아니었다. 그래서 학생회장을 그냥 '민석'이라고 불렀던 것으로 기억한다. 반면 전대협 의장은 다르다. 임종석 '의장님'은 행사장에 가마를 타고 입장하셨다. 문 대통령 숭배는 이 운동권 습속이 낳은 일종의 문화지체 현상으로 보인다."[9]

이 전대협 전통은 한총련에 이어졌고, 급기야 1994년에 이런 우스꽝스러운 일까지 벌어졌다. 한총련 중앙위원회에 제출된 결의 안 가운데 한총련 대표자 관련 내용을 두고 격론이 벌어졌고 도저히 수용할 수 없다고 선언한 5개 학교 총학생회장이 퇴장을 한 사건인데, 문제의 내용은 다음과 같다.

"한총련 대표자는 백만 청춘의 자주적 이해와 요구의 유일한 체현자이며 통일 단결의 구심이며, 백만 청춘의 최고 의사 표현이며, 학우에게는 자주적 사상 의식과 창조적 활동 능력을 키워주는 백만 청춘의 유일한 정치 지도자입니다.……대표자를 믿고 삶과 생활, 운명을 의탁하면 삶은 개척됩니다."[10]

이런 '개인숭배 문화'와 '진보의 완장화'는 동전의 양면과 같다. 의장님의 위상이 하늘처럼 높아져야 나의 위상도 덩달아 높아지고, 내가 하는 일이 큰 의미를 갖는다. 따라서 의장님 비판엔 벌 떼처럼 달라들어 몰매를 주어야만 한다. 바로 이런 과정을 거치면서 '진보의 완장화'가 이루어진다. 완장을 찬 사람이 완장 없는 사람을 존중하는 건 쉽지 않은 일이기에 싸가지 없는 오만이 사고와 행동의 기본적인 모드가 되는 건 불가피한 일이다.

진보란 과연 무엇인가? 나는 노회찬의 '진보의 세속화'에 전적으로 동의하는 입장에서 진보의 구성 요소 중 단 한 가지만 이야기하련다. "지금 이 땅의 진보는 다름을 존중하지 않는다. 내가 주장할 때에는 다름의 권리를 말하지만, 다른 사람의 주장에 대해서는 전혀 그렇지 않다. 조롱하고 폄훼한다. 내 입맛에 맞지 않은 주장이

나 내 생각과 다른 이야기를 들을 때면 비아냥대고, 심지어 저주를 퍼붓는다."[11] 전 민주당 의원이자 정치평론가 이철희의 말이다.

그렇다. 다름을 존중하는 것이 진짜 진보다. 그래야 배울 수 있다. 진보는 "지금 이대로 좋다"는 쪽에 기우는 보수에 비해 훨씬 어려운 일이다. 큰소리를 치기보다는 낮은 자세가 요구되는 힘든 길이다. 배우지 않고 한 번 입력된 몇 개의 간단한 주문을, 그마저 인물 숭배에 올인하면서, 상대방을 공격하기 위해 써먹는 것은 진보가 아니라 '진보 죽이기'다. '진보'를 완장으로 애용하는 사람들이 바로 '진보 죽이기'의 주범이다.

"몰락한 건 진보가 아니라 그저 당신들이다"

사실 진보가 '진보'를 완장으로 애용해선 절대 안 된다는 걸 가장 잘 아는 이들은 진보 진영에 몸담은 사람들이다. 예컨대, 여성학자 정희진은 "살아온 이력 때문인지 내 주변에는 대개 진보 진영이나 여성주의자가 많다. 흔히 도덕적일 것이라고 기대 받는 사람들이다. 그러나 최근 몇 년간 내 경험으로는 전혀 그렇지 않다. 폐쇄성이 겹쳐서 그런지, 이 '판'도 만만치 않다. 규모가 작을 뿐 '우리 안의 최순실, 트럼프'가 한둘이 아니다"며 다음과 같이 말한다.

"성폭력은 기본이고, 사기, 표절, 계급주의, 학벌주의, 소비주의, 연줄 문화, 약자에 대한 모욕과 막말, 이중성……. 내가 페이스북 근처에 가지 않는 이유 중 하나는, 이런 사람들이 그곳에서 캐릭터 변신을 하고 자신을 미화하기 때문이다. 나는 겪었고 보았다. 진보 혹은 페미니스트라고 자처라는 이들이 사익을 위해서라면 무엇이든 한다는 것을. '상록수'는 극소수다.……이제 인간의 '본질'이 호모 사피엔스(생각하는 사람)냐, 호모 파베르(도구를 만드는 인간)냐, 호모 루덴스(놀이하는 인간)냐를 논할 시기는 지난 듯하다. '호모 쉐임리스(뻔뻔한 인간)'의 시대다."[12]

그렇다. 우리는 그런 '호모 쉐임리스(뻔뻔한 인간)'의 시대에 살고 있음을 인정해야 한다. 이걸 드라마틱하게 보여준 게 바로 박원순 사건이다. 사회비평가 박권일은 『한겨레』(2020년 7월 24일)에 기고한 「좀비들」이라는 칼럼에서 "이 모든 이야기는 세대 전체가 아니라 과대 대표되어온 세대 엘리트와 추종자들에 관한 것이다"고 전제하면서 이렇게 말했다. "소위 '86세대' 및 그 이전 세대는 박원순의 죽음을 나라 잃은 양 비통해했다. 모든 증거와 정황이 수년간 이어진 성추행 범죄를 드러내고 있음에도, 그들은 피해자에 대한 2차 가해성 발언을 일삼으며 박원순을 '추모'했다. 철저한 '가해자 중심주의'였다."

이어 그는 "86세대와 그 이전 세대 또한 개인의 자유, 인권에 대해 머리로는 알고 있었다. 하지만 그 가치의 일상적 실천에는 극도로 무능했다. 페미니즘, 생태주의 같은 가치는 주변적 상식이 되었을지는 몰라도 결코 그들 세대의 '우세종'이 될 수는 없었다. 86세대는 뜨거운 진정성의 세대였지만, 삶과 이념이 극단적으로 분리된 모습을 보였다"며 다음과 같이 말했다.

"어떤 이는 조국 사태나 박원순 자살을 두고 '진보의 몰락'이라 말한다. 미안하지만 몰락한 건 진보가 아니라 그저 당신들이다. 그리고 당신들을 몰락시킨 건 독재정권도 '수구 꼴통'도 아닌, 스스로의 잘못된 행동이다. 이제 86세대의 명칭은 바뀔 때가 됐다. 끝없는 허기에 이끌려 사방팔방 돌아다니고 무리 지어 타인을 공격하며, 무엇보다 자신이 이미 죽은 줄 모른다는 점에서 이들을 부를 새 이름으로 '좀비'가 마침맞다."[13]

『경향신문』(7월 28일) 선임 기자 김민아는 칼럼에서 "박원순 서울시장 사망 이후 많은 명망가들의 진면목이 드러났다"고 했다. 그는 고인을 애도한다면서 사실상 피해자에 대한 2차 가해를 하는 명망가들에 대해 이렇게 말했다. "그들이 내는 '소음'에 귀 기울일 생각은 없다. 지금 그들은 고인을 애도하고 있지 않다. 고인의 부재로 확인된 자신들의 '추락'에 패닉 상태일 뿐이다. '아무 말 대잔치'가 계속될수록 추락은 더 선명해질 것이다.……피해자를 향한 공격을 고인에 대한 애도로 '포장'하지 말라. 당신은 당신의 발밑이 흔들리는 데 당황하고 있을 뿐이다. 발밑이 무너진다면 당신 책임이지 피해자 탓이 아니다."[14]

왜 여성가족부 장관 이정옥은
겁을 먹었는가?

2020년 8월 3일 국회 여성가족위원회 전체회의에 출석한 여성가족부 장관 이정옥이 "박원순 전 서울시장과 오거돈 전 부산시장의 사건은 전형적인 권력형 성범죄가 맞느냐"는 미래통합당 의원 김미애의 질문에 "아직 수사 중인 사건"이라며 3번이나 답변을 피한 것도 괴이한 현상이었다. 이정옥은 김미애가 재차 "성범죄가 맞느냐, 아니냐. 그에 대한 견해가 없느냐"고 물었을 때도 "수사 중인 건으로 알고 있다"고만 했다.

그러자 김미애는 "오거돈 전 시장은 본인이 (성추행 사실을) 밝혔다. 그런데도 권력형 성범죄가 아니라고 하느냐"고 했다(오거돈은 4월 23일 기자회견을 열고 "저는 한 사람에게 불필요한 신체 접촉을 했다. 사퇴하겠다"고 했다). 그러나 이정옥은 이 사건에 대해서도 "수사 중인 사건에 대해 제가 죄명을 규정하는 것은 적절치 않다"고 했다. 김미애는 "본인이 (인정)했는데 확정판결이 나야 하느냐. 그러니까 여가부 폐지 주장이 나온다"고 했다.[15]

그로부터 3개월이 지난 2020년 11월 5일 국회 예산결산특별위원회 종합 정책 질의에서 이정옥은 여전히 같은 질문에 대한 답을 같은 방식으로 피해갔다. 게다가 국민의힘 의원 윤주경이 "박원순·오거돈 두 전직 시장의 성범죄로 838억 원의 선거 비용이 들어가는데, 여성 또는 피해자들에게 미칠 영향에 대해 생각해본 적 있느냐"고 묻자, "굉장히 큰 예산이 소요되는 사건을 통해 역으로 국민 전체가 성인지 감수성에 대한 집단 학습을 할 기회가 된다"고 답함으로써 논란을 불러일으켰다. 오거돈 성폭력 사건 피해자는 "오거돈 사건이 집단 학습 기회라니, 그럼 나는 학습 교재냐"고 말했다. 그는 "주변에 피해 주기 싫어서 악착같이 멀쩡한 척하면서 살고 있는데 여성부 장관이라는 사람이 어떻게 내 인생을 수단 취급할 수가 있나. 너무 충격받고 먹은 음식 다 게워내기까지 했다"고 했다.[16]

나는 텔레비전을 통해 이정옥의 곤혹스러워하는 모습을 지켜보면서 그가 겁을 먹고 있다는 느낌을 받았다. 피해자라는 명칭조차 사용하면 안 되는 듯한 여권의 분위기에 말이다. 아니다. 그런 말로는 모자라다. 박원순 관련 기사에 달린 박원순·문재인 지지자들의 댓글은 무섭다는 생각이 들 정도로 지독한 욕설투성이였으니 말이다.

비난과 욕설이 박원순 사건 피해자의 변호사인 김재련에게 집중되자, 9월 11일 『한겨레』는 「김재련 변호사 "박원순 피해자, 이미 포렌식 맡긴 뒤 찾아왔다"」는 인터뷰 기사를 통해 김재련에 대해 떠도는 거짓 정보들을 밝혔다.[17] 생각이 다르면 그런 거짓 정보에 대한 근거를 밝히면 될 일이겠건만, 그게 있을 리 만무했다. 이젠 욕설이 『한겨레』를 향했다. 자기들 편에 도움이 되지 않는 진실을 밝혔다는 이유로 말이다. 이 기사에 달린 댓글 300여 개 중 '베스트'에 오른 댓글은 이런 내용이었다. "한겨레주 소액주주이다. 창간부터 독자지만 『한겨레』마저도 헌걸레가 되었구나. 절독이다. 우리가 박원순이다."

'조직 보복'에 창의성을 발휘하는 사람들

그 어떤 충격과 분노도 시간이 흐르면 잦아들기 마련이지만, 박원순·문재인 지지자들에겐 그럴 뜻이 없었던 것으로 보인다. 도대체 모두 왜 이랬던 걸까? 고인에 대한 애도인가, 추락에 대한 공포인가? 사실상 김민아가 던진 이 질문이야말로 이해하기 어려운 모든 현상을 설명해줄 수 있는 게 아닐까? 김지은의 『김지은입니다: 안희정 성폭력 고발 554일간의 기록』에 이 질문에 대한 답을 시사하는 대목이 나온다.

　"안희정의 참모들 중 일부는 감옥에 다녀오는 것을 영광으로 여겼다. 안희정이 대선 자금 수사를 받고 감옥에 갔던 일은 조직에서 우상화되어 있었다. 안희정은 대의를 위해 감옥에 다녀왔다며 훈장처럼 이야기했고, 주변의 오랜 참모들은 수시로 '부하는 주군을 위해 목숨까지 내놓아야 한다'와 같은 언급을 했다. 안희정을 대신해 감옥에 다녀왔다는 한 참모는 '성골'로 대우받았다. 법과 원칙보다 조직을 위한 희생이 중요한 곳이었다. '모두가 No!라고 할 때 참모는 Yes!라고 해야 한다!' 이 역시 수시로 들은 말이다. 그런 조직에서, 나는 노동자로서 모욕당하고 여성으로서 성폭력을 당했다. 분명히 반복된 범죄였지만 아무도 말리지 않았고, 안희정 스스로도 제어하지 않았다."[18]

그런 '조직을 위한 희생'은 이기적인 것인가, 이타적인 것인가? 우문愚問이다. 안희정 조직의 회식 자리에서 고위 참모가 종종 하던 건배사라는 '조배죽(조직을 배신하면 죽는다)'이 궁극적으로 의미하는 건 무엇이었을까? 김지은은 "이 건배사를 모두가 웃으며 따라 했지만, 의미는 뇌리에 새겨야 했다. 어떤 이유에서든 조직의 명을 따르지 않거나 먼저 발을 빼면 배신자 취급을 받는다는 것을 서로에게 주입하는 과정이었다"며 다음과 같이 말한다.

"예를 들어 조직에서 겉도는 사람이 생기면 그는 이후 중요한 정보로부터 배제되고, 조금씩 배척되었다. 평판은 자연스럽게 나빠지고 다른 직장으로 옮기기도 어려워진다. 이런 모습들은 조직의 강고함을 주지시켰고 사람들은 위성이 되어 조직 밖으로 겉도는 상황을 스스로 경계해 '조배죽'을 기억하며 충성을 다했다. 때문에, 조직 내 충성 경쟁이 심했다. 그것을 견디지 못하거나 충성 경쟁에서 살아남지 못한 사람들은 아예 정치권을 떠나기도 했다. 생사여탈권은 조직 상위의 소수 몇 명에게 있었다. 결국 조직을 나온 나는 공공의 적이 되었다. 안희정을 대통령 만들고 그 곁에 오래 있으려던 사람들에게 나는 '조배죽'의 대상이었다. 한 나라를 경영하겠다는 '대의'로 모인 사람들의 조직을 뛰쳐나왔기에 내게 가해지는 형벌은 더 가혹했다. 온라인의 댓글, 주변의 평판, 지인들을 동원한 조직적인 죽이기까지 다양한 보복이 시작되었다. 악성 댓글을 달고, 법정에 나와 위증을 하고, 유언비어를 퍼트리는 것은 작은 사례에 불과하다."[19]

이렇듯, 김지은을 위한 증언을 해주거나 배려를 한 사람들까지 그 조직원들 사이에선 '공공의 적'이 되는 게 현실이었다. '권력'이나 '조직'이 무섭다는 건 이를 두고 하는 말이 아닌가 싶다. 독일 작가 발두어 키르히너Baldur Kirchner는 "타인을 지배하기 위한 방법을 모색함에 있어서 인간은 극히 창의적이다"고 했는데,[20] '조직 보복'을 할 땐 그런 창의성이 배가되는 걸까?

왜

집단은
제정신이 아닌 게
정상인가?

제 9 장

"개인이 제정신이 아닌 것은 드문 일이지만,
집단은 제정신이 아닌 게 정상이다."[1]
●독일 철학자 프리드리히 빌헬름 니체

'정치적 균형자'가
'정치적 매춘부'인가?

"신념정치에서는 다스림이라는 활동이 인류의 완성에 봉사하는
것으로 이해되지만, 의심정치에서는 다스림이 하나의 특정한 활동
으로 이해되며 인간적 완성의 추구와는 분리된 것으로 이해된다."[2]
영국 철학자 마이클 오크쇼트Michael J. Oakeshott, 1901~1990가 『신념
과 의심의 정치학』(1996)에서 한 말이다. 그는 두 극단 사이에서
중용을 취하는 방식을 원했다.

제법 심오한 개념이지만, 우선 쉬운 이해를 위해 다소 조잡한 정의를 내려보자면 '신념정치'는 인간 행위의 가능성을 높게 평가하면서 특정 신념으로 밀어붙이는 정치, '의심정치'는 바뀌기 어려운 인간과 사회생활의 본성을 인정하면서 의심을 갖고 조심스럽게 접근하는 정치라고 할 수 있겠다. 진보와 보수 이분법과 통하는 점이 없진 않지만, 오크쇼트가 일부러 이 용어를 만든 성의를 감안해서라도 그런 이분법과는 결을 달리하는 구분으로 보는 게 좋겠다.

지나치게 추상적이거나 어렵게 쓴 책은 해설자의 '해제'에 의존하는 게 좋은데, 이 책 역시 그런 경우다. 정치학자 박동천은 "한국 사회에서 정치는 여태까지 건강한 기능을 수행하기는커녕 도리어 사회 구성원들에게 걱정거리를 보탤 뿐인 불쌍한 상태에서 벗어나지 못하고 있다. 그 이유 가운데 하나는, 오크쇼트의 용어를 사용하자면, '신념정치'의 양식이 과도하게 정치의식을 지배하고 있기 때문인 것이 확실하다"며 다음과 같이 말한다.

"범주 또는 집단 내부의 다양성이 공인되는 곳이어야 진영 간의 경계를 뚫고 교차하는 소통과 통합의 가치 또한 존중될 수 있다. 하지만 현대의 한국 사회에서는 영국 혁명기에 스스로 '균형자'의 역할을 자임하고 활동했던 핼리팩스George Savile, 1st Marquess of Halifax, 1633~1695와 같은 사람을 일종의 정치적 매춘부처럼 단죄해버리는 무지막지한 행패가 통용되는 실정이다. 따라서 나는 한국 사회의 정치적 실천과 사유에서 '의심정치'의 양식에 대한 관심이 증가하는 것이 정치적 균형 감각의 회복에 절실하게 필요하다고 믿는다."[3]

박동천의 말에 전적으로 동의한다. 정치적 균형 감각을 '양비론'으로 매도하는 사람도 많지만, 양비론은 무조건 나쁘거나 좋은 게 아니다. 양비론의 대상인 양쪽 모두에게 심각한 문제가 있다면, 양비론 말고 무엇을 택할 수 있단 말인가. 아마도 양비론 비판자들은 그래도 비교적 옳은 쪽을 택해서 옹호해야 한다는 논리를 펴겠지만, '상황'도 감안해야 한다. 1970년대나 1980년대와 2020년대는 결코 같은 상황이 아니다. 어떤 상황에도 일관성을 가져야 한다고 주장한다면, 그런 일관성은 좀 징그러운 게 아닐까?

당신의 신념이나 이념은 DNA가 아니다

신념도 지나치면 징그럽기 마련이지만, 문제는 인간이 '신념의 동물'이라는 점일 게다. "사람들은 가는 곳마다 마치 여름날의 파리들처럼 자신을 쫓아다니며 기운을 돋우어주는 신념의 구름에 둘러싸여 있다."[4] 영국의 철학자이자 수학자인 버트런드 러셀Bertrand Russell, 1872~1970의 말이다. 논리를 사랑했던 그는 논리가 없는 신념에 대해 부정적이었다. "인간은 경솔한 신념의 동물이며 반드시 무엇인가를 믿어야 한다. 신념에 대한 좋은 토대가 없을 때는 나쁜 것이라도 일단 믿고 만족하고 싶어 한다."[5]

"정치적 신념은 비정치적 신념보다 훨씬 바뀌기 어렵다."[6] 미국의 뇌과학자 조너스 캐플런Jonas Kaplan의 말이다. "신념이 공격받았을 때 인간은 전 재산을 잃은 것보다 더 큰 고통을 느낀다." 서울대학교 심리학과 교수 김명언의 말이다. 그는 가짜뉴스가 기승을 부리는 배경으로 "정보의 진위를 따지기 전에 주린 배를 채우듯 가짜뉴스를 받아들일 수밖에 없는 심리 상황"을 지적했다.[7]

스코틀랜드 철학자 데이비드 흄David Hume, 1711~1766은 "현명한 사람은 자신의 신념을 증거에 조화시킨다"고 했지만,[8] 그것도 옛날이야기가 되고 말았다. 자신의 신념에 맞는 증거, 그것도 매우 어설픈 증거를 취사선택하는 게 일반적인 흐름이다. 심리학자 레온 페스팅거Leon Festinger, 1919~1989는 "신념이 있는 인간은 바꾸기 어렵다. 반론을 제기하면 그는 회피한다. 사실과 수치를 들이대면 출처를 의심한다. 논리적으로 접근하면 요점을 파악하지 못한다"고 했다.[9]

그럼에도 신념 없인 살 수 없는 게 우리 인간이다. 영국 철학자 이사야 벌린Isaiah Berlin, 1909~1997은 "자기 신념의 상대적 타당성을 깨닫는 동시에 자기 신념을 결단코 포기하지 않는 것이야말로 야만인과 구별되는 문명인의 태도다"고 했는데, 이 말에 대해 미국 철학자 마이클 샌델Michael J. Sandel은 이런 의문을 제기했다. "신념이 상대적으로만 타당하다면 그것을 끈질기게 옹호할 까닭이 무엇이란 말인가?"[10]

그 어떤 신념을 가지면서도 신념의 상대적 타당성을 인정하는 건 가능한가? 쉽진 않겠지만 애써보자. 나의 신념이 중한 만큼 남의 신념도 존중함으로써 요즘 유행하는 말로 이른바 '내로남불'을 범하지 않기 위해서라도 말이다. 적어도 자신의 신념이나 이념이 우연이나 상황에 의해 형성되었을 가능성을 염두에 두면서 그것에 무슨 타고난 DNA나 있는 것처럼 과장하지 않는 게 좋겠다.

'부족 본능'에
압도당하는 이성

자신의 신념이나 이념에 대한 과장은 주로 집단에서 일어난다. 앞서 인용한 프리드리히 빌헬름 니체Friedrich Wilhelm Nietzsche, 1844~1900의 주장과 비슷하게, 프랑스 사회심리학자 구스타브 르봉Gustave Le Bon, 1841~1931은 "집단의 일부일 때 개인은 문명의 계단에서 몇 단계를 내려간다"고 했다. 혼자 있으면 "교양 있는 개인일지 모르지만" 집단으로 있으면 "즉흥성, 폭력성, 맹렬함, 그리고 열정과 영웅주의 같은 원초적 존재의 특성을 갖게 된다"는 것이다. 다른 이들과 함께 집단으로 행동하는 개인은 "혼자 있었더라면 억

제했을 본능이 굳이 억제되지 않고 표출되도록 허용하는 막강한 권력의 느낌"을 얻게 되기 때문이다.[11]

이런 견해는 엘리트주의적 오만인가? 오늘날에도 특정 정치 지도자에 대한 찬반 하나로 두 편으로 갈려 내전內戰에 가까운 갈등을 겪는 나라들이 적지 않은 걸 보면 그렇게만 보긴 어려울 것 같다. 수사적 과장을 걷어내고 보면 귀담아들을 게 있다. 르봉은 "군중의 찬미하고 싶어 하는 욕구가 곧 그들을 그들에게 위세를 행사하는 인간들의 노예가 되게 한다. 그들은 자신들이 찬미하는 모든 이들을 열광적으로 숭배한다"고 했는데, 이런 군중과 오늘날의 일부 정치적 '빠'들의 거리는 얼마나 될까?

르봉의 이 말을 인용한 프랑스 사회심리학자 세르주 모스코비치Serge Moscovici, 1925~2014는 "복종하고 찬미하고 싶은 이러한 욕구는 개인의 정신적인 욕구가 아니다"며 이렇게 말한다. "개인이 혼자 있으면, 그는 그러한 욕구를 갖고 있지도 않고 또 그것을 표출하지도 않는다.……그렇지만 반대로 그가 대중 속에 있으면 그러한 욕구가 나타난다. 각자는 자기 자신의 집단적인 부분에 복종하지 않을 수 없으며 또한 그의 존재 속에서 그를 집단적으로 구성하는 것에 따르지 않을 수 없다고 느끼는 것 같다."[12]

그게 바로 우리 인간의 타고난 부족주의 본능이다. 이는 이성을 압도한다. 미국 법학자 에이미 추아Amy Chua는『정치적 부족주의: 집단 본능은 어떻게 국가의 운명을 좌우하는가』(2018)에서 이렇게 말한다. "인간에게는 부족 본능이 있다. 우리는 집단에 속해야 한다. 우리는 유대감과 애착을 갈구한다. 그래서 클럽, 팀, 동아리, 가족을 사랑한다. 완전히 은둔자로 사는 사람은 거의 없다. 수도사나 수사도 교단에 속해 있다. 하지만 부족 본능은 소속 본능만 의미하는 것이 아니다. 부족 본능은 배제 본능이기도 하다."[13]

쾌락의 문제로 전락한
정치적 참여

바로 그런 '배제 본능'이 문제가 된다. 이에 대해 사회비평가 박권일이 「부족의 언어, 공감의 언어」라는 멋진 칼럼을 썼다. 그는 "부족주의라는 말이 한국의 공론장에 '지나치게' 잘 들어맞는다"며 다음과 같이 말한다.

"정치인의 말부터 그렇다. 이들은 유권자 또는 전체 시민을 대상으로 발언한다기보다 지지자를 향해 메시지를 던진다. 이에 대해 기자나 논평가가 저널리즘의 전통적 기능, 즉 비판을 하면 순식간에 '좌표가 찍'힌다. '기레기', '기더기' 같은 모욕은 기본이고 여성 기자일 경우 끔찍한 언어 성폭력이 가해진다. 한편, 낯 뜨거운 칭송과 무조건적 격려에는 '참언론', '참기자'의 월계관이 수여된다. '부족의 언어'는 우리 편의 절대적 정당성과 선의를 전제한다.

그래서 '내로남불' 행태와 일방적 편들기로 귀결하곤 한다."

이어 박권일은 "부족 시대의 원시인에게도 정당성에 대한 최소한의 감각은 있었지만 진리로서 숙고되지는 못했다. 진리를 향한 열정은 도시국가에서 또렷해지다가 계몽주의 시대에 폭발하기 시작했다. 그런데 '계몽 이후'인 21세기에, 왜 부족주의가 돌아오고 있는가? 대중이 원시인처럼 무지해서일 리는 없다. 전문가들이 대중을 좇기 바쁜, 이른바 '대중지성의 시대' 아닌가"라고 질문을 던지면서 이런 답을 제시한다.

"결론부터 말하면, 사람들은 알지 못하는 게 아니라 알 수 있음에도 알려 하지 않는 것이다. 사태의 다양한 측면을 비판적으로 들여다볼수록 대상과의 동일시-일체감에서 오는 쾌락은 급격히 줄어든다. 효능감을 극대화하는 건 '철저한 무지'도 '치열한 앎'도 아닌, '선택적 무지'다. '가르치려 들지 마. 내가 편들고 싶으니 편드는 거야.' 대중만이 아니라 일부 지식인까지 이 경향에 적극적으로 동참하면서, 이제 '옳고 그름'은 '좋고 싫음'으로 대체된다."[14]

그렇다. 이제 정치적 참여는 '옳고 그름'과 같은 정의의 문제가 아니라 '좋고 싫음'과 같은 쾌락의 문제가 되고 말았다. 아니 쾌락이 곧 정의다. 오래전 프랑스 사회심리학자 장 가브리엘 타르드Jean Gabriel Tarde, 1843~1904는 "대부분의 인간은 지도자에 대한 복종, 맹신, 거의 사랑과도 같은 호의好意에서 억제할 수 없는 감미로움을 맛본다"고 했는데,[15] 이 감미로움은 반대편이나 적을 패배시키는 승리의 쾌감을 수반한다.

홀로 조용히 그런 쾌감을 만끽한다면 문제될 게 없겠지만, 이 게임은 집단적으로 이루어지기 때문에 당연히 '책임감 분산 diffusion of responsibility'이 작동하는 가운데 폭력적 성향마저 띠게 된다. 때론 야만의 수준을 넘나든다. 신경과학자 이언 로버트슨Ian Robertson이 잘 지적했듯이, "야만의 역량은 개인보다 집단이 훨씬 크다".[16] 주류 부족에 속하는 걸 탐내지 않은 채 홀로 설 순 없는 걸까? 영국 철학자 버트런드 러셀Bertrand Russell, 1872~1970은 자서전에 다음과 같이 썼다.

"할머니가 내게 『성경』 책을 주셨는데, 뒷장 여백에 할머니가 가장 좋아하던 구절들이 적혀 있었다. 그중 한 구절이 '너희는 무리를 따라 악을 행하지 말라'였다. 할머니는 이 구절을 누누이 강조했고 그 덕분에 나는 살면서 소수파에 속하는 걸 겁내지 않을 수 있었다."[17]

기독교 비판의 선봉장 노릇을 했던 러셀이 『성경』 구절에서 자신의 신념을 확인했다는 게 흥미롭지만, 모두가 다 러셀처럼 용감하게 살 순 없으니 바로 그게 문제다. "개인이 제정신이 아닌 것은 드문 일이지만, 집단은 제정신이 아닌 게 정상이다"는 니체의 말에 기대어 '정신 승리'라도 해야 하는 건 아닌지 모르겠다.

"지적 오만은 파벌적일 때
가장 치명적이다"

미국 철학자 마이클 린치Michael P. Lynch는 『우리는 맞고 너희는 틀렸다: 똑똑한 사람들은 왜 민주주의에 해로운가』(2019)에서 "지적 오만함은 파벌적일 때 가장 치명적이다"고 했다.[18] 왜 그럴까? 집단은 제정신이 아닌 게 정상이라는 말과 일맥상통하지 않는가? 린치는 "이 정치적 순간에 미국인으로서 국민 의식에 가장 가까운 태도가 있다면 그건 자신감이 아니라 오만함이다"며 다음과 같이 말한다.

"특히 오늘날 우리의 정치적 관계를 규정하는 어떤 부류의 오만함. 도덕적 확신이라는 오만함. 당신의 편은 모든 것을 파악했다는 오만함. 당신은 이미 아주 훌륭하기 때문에 개선이 필요하지 않다고 생각하는 오만함. 우리가 안다고 믿거나 생각하는 것에 대한 오만함. 지적인 오만함."[19]

이런 오만의 위험을 경고한 사람은 무수히 많으며, 그 역사는 2,000년 전으로 거슬러 올라간다. 고대 로마의 문인이자 정치가 플리니우스Plinius, 61?~113?는 "확실한 것은 아무것도 없으며, 인간보다 더 형편없거나 더 오만한 존재는 없다는 사실 빼고는 아무것도 확실하지 않다"고 했다.[20] 그러나 모든 인간이 다 오만한 건 아니다. 아니 오만의 DNA를 타고났을망정 그걸 절제할 줄 아는 사람도 많다는 것이다.

미국 심리치료사 샌디 호치키스Sandy Hotchkiss는 자신의 치료 경험을 토대로 "오만한 태도는 나르시스트들의 불완전함이 들통나지 않도록 막아주는 보호벽이다"는 결론을 내렸다. 오만은 진짜 자부심이 아니라 가치 없는 존재가 될까봐 두려워하는 뿌리 깊은 공포일 뿐이라는 것이다.[21] 오만한 태도를 보이는 사람을 불쾌하게 생각할 것 없이 불쌍하게 생각하는 데에 아주 좋은 말인 것 같다.

그런데 오늘날 우리를 가장 괴롭히는 것은 공공 영역에서 나타나는 '파벌적 오만함'이다. 린치는 "파벌적인 지적 오만함은 그들이 우리와 비슷하지 않다는 이유로 다른 사람들에게 오만하게 군다는 의미"라고 말한다.[22] 정치적 악플들을 조금이라도 구경해본 사람이라면, 이 말이 금방 가슴에 와닿을 것이다. 자신이 속한 파벌에 충성을 다하겠다는 지극한 마음은 알겠는데, 그런 충성심의 표현만 난무할 뿐 이렇다 할 알맹이가 없다.

충성은 순응이 아니며 그래야만 하건만, 그 구별은 사라진 지 오래다. 미국 역사가 헨리 스틸 코매저Henry Steele Commager, 1902~1998는 『자유 충성 저항Freedom, Loyalty and Dissent』(1954)에서 "우리 민주주의가 번성하려면 비판이 있어야 하고, 우리 정부가 제대로 기능하려면 반대 의견이 존재해야 한다. 오직 전체주의 정부만이 순응을 고집하며, 알다시피 그렇게 고집을 부리다가 결국은 위험에 빠진다"고 했지만,[23] 파벌적 충성에서 삶의 의미와 보람을 찾는 사람에겐 무슨 귀신 씻나락 까먹는 소리처럼 들릴 게다.

문재인의
'문빠를 필요로 하는 정치'

왜 그럴까? 미국 정치학자이자 철학자 해나 아렌트Hannah Arendt, 1906~1975는 『전체주의의 기원』(1966)에서 "전적인 충성은 구체적인 내용이 없을 때만, 그래서 거기서 자연스럽게 변심이 일어나지 못할 때만 가능하다"고 했는데,[24] 듣고 보니 그렇다. 구체적인 내용이 있으면 검증과 오류에 대한 교정이 가능해진다. 최소한의 두뇌기능이 살아 있는 사람이라면 자신이 충성을 하더라도 다른 의견에서 배울 점은 취하는 자세를 취해야 마땅하겠건만, 그런 일은 좀처럼 일어나지 않는다.

이에 대해 린치는 "오류를 인정하는 것은 자신보다 더 강력한 무언가가 있음을, 자신의 승리, 곧 운동의 승리는 필연적이지 않을 수 있음을 인정하는 것이기 때문이다"며 이렇게 말한다. "오만함이라는 이데올로기는 불안한 자, 방어적인 자의 이데올로기이다. 사실 앞에서 말라 죽을까봐 겁이 나서 진실에 적개심을 품을 수밖에 없는 이데올로기이다."[25]

린치는 미국 이야기를 하고 있지만, 한국의 현실과 놀라울 정도로 똑같다. 정치학자 박상훈은 『청와대 정부: '민주정부란 무엇인가'를 생각하다』(2018)에서 "많은 사람들이 '문빠 문제'를 걱정하는데, 문제의 핵심은 '문빠'가 아니라 '문빠를 필요로 하는 정치'를 한다는 데 있다"고 했는데,[26] 이게 바로 '오만의 정치'를 말한 것이다. 박상훈은 "엄밀히 말해 문빠는 적극적 정치 활동가들이다. 정치적 견해 역시 매우 안정적이고 분명하다. 문재인 대통령을 중심으로 뭉쳐서 구악을 일소하는 사회개혁을 강력하게 추진하는 일에 소명을 갖고 있다. 그들의 이런 신념화된 생각을 중시한다면 '문재인주의'라고 부를 수 있다"며 다음과 같이 말한다.

"그런데 공적 영역에서 그들을 만나고 확인하고 대면하기는 어렵다. 공적 논쟁을 풍요롭게 하는 것이 아니라, 일방적이면서 사적 증오를 자극하는 일로 이어지는 것은 그 때문이다.……이 정도 큰 규모의 정치 현상은 권력의 개입 없이 유지되고 지속될 수 없다. 문 대통령이 정부를 운영하는 방식에 따라 문빠 현상은 줄어들 수도 있고 늘어날 수도 있으며 그 성격 또한 달라진다는 점을 이해하는 것이 중요하다. 우리가 걱정하는 것은 문 대통령이 문빠 현상을 키우는 방식으로 청와대 정부를 심화시키고 있다는 점이다. 선거 때 필요해서 조직했던 적극적 지지자 집단이 정부 운영의 권력적 축으로 재조직되어 더 격렬해지고 있다. 공적 영역에서 있어야 할 논쟁을 사라지게 하는 대신, 타자화된 존재에 대해 공격성을 앞세움으로써 우리 공동체 곳곳을 분열시키고 있다."[27]

정녕 이게
우리의 숙명인가?

왜 그런 '오만의 정치'가 나오게 되었는지 이해할 수 있는 근거는 있다. 앞서 말한 '피포위 의식siege mentality' 때문이다. 유시민의 그 유명한 '어용 지식인' 발언에도 그런 의식이 잘 표현되어 있다. "대통령만 바뀌는 거지 대통령보다 더 오래 살아남고 바꿀 수 없는, 더 막강한 힘을 행사하는 기득권 권력이 사방에 포진해 또 괴롭힐 거기 때문에 내가 정의당 평당원이지만 범진보 정부에 대해 어용 지식인이 되려 한다."[28]

그런데 이해할 수 없는 건 그런 의식을 갖고 있다면 범진보 진영을 아우르는 '플러스 정치'를 해야 함에도 왜 '친문' 여부를 따져서 어떤 이들을 배척하고 모욕하는 '마이너스 정치'를 하는 걸까? 이미 앞서 이 물음에 답한 바 있지만, '노무현 서거'의 상흔 때문이라는 점도 지적할 필요가 있겠다. 문 정권과 열성 지지자들은 노 정권에 비판적이었던 일부 진보파들 역시 '노무현 서거'에 책임이 있다는 이유로 이들을 배척한다.

그로 인한 결과는 무엇인가? 박상훈은 "정치를 지지자와 반대자 사이의 '유사 전쟁'으로 여기는 것 같은 분위기가 역력하다"고 했는데,[29] 실제론 그 이상이다. 진보 진영 내에서 문 정권에 대한 비판이 나오면 귀담아들을 말은 없는지 한 번쯤 살펴보는 과정을 거쳐야 하는데, 그런 건 전혀 없다. 문 정권 잘되기를 바라는 충정에서 나온 고언일지라도 즉각적으로 발설자에 대해 온갖 인신공격을 마다하지 않는다. 진짜 전쟁이건 유사 전쟁이건, 전쟁에서 자기편을 줄이기 위해 발버둥치는 이 희한한 광경을 어찌 설명할 수 있을까?

정치컨설턴트 박성민은 점잖게 "권력에 맞서는 정치인은 꽤 되지만 지지자들에게 욕먹는 것을 두려워하지 않는 정치인은 찾아보기 힘들다. 권력에 맞서는 것은 작은 용기만 있어도 되지만 지지자들에 맞서는 것은 큰 용기가 필요하기 때문이다. 누구나 해도 되지만 아무나 해서는 안 되는 것이 정치다"고 했다.[30] 하지만 문 정권 하에서 '권력'과 '지지자'의 경계는 허물어진 지 오래다. 다시 박상훈의 말을 빌리자면, 문재인이 '문빠를 필요로 하는 정치'를 하고 있기 때문이다.

열성 지지자들이 즐기는 건 '오만의 쾌락'일까? 린치의 다음 주장을 그대로 믿어야 하는 걸까? "일반적으로 사람들은 오만함에 끌린다. 오만함은 워낙 단순하기 때문에 강력한 마약과도 같다. 그것은 실제 권력이 없어도 권력이 있다는 기분을, 실제 지식이 없어도 뭔가를 알고 있다는 기분을 안긴다."[31] 오만함은 파벌적일 때 가장 치명적이라지만, 동시에 다른 곳에선 결코 얻을 수 없는 큰 쾌락을 가져다주기 때문에 큰 변화를 기대하긴 어려울 것 같다. 어쩌겠는가. 정녕 이게 우리의 숙명이라면 감내하는 수밖에 더 있겠는가.

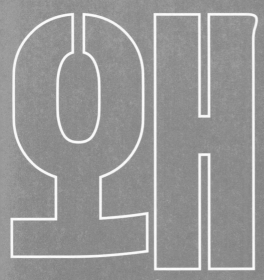

왜

'도덕적 우월감'은
이성을
마비시키는가?

"미국에서는 대부분의 좌파가
빈곤층 삶의 여건을 개선할 거시적인 사회정책을
고민하는 일을 이미 오래전에 중단했다.
그들에게는 불평등을 실질적으로 완화해줄
고비용 계획을 구상하는 일보다
존중과 존엄성을 외치는 일이 더 쉬웠다."[1]
●미국 스탠퍼드대학 석좌교수 프랜시스 후쿠야마

피를 요구한 로베스피에르의
'도덕 정치'

"시민사회의 유일한 기초는 도덕입니다." 프랑스혁명의 지도자 막
시밀리앙 로베스피에르Maximillan Robespierre, 1758~1794가 1794년
5월 7일 대對국민 보고에서 한 말이다. 이어 그는 이렇게 말했다.
"공화국의 본질이 덕성이듯이, 전제주의의 기초는 부도덕입니다.
공공 도덕을 부흥시킵시다. 승리를 향해 나아갑시다. 그러나 특히
악덕을 완전한 무無로 되돌려야 합니다."[2] 착하고 청렴했으며, 신과

영혼, 내세의 존재를 믿었던 로베스피에르는 이른바 '도덕 정치'를 꿈꾸었던 대표적 인물이다. 멀리서 보면 아름다웠을지 몰라도 그의 '도덕 정치'는 피를 요구했다.

오늘날 프랑스혁명은 인류사에 큰 족적을 남긴 위대한 혁명으로 예찬되고 있지만,[3] 당시의 현장에선 엄청나게 파괴적이고 폭력적인 사건이기도 했다. 혁명 기간에 나폴레옹 전쟁의 희생자들을 포함해 200여 만 명이 죽은 것으로 보고되었으며, 로베스피에르의 공포정치 기간(1793~1794)에 약 2만 명이 처형되었다. 임철규는 "이 숫자는 제1차 세계대전에서 희생된 프랑스인들의 수를 능가한 것"이라며 이렇게 말한다. "혁명에 대한 프랑스 지식인들의 소극적 반응도 이러한 견지에서 이해할 수 있을 것이다. 당시 영국이나 독일의 지식인들이 보여준 열광적인 반응과는 달리 당사자들의 반응은 너무나 소극적인 것이었다."[4]

피의 현장을 직접 목격하지 않으면 피보다는 명분에 집착하기 마련이다. 미국 제3대 대통령 토머스 제퍼슨Thomas Jefferson, 1743~1826은 대통령이 되기 8년 전인 1793년에 쓴 편지에서 프랑스혁명 과정에서 억울하게 살해된 사람들 때문에 프랑스혁명에 반대한 사람들에게 이렇게 말했다. "프랑스혁명의 대의명분에 대한 일부 순교자들 때문에 나의 감정은 깊은 상처를 입기는 했지만 혁명을 실패로 돌아가게 하기보다는 차라리 지구상의 절반이 황폐해지는 것을 보리라." 이에 대해 토머스 소웰Thomas Sowell은 다음과 같이 말한다.

"사회정의를 추구하는 데 따른 과정 비용에 대해선 개의치 않겠다는 신념이 이보다 더 분명하거나 혹은 단호하게 표현되고 있는 경우는 거의 찾아보기 힘들 것이다. 하지만 결국 제퍼슨도 혁명에 따른 희생이 자신이 계속해서 수용할 수 있는 수준 이상으로 증가하자 프랑스혁명에 반대하게 된다."[5]

'도덕적 면허 효과'의
저주

로베스피에르는 오늘날에도 정치에서 '의도'와 '결과'를 논할 때에 자주 호출되는 인물이기도 하다. 예컨대, 현실주의 정치학의 거장으로 손꼽히는 미국 정치학자 한스 모겐소Hans Morgenthau, 1904~1980는 "한 정치가의 의도가 좋았다고 해서 그의 외교정책이 도덕적으로 칭찬할 만하다든가 정치적 성공이라고 평가할 수는 없다"며 다음과 같이 말했다.

"네빌 체임벌린Neville Chamberlain, 1869~1940의 유화 정책은 적어도 우리가 판단하기로는 좋은 의도에서 나왔다.……반면에 윈스턴 처칠Winston Churchill, 1874~1965의 동기는 훨씬 보편성 없이 개인과 국가의 권력을 추구한 편협한 것이었지만, 천박한 동기에서 유래한 그의 외교정책은 선임자들의 정책과 비교할 때 도덕적·정치적으로 확실히 나았다. 개인적 동기를 가지고 판단한다면 로베스피에르는 누구보다 고결한 사람 중의 하나였다. 하지만 자신보다 덜 고결한 수많은 사람을 사지로 몰아넣고 자신마저 교수대로 끌고 가 마침내 자신이 이끌던 혁명을 실패로 몰아간 것은 바로 그의 유토피아적 급진주의 때문이었다."[6]

로베스피에르는 1794년 7월 23일 단두대의 제물로 사라지고 말았는데, 그의 몰락을 재촉한 것은 1794년 2월과 9월에 내놓은 반혁명 혐의자의 재산 압수와 이를 가난한 애국자들에게 재분배하기 위한 새 법률이었다. 이것은 부르주아 계급의 불만과 분노를 샀다. 동시에 파리 코뮌(1791년부터 1794년까지 존재했던 파리의 혁명적 자치단체)으로 하여금 임금의 최고가격제를 실시하게 한 것은 노동자 계급의 불만을 샀다. 또한 상퀼로트Sans Culottes라는 가난한 막노동꾼, 직공, 소상점주, 공장工匠, 소상인 등은 철저한 혁명 정치와 통제경제를 요구하면서 불만을 드러냈다. 결국 로베스피에르는 자신의 권력 기반이던 민중의 좌우 양쪽에서 공격을 받고, 자코뱅 주류의 버림을 받아 몰락한 것이다.[7]

로베스피에르가 혁명 세력 내 온건 지롱드파마저 처단하면서 그들을 "오직 행복과 쾌락에만 전념하는 당파"라고 비난했다는 사실이 흥미롭다. 왜 흥미로운가? 오늘날엔 단두대를 동원하지 않는 문명적인 형태로 '도덕 정치'를 하는 사람들은 자신들의 '행복과 쾌락'은 결코 포기하지 않을 뿐만 아니라 오히려 탐욕스럽게 그걸 추구하기 때문이다. 이를 문명의 진보로 반겨야 할지 모르겠다.

중국 청나라의 학자이자 작가 유막劉鶚(1857~1909)은 청 말기에 부패한 관리나 암울한 사회상을 신랄한 필치로 규탄하고 풍자한 『노잔유기老殘遊記』라는 사회비판 소설에서 노잔의 입을 빌려 이런 말을 했다. "탐관오리는 자신의 결점을 알기에 공공연히 내놓고 나쁜 짓을 하지는 못하나, 청렴한 관리는 자신이 깨끗한 만큼 무슨 짓이든 못할 게 없다고 여겨 자기 멋대로 일을 처리한다. 내 눈으로 본 것만도 수를 헤아릴 수 없다."[8]

오늘날의 사회과학적 이론으로 설명하자면, '도덕적 우월감'을 갖는 사람들이 오히려 부도덕해지기 쉬운 '도덕적 면허 효과moral licensing effect'의 위험성, 아니 저주를 지적한 것으로 볼 수 있겠다.[9] '도덕 정치'와 '도덕적 우월감'의 과시는 물리쳐야 할 일이지만, 굳이 그렇게 하겠다면 제발이지 공적 영역뿐만 아니라 사적 영역에서도 그렇게 할 수 있는 근거를 실천하면서 산다면 더 바랄 게 없겠다.

힐러리의 '개탄할 만한 집단' 발언

그런데 우리 인간이 원래 그렇게 생겨먹은 탓인지 그게 영 쉽지 않다. 잠시 미국의 2016년 대선으로 돌아가보자. 미국 민주당 대통령 후보 힐러리 클린턴Hillary Clinton은 2016년 9월 9일 뉴욕에서 열린 LGBT(레즈비언·게이·양성애자·트랜스젠더) 행사에서 "극히 일반적인 관점에서 보면 트럼프를 지지하는 절반을 개탄할 만한 deplorable 집단이라고 부를 수 있다"고 말했다. 이어 힐러리는 "이들은 인종차별주의자·성차별주의자이고, 동성애·외국인·이슬람 혐오 성향을 띤다"면서 "트럼프가 지지자들의 차별주의 성향을 부추겼다"고 했다. 이어 "트럼프의 뒤에 선 절반의 사람들은 구제할 수 없는 지경에 이르렀다"고도 했다.

힐러리의 발언에 발끈한 트럼프는 10일 트위터에 "힐러리가 나의 지지자들, 열심히 일하는 수백만 명의 사람을 아주 심하게 모독했다"며 "향후 여론조사에서 이 발언에 대한 대가를 치를 것"이라고 말했다. 힐러리는 비판의 목소리가 커지자 곧바로 유감을 표명했다. 그는 "지극히 일반적인 관점에서 이야기한 것인데 결코 좋은 생각이 아니었다. '절반'이라고 말한 것은 잘못된 것이고 후회한다"고 말했다. 그러면서도 힐러리는 "트럼프는 '알트-라이트(온라인상 극우 네티즌)'를 비롯해 백인 우월주의자들을 자신들의 대변자로 여긴다"며 트럼프의 인종·종교·성차별적 발언을 공격했다.

이에 트럼프는 "최악의 실수에 대해 솔직하게 잘못을 인정하지 않고 다시 재탕 발언으로 상황을 반전시키려고 한다"며 "힐러리가 수백만 미국인에 대한 증오와 편협한 속내를 드러냈다"고 말했다.

또 이메일 스캔들과 관련해 힐러리가 기소되지 않은 데 대해 "사람들이 지켜보는 가운데 총으로 누군가의 가슴 한복판을 쏜다고 해도 클린턴은 기소되지 않을 것이다. 힐러리를 감옥에 보내는 것보다 더 나은 일이 바로 11월 8일(대선일)에 승리하는 것"이라고 말했다.[10]

물론 이 대선의 승자는 트럼프였다. 힐러리의 패인敗因은 여러 가지이겠지만, 나는 결정적 패인은 '개탄할 만한 집단' 운운하는 말로 대변되는 '도덕적 우월감'이었다고 생각한다. 도덕적으로 '우월감'을 느낄 만한 자격이 있는 사람이 그걸 드러내는 게 무엇이 문제가 된단 말인가? 이런 질문 자체가 도덕적 우월감의 문제를 잘 말해주는 것으로 봐도 무방하다. 도덕적 우월감은 역지사지易地思之나 공감을 거의 불가능하게 만드는 건 물론이고 냉정한 이성마저 마비시킨다는 점에서 '정치적 독약'이다.

2016년 대선에서 『허핑턴포스트』를 비롯한 진보 미디어들은 힐러리가 승리할 확률이 90퍼센트를 충분히 웃돌 것이라고 예상했다. 이런 과도한 낙관론에 대해 마이클 린치Michael P. Lynch는 훗날 이렇게 말했다. "지금 와서 생각해보면 이것은 선거가 진행되는 동안 좌파 내에서 지적 오만함이 작동했다는 신호였다. 무엇을 믿을지 판단할 때 좌파들에겐 진실 그 자체보다 자기 파벌의 집단적 자부심을 지키려는 자기방어적 이해가 더 중요했던 것이다." 어디 그뿐인가. 린치는 "많은 좌파는 마치 모든 보수주의자가 잘못된 가치를 좇을 뿐만 아니라 (사실을 모른다는 점에서) 멍청하거나 (꼬임에 빠져 사실을 간과했다는 점에서) 속임수에 넘어간 게 틀림없다는 듯이 행동했다"고 말한다.[11]

딴 나라 세상에 살고 있는
진보 정치인들

민주당은 사람들이 인종주의자나 성차별주의자라는 이유로 트럼프를 지지한다고 추정했다. 놀랍지 않은가? 이렇게까지 이성이 마비될 수 있다는 게 말이다. 토머스 프랭크Thomas Frank 등은 이런 추정은 두 가지 심각한 오류로 이어졌다고 말한다. 첫째, 힐러리의 발언 같은 오만한 도덕적 우월감을 드러내며 반대편을 자극했다. 둘째, 민주당은 인종주의와 성차별주의라는 동기에만 집중함으로써 트럼프와 버니 샌더스Bernie Sanders 양쪽의 지지자를 자극하는 한 가지 주제를 놓쳐버렸는데, 그것은 바로 노동계급 대다수보다 엘리트에게 유리한 경제적 권력구조였다.

린치는 패인에 대한 문화적 설명과 경제적 설명 모두 진실의 일면을 포착하고 있지만, 실은 더 일반적인 사실에 대한 서로 다른 설명일 뿐이라고 말한다. 더 일반적인 사실이란, 많은 백인 기독교 남성들이 트럼프에게 표를 던진 것은 문화적·경제적 측면에서 '미국적인 생활 양식'이 위협을 받고 있다고 느꼈고, 그 결과 지위를 잃게 될까봐 두려워했기 때문이라는 것이다. 정치학자 다이애나 무츠Diana Mutz가 2018년에 발표한 논문에 따르면, '사회 속 자신의 지위'와 더불어 '세계 속 미국의 지위'가 위협을 받고 있다고 느낀 백인 기독교도 미국인들이 트럼프에게 표를 던졌을 가능성이 가장 높았을 뿐만 아니라 과거에 민주당에 투표를 한 경우에도 트럼프를 지지했을 가능성이 높았다는 이야기다.[12]

민주당은 왜 이걸 미리 이해하지 못했을까? 물론 도덕적 우월감이 이성을 마비시켰기 때문이지만, 한 걸음 더 들어가보면 민주당 정치인들이 자기들만의 세계에 갇혀 있기 때문이기도 하다. 나중에 「제20장 왜 민주당은 부자들을 위한 정당이 되었는가?」에서 자세히 다루겠지만, 민주당은 딴 나라 세상에 살고 있었다고 해도 과언이 아니다.

정치학자 캐서린 크레이머Katherine Cramer의 『분개의 정치The Politics of Resentment』(2016)에 인용된, 위스콘신주의 시골에 사는 한 보수 유권자는 이렇게 말했다. "워싱턴 D.C.는 그 자체로 하나의 나라다.……그들은 나머지 국민들이 어떻게 사는지 전혀 모른 채 자기들 잇속만 챙기느라 여념이 없다."[13]

앨리 혹실드Arlie Hochschild의 『자기 땅의 이방인들Strangers in Their Own Land』(2016)에 인용된, 루이지애나주 시골의 한 티파티 진영 유권자는 이렇게 말했다. "민주당 진영의 많은 논객들은 우리 같은 사람들을 무시한다. 우리는 'N 단어'를 써서는 안 된다. 그러고 싶지도 않다. 그건 모욕적인 표현이기 때문이다. 그런데 어째서 민주당 논객들은 'R 단어'를 그렇게 아무렇지도 않게 사용하는가?"[14]

'N 단어'는 흑인 비하 표현인 'nigger', 'negro'를 뜻하고, 'R 단어'는 'redneck(레드넥)'을 뜻한다. 레드넥은 미국 남부의 가난하고 교육 수준이 낮은 보수 성향의 백인 농부나 노동자를 비하하는 표현이다. 이들이 분노해서 터뜨린 거친 표현들을 도덕적 잣대로만 평가해 자신들의 우월감을 만끽했던 민주당이 패배한 건 당연한 일이 아니었을까?

에이미 추아Amy Chua는 『정치적 부족주의』(2018)에서 이런 진단을 내놓았다. "미국 엘리트들이 놓친 점은 트럼프가 취향, 감수성, 가치관의 면에서 실은 백인 노동자 계급과 비슷했다는 사실이다. 부족 본능은 '동일시'가 시작이자 끝인데, 트럼프 지지자들은 본능적인 감정의 수준에서 자신을 트럼프와 동일시했다."[15]

"8·15 집회 주동자들은
국민이 아닌 살인자"

한국은 어떨까? 한국의 민주당은 미국의 민주당과 얼마나 다를까? 2020년 대선에서 민주당 후보 조 바이든Joe Biden이 승리했기 때문에 이전 미국 민주당이 저지른 과오에선 배울 게 하나도 없다고 생각하는 건 아닐까? 그래서 기회만 닿으면 자신들의 도덕적 우월감을 과시하는 걸로 정치 행위를 대신해온 관행을 끈질기게 밀고 나가야겠다는 결심을 하고 있는 건 아닐까?

행여 미국인들도 그렇게 생각할까봐 염려되었는지 『뉴욕타임스』 칼럼니스트인 브렛 스티븐스Bret Stephens는 11월 16일 「집단사고에 빠진 좌파 눈이 멀다Groupthink Has Left the Left Blind」는 칼럼에서 미국 내 좌파가 점점 이분법적이고 배타적인 사고에 빠지면서 트럼프식 분노의 정치가 창궐하는 데 일조하는 등 자충수를 두고 있다고 비판했다. 좌파가 세상의 다양성과 회색지대를 인정하지 않고 자기 신념에 매몰되면서 세계를 이분법적 논리로 바라보고 있다는 것이다.

스티븐스는 "좌파는 과거엔 진실은 반대되는 관점을 상대하면서 가장 잘 발견된다고 믿었는데 지금은 반대되는 관점을 제거함으로써 진실이 확립된다고 믿는다"며 "과거엔 과정을 중시했는데 지금은 결과에 중독되었다"고 비판했다. 자신도 틀릴 수 있다는 '자기 의심'을 내팽개친 이분법적 사고에 함몰되면서 "새 좌파는 확신의 공장이 되었다"는 것이다.

스티븐스는 "많은 매체에 따르면 트럼프는 현대사에서 가장 반反흑인·히스패닉·여성 대통령"이라며 "하지만 트럼프는 (2016년 대선 때) 힐러리 클린턴과 (올해 대선의) 조 바이든 당선인보다 백인 여성 표를 많이 가져갔다. 또 이번 대선에서 트럼프에게 투표한 유권자 중 라틴계와 흑인 유권자의 비율은 2016년보다 더 늘었다"고 했다. 그는 "만약 좌파의 (이분법적인) 교리가 정확했다면 이런 일은 일어나지 않았을 것"이라며 "사람들을 단 하나의 정치적 이해집단으로 단순화할 수 있는 경우는 거의 없다"고 지적했다.[16]

미국의 진보좌파나 한국의 진보좌파나 어찌 그리 똑같은지 놀라울 지경이다. 한국에선 '개탄할 만한 집단'보다 훨씬 센 발언이 나왔다. 2020년 11월 4일 대통령 비서실장 노영민은 국회 운영위원회 청와대 국정감사에서 "(지난 8·15 광화문) 집회 주동자들은 도둑놈이 아니라 살인자다. 살인자"라고 했다. 이 발언보다 문제가 되는 발언은 13일 국회 운영위원회 전체회의에서 나왔다. 그는 야당 의원의 비판적 질문에 "국민에게 살인자라고 하지 않았다. 어디서 가짜뉴스가 나오나 했더니 여기서 나오는군요!"라고 '버럭'했다.[17]

집회 주동자들은 '국민'이 아니란 뜻인가? 선거 때가 아니고 노영민은 후보가 아니어서 이 발언은 그럭저럭 넘어가고 말았지만, 중요한 건 이 발언이 노영민의 '실언'이 아니라 '진심', 아니 여권의 대체적인 '진심'이었다는 점일 게다. 정치인들이 그렇게 반지성주의적으로 나가더라도 지지자들은 이성의 줄을 놓지 않아야 할 텐데, 그게 그렇질 않으니 진짜 문제다. 진보니 보수니 하는 작명 자체가 영 마땅치 않긴 하지만, 나처럼 진보로 분류되는 사람들이 문제인 정권을 비판하면 문 정권 지지자들은 어떻게 반응하는가?

나는 그런 반응을 살펴보면서 당연하면서도 새삼 놀라운 사실을 발견했다.

거의 모든 비판이 '도덕적 우월감'을 과시하는 것에 집중되어 있다! 나는 제대로 된 반론을 구경한 적이 없다. 제발이지 "당신은 왜 빈곤층의 비참한 삶을 외면하는가?"와 같은 비판을 받고 싶다. 그러나 비판자들은 그런 문제엔 관심이 없다. 빈곤층의 비참한 삶에 분노하더라도 그 분노가 조금이라도 문 정권을 향하고 있으면 펄펄 뛴다. 너는 수구 꼴통들이 환영할 이야기를 했으니 더러운 변절자라는 식이다. 인신공격을 하더라도 좀 색다른 메뉴를 선보이면 좋겠는데, 그저 죽으나 사나 "너는 도덕적으로 타락한 인간이고 나는 도덕적으로 우월한 인간이다"는 식의 욕설만 반복해댄다. 아무래도 "'도덕적 우월감'은 이성을 마비시킨다"는 말을 진리의 반열에 올려야 할 것 같다. 물론 그들의 '도덕적 우월감'엔 이렇다 할 근거가 전혀 없다는 점도 밝히면서 말이다.

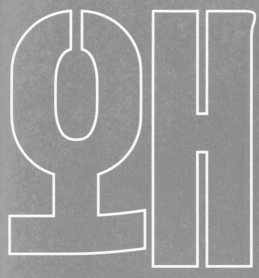

왜

정치는

"원칙의 경쟁으로
위장하는
밥그릇 싸움"인가?

제
11
장

"정치는 원칙의 경쟁으로 위장하는
밥그릇 싸움이다.
사익私益을 위한
공공적 활동이다."[1]
● 미국 작가 앰브로즈 비어스

'사소한 차이'에 집착하는
'플랫폼 정치'

이 말은 앰브로즈 비어스Ambrose Bierce, 1842~1914가 『악마의 사전』
(1906)에서 한 말이다. 그는 "정치는 범죄 계급 중에서도 특히 저
급한 족속들이 즐기는 생계 수단이다"는 말도 했다.[2] 비슷한 의미
일망정 표현이 지나쳐 이 두 번째 말엔 동의하기 어렵지만, 첫 번째
말은 음미해볼 만한 가치가 있다.

　『천사의 사전』을 만든다고 해도 정치의 주요 속성 중의 하나가

'밥그릇 싸움'이란 걸 부정할 순 없을 게다. 비어스에 앞서 영국 정치가 윌리엄 클레이Sir William Clay, 1791~1869는 "정치는 완전한 게임이다. 영원한 적도 없고, 영원한 친구도 없다. 단지 영원한 이익이 있을 뿐이다"고 했다.[3] 비록 명언으로 남진 않았을망정, 정치를 했던 모든 이에게 진실을 말할 기회가 주어진다면 다 그와 비슷하게 말하지 않았을까?

1986년 노벨경제학상 수상자인 미국 경제학자 제임스 M. 뷰캐넌James M. Buchanan, 1919~2013은 아예 이런 시각을 이론으로 만들어 '공공선택 이론Public Choice Theory'을 제시했다. 이 이론에 따르면, 정치와 행정은 사익을 추구하는 비즈니스에 불과하다. 하지만 공공선택 이론은 국가에 대한 강한 불신과 더불어 '작은 정부'를 역설하는 이념적 색채가 강해 굳이 이 이론을 껴안을 필요는 없으리라.[4]

문제는 날이 갈수록 이념적 대결 구도가 퇴조하고 있다는 점이다. 독일 경제학자 하노 벡Hanno Beck은 정치인들이 좌우로 나뉘어 치열한 싸움을 벌이지만, 그 싸움의 정체가 의심스럽다며, 이렇게 말한다. "놀라운 사실은 좌우파 정당의 공약집이나 실제 정책을 살펴보면 양극단에 서 있는 정당임에도 차이가 거의 없다는 점이다.……그렇다면 대체 좌우는 왜 편을 갈라 싸우는 걸까? 어쩌면 정치적인 이념과는 상관없이 순전히 경제적인 계산에서 비롯된 것일 수도 있다."[5]

이는 전 세계적인 현상이다. 미국 사회학자로 영국에서 활동하고 있는 리처드 세넷Richard Sennett은 영국의 여야 정당들이 주요 정책에서 내용이 대단히 유사한 표준 플랫폼을 공유하는 이른바 '플랫폼 정치'를 하고 있다고 말한다. 그는 그런 상황에선 필연적으로 서로의 차이를 부각시킬 수 있는 수사법을 구사하는 '상징 부풀리기'가 이루어지는 가운데 정치는 지크문트 프로이트Sigmund Freud, 1856~1939가 말한 '사소한 차이에 대한 집착'으로 전락할 수밖에 없다고 지적한다.[6]

'사소한 차이에 대한 집착' 또는 '사소한 차이에 대한 나르시시즘narcissism of small differences'은 프로이트가 1917년에 만든 말로, 서로 가까운 공동체들이 오히려 끊임없이 반목하고 서로를 경멸하는 현상을 가리킨다.[7] 왜 그럴까? 물론 '이익 투쟁' 때문이다. 물질적이거나 상징적인 자원의 분배를 둘러싼 갈등과 투쟁은 서로 가까운 사이에서 벌어지기 마련이다. 유산 분배, 승진, 권력 장악은 가족, 같은 조직, 민족 내부에서 벌어지는 것이 아닌가 말이다. 그런 '이익 투쟁'에 따라붙는 것이 바로 '증오의 배설'과 '자아 존중감'이다. 로버트 스턴버그Robert J. Sternberg와 카린 스턴버그Karin Sternberg는 『우리는 어쩌다 적이 되었을까?』(1998)에서 다음과 같이 말한다.

"사람들은 대개 나와 내가 증오하는 사람들 사이에서 차이점을 찾아내고 그것을 최대한 부풀린다. 그 차이점이 증오를 정당화하는 데 도움이 되기 때문이다.……또한 자아 존중감이 위협받을 때,

사소한 차이점을 과장하여 자아 존중감을 회복하려는 성향이 높아진다."[8]

이명박·박근혜·문재인 정권에서
'밥그릇 분배'

서로 비슷하면 큰 차이점을 찾기 어렵다. 그렇지만 증오는 비슷할수록 더욱 격렬해지는바, 증오의 정당화를 위해 사소한 차이점을 물고 늘어져야만 한다. 이는 정치에서 가장 드라마틱하게 나타난다. 정치의 전반적인 보수화 체제에선 큰 이슈를 놓고 싸울 일이 없어진다. 하지만 '싸움 없는 정치'는 생각할 수 없으므로 여야 정당들은 사소한 차이를 큰 것인 양 부풀리는 싸움을 하게 되는 것이다.

그런 싸움에 필연적으로 수반되는 것은 앞서 지적한 '적 만들기'이며, 이는 상대 정당은 물론 그 정당을 지지하는 시민들까지 적으로 삼는 수준으로 이어진다. 미국 하원의장 폴 라이언Paul Ryan은 2018년 정계 은퇴를 발표하면서 그런 현상에 대해 이렇게 말했다. "국민을 더욱 분열시키고, 타인의 좌절과 분열을 이용해 자신의 이익을 착취하는 것, 정치적 이득을 위해 사람들을 분열시켜 '50(퍼센트)+1'의 연합 진영을 만드는 일이다."[9]

물론 한국 정치도 다를 바 없다. 정당들 간의 차이가 사소할수록 싸움은 더 격렬해지고 증오는 더 깊어진다. 그래야만 자신들의 이익을 챙기는 동시에 존재감을 확인·확보할 수 있기 때문이다. 진보와 보수가 대단한 차이가 있는 것처럼 주장해대지만, 그건 '그들만의' 이야기일 뿐 그 둘의 차이는 '민생' 문제로 수렴되기 마련이고 그렇게 되어야만 한다. 노무현이 『진보의 미래』(2009)에서 갈파했듯이, "진보와 보수는 결국 모두 먹고사는 이야기"다.[10]

그럼에도 진보와 보수의 차이가 엄청난 것처럼 부풀려대는 사람이 워낙 많다 보니 이런 우스꽝스러운 일마저 벌어진다. 어느 정권이건 공직을 선거 공신들에게 나눠주는 '밥그릇 분배'를 과감하게 추진하는데, 그렇게 하면 나라가 망한다는 듯이 펄펄 뛰던 정당도 정권을 잡으면 똑같은 짓을 그대로 반복한다. '그들만의 민생'만 챙기는 것이다.

이명박·박근혜 정권에서 벌어진 '밥그릇 분배'에 대해선 『약탈 정치: 이명박·박근혜 정권 10년의 기록』(2017)을 참고하기 바란다.[11] 문재인 정권은 어떨까? 정권이 끝난 후에 총평을 내리기로 하되, 다음과 같은 신문 기사 제목들을 통해 어느 정도 미루어 짐작할 순 있을 것이다.

「기관장 45%·감사 82% '캠코더 인사'」,[12] 「"문 정부서 임명된 공공기관 임원 1,722명 중 372명 캠코더"」,[13] 「지원서에 '대선 기여로 민주당 1급 포상'…교육부 산하기관장 합격: 25곳 임명직 187명 중 61명 캠코더」,[14] 「여당이 강제로 만든 기업 이사 자리 700여 개,

누구 몫이겠나」,[15] 「사외이사 임기 제한하더니…그 빈자리 줄줄이 친여親與 인사로」,[16] 「당청 출신 장관 정책보좌관, 전全 부처에서 국정 좌지우지: 전체 37명 중 24명이 당청 출신, 인사·정책 전반에 영향력 행사」,[17] 「"문 정부 3년, 특임 공관장 67% 캠프·여권 출신 캠코더"」.[18] 물론 '코드 인사'는 어느 정도 불가피하거니와 바람직한 면도 있다. 문제는 그게 늘 그런 수준을 넘어선다는 데에 있다.

보수 정권의 '밥그릇 분배'에 대해선 거의 진보 언론만 비판하고, 진보 정권의 '밥그릇 분배'에 대해선 거의 보수 언론만 비판한다는 점도 흥미롭지만, 이는 언론마저 이런 '밥그릇 싸움'의 자장磁場에서 자유롭지 못하다는 걸 말해주는 게 아닐까? 미국 작가 마크 트웨인Mark Twain, 1835~1910은 "정치인과 기저귀는 둘 다 자주 갈아줘야 하는데, 그래야 하는 이유는 똑같다"고 했는데,[19] 이는 주요 정당들이 밥그릇을 챙기더라도 번갈아가면서 챙기라는 '밥그릇의 분배 정의'를 위한 것인지도 모르겠다.

정치 산업과 미디어 산업의 '증오 마케팅'

각 정치 세력은 그런 '분배 정의'를 저지하기 위해서라도 필사적으로 '적 만들기'에 돌입한다. 미국 사회인류학자 비키 쿤켈Vicki

Kunkel은『본능의 경제학: 본능 속에 숨겨진 인간 행동과 경제학의 비밀』(2009)에서 "지지자를 얻기 위해서는 적을 만들어야 한다"며 이렇게 말한다. "그래야 당신을 지지하는 사람들이 열정을 보이며 당신의 적을 향해 더 많은 전투력을 키울 수 있기 때문이다. 끌어당김과 밀침은 단순히 보편적인 물리학의 법칙이 아니다. 이는 지위와 권력, 권위를 성취한 모든 사람들이 보편적으로 이용하는 원리이기도 하다. 비판자나 적이 없다면, 강력한 지지자 역시 얻을 수 없다."[20]

오랜 세월 동안 상식으로 통해온 이치다. 루마니아 태생의 프랑스 사회심리학자 세르주 모스코비치Serge Moscovici는『군중의 시대』(1981)에서 "공중의 감격, 호의, 관대함을 일으키는 것은 오래 가지 않으며 또 그들을 움직이지 못한다. 반대로, 공중의 증오를 불러일으키는 것이야말로 그들을 흥분시키고 봉기하게 하며 그들에게 행동의 기회를 제공한다"며 다음과 같이 말했다.

"공중에게 먹이로서 그러한 반발과 스캔들의 대상을 보여주고 던져주는 것은 그들에게 잠재적인 파괴성, 즉 터지기 위해서 사인sign만을 기다리고 있다고 말할 수 있는 공격성을 자유롭게 발휘하도록 해주는 것이다. 결국, 공중을 어떤 적에 대해서 반대하게 하는 것은 그들의 선두에 서고 그들의 왕이 되는 가장 확실한 방법이다."[21]

앞서「제5장 왜 문재인 정권은 정치를 '적과 동지'의 대결 구도로만 보는가?」에서 자세히 밝혔듯이, '적 만들기'는 정치 마케팅의 알파이자 오메가라고 해도 과언이 아니다. 정치와 언론의 영역에서 '적 만들기'를 하지 않는 경우는 거의 없지만, 그걸 어느 정도로 추진하느냐 하는 건 별개의 문제다. 미국의 폭스뉴스는 '적 만들기'를 극단으로 밀어붙였는데, 이는 증오를 부추겨 장사를 한다는 점에서 '증오 마케팅'의 신기원을 보여주는 것이었다.[22] 이에 대해 자세히 살펴보기로 하자.

1996년 10월 9일 세계적인 미디어 재벌 루퍼트 머독Rupert Murdoch은 미국에서 24시간 케이블뉴스 채널 '폭스뉴스Fox News Channel'를 출범시켰다. 이 채널은 3대 지상파 방송 네트워크와 CNN이 진보적 성향을 갖고 있다고 주장하면서 이들을 상쇄시킨다는 정치적 사명을 천명했으며, 이에 따라 반反민주당, 반反클린턴 노선을 추구함으로써 뜨거운 논란을 불러일으켰다. 그런 노골적인 당파성에도 폭스뉴스는 시작한 지 5년 만인 2001년 이익을 냈을 뿐만 아니라 경쟁자인 CNN과 MSNBC를 능가하는 시청률을 기록함으로써 세상을 깜짝 놀라게 만들었다.[23] 이게 어떻게 가능했던 걸까?

정치적 편향성은
'이익이 되는 장사'다

폭스뉴스의 시청자들은 이렇게 생각하지 않았을까? "우리의 마음에 풍파를 일으키지 마라. 그저 우리가 믿고 있는 바들을 더 많이 보여달라. 그러면 우리는 그 견해를 읽으며 계속해서 만족감을 느낄 수 있으리라. 우리를 결집시킬 내용을 달라. 우리가 환호할 수 있는 사람을 달라!" 쿤켈의 분석이다. 그는 "몇몇 사회학 연구 논문들은 사람들이 심리적 지름길로서 자신이 아는 브랜드로 달려간다고 명확히 결론짓는다"며 다음과 같이 말한다.

"중립적 뉴스 해설을 통해 자신의 입장을 가려내는 데는 너무 많은 심리적 에너지가 필요하다. 때문에 자신과 견해를 같이하는 방송국에서 해석한 뉴스를 듣는 편이 훨씬 마음이 편하다. 그 내용을 다시 생각할 일 없이 그저 고개를 끄덕이며 동의만 하면 되기 때문이다.……우리는 입으로는 편향적인 보도를 싫어한다고 말하지만 실제 행동은 말과 다르다. 그 증거가 바로 시청률이다. 편향성을 편안하게 받아들이는 우리의 본능적 성향은 많은 블로그와 웹사이트들이 성공한 비결이기도 하다. 비슷한 견해를 지닌 사람들은 비슷한 견해를 가진 다른 사람들이 작성한 글을 보고 싶어 한다.……편향성은 이익이 되는 장사다."[24]

이미 우리는 답을 알고 있지만, 그래도 다시 한번 물어보자. 왜 편향성은 이익이 되는 장사일까? 2006년 1월 24일 『뉴욕타임스』는 '사이언스 타임스'란에서 에모리대학 드루 웨스틴Drew Westen 교수 연구팀의 연구 결과를 머리기사로 보도하면서 「소름 끼치는 일: 당파적 사고는 무의식적이다」라는 제목을 붙였다. 이에 대해

인지과학자이자 언어학자인 조지 레이코프George Lakoff는 다음과 같이 말했다.

"인지과학자들에게는 이것이 별로 '소름 끼치는 일'은 아니다.……우리를 슬프게 하는 것은 오히려 '사이언스 타임스'가 '당파적 사고가 무의식적'이라는 것을 '소름 끼치는 일'로 여겼다는 점이다. 사실 사고의 무의식적 본성은 지난 30년간의 연구에서 흔히 찾아볼 수 있는 결과였다."[25]

편향성은 이익이 되는 장사라는 게 바로 폭스뉴스 사장 로저 에일스Roger Ailes, 1940~2017의 평소 지론이기도 했다. 그는 "당신이 공화당 방송을 경영한다는 비판에 화나지 않는가?"라는 질문에 "우리를 그렇게 부를수록 더 많은 보수 성향 시청자들이 우리 방송을 볼 것"이라고 응수했다.[26] 이는 당파성의 시장 논리에 대한 좋은 증언이라고 할 수 있겠다.

2010년 3월 14일 『워싱턴포스트』는 하월 레인스Howell Raines 전 『뉴욕타임스』 편집국장의 「불공정하고, 불균형하며, 견제받지 않는 폭스뉴스Fox News: unfair, unbalanced, unchecked」라는 기고문을 실어 폭스뉴스가 언론의 기본을 벗어났다고 비판했다. 레인스는 특히 이 방송의 논점보다 사실관계 왜곡과 정치적 목적 등을 지적했다. 그는 폭스뉴스가 "공정성과 객관성이라는 언론의 가치를 파괴하고 있다"며 "저널리즘이라고 볼 수 없다"고 단언했다.[27]

그러나 이런 단언과는 달리, 미국인들은 폭스뉴스를 가장 많이 시청하는데다 가장 신뢰하는 게 현실이었다. 2010년 2월 미국의 여론조사 기관인 PPPPublic Policy Polling가 미국의 주요 뉴스 채널에 대한 수용자들의 신뢰도를 조사한 결과에 따르면, 49퍼센트의 미국인이 폭스뉴스를 신뢰한다고 응답해 가장 높은 신뢰도를 나타냈다. 폭스뉴스 다음으로는 CNN으로 39퍼센트의 응답자가 신뢰한다고 답했고, NBC에 대한 신뢰도는 35퍼센트, CBS는 32퍼센트, ABC는 31퍼센트로 조사되었다.[28]

열광적 지지 세력이 '내부의 적'이다

미국의 많은 언론 전문가에 의해 "저널리즘이라고 볼 수 없다"는 지탄을 받은 폭스뉴스가 일반 미국인들을 대상으로 한 조사에서는 가장 높은 신뢰도를 누린 이 기현상을 어떻게 이해해야 할까? 2011년 모든 케이블 채널 가운데 CNN과 MSNBC는 시청률 기준으로 '톱 20' 안에도 들지 못했지만, 폭스뉴스는 늘 '톱 5'에 들면서 CNN과 MSNBC를 합한 것보다 많은 시청자를 확보한 것은 또 어떻게 이해해야 할까?[29]

2012년 5월 2일 CNN으로서는 치욕스러운 조사 결과가 발표되었다. 닐슨미디어 리서치의 4월 시청률 조사 결과 CNN의 평균 시청자가 35만 7,000명으로 나왔고, 이는 월별로 따졌을 때 최근 10년 동안 CNN 사상 최악의 시청률이었기 때문이다. 프라임타임대 시청률에서 CNN은 MSNBC에 2위 자리까지도 넘겨주었는데, 왜 이렇게 된 걸까? 답은 의외로 간단하다. "편향성은 이익이 되는 장사"라는 게 그 이유다.

오늘날 미국인들은 마음의 평정이나마 얻기 위해 자신의 관점을 강화하는 뉴스만 선별해 보고 있으며, 정치인들도 자신의 색깔과 같은 방송 매체에만 출연하는 양극화polarization 현상을 보이고 있다. 중도를 자처하는 미국인들이 다수일지라도, 이들의 목소리가 규합되거나 반영되지 않은 채 미국 정치가 극단적 당파 싸움으로 흐르면서 모든 미국인의 의식과 삶에 지대한 부정적 영향을 미치고 있다.[30]

미국인의 97퍼센트가 정치적 양극화를 수긍하고 있다는 조사 결과도 있다.[31] 정치와 정치 저널리즘 영역에서 '우리 대 그들Us Against Them'이라고 하는 구도가 모든 의식과 행동 양식을 지배하는 상황에선 이성적 사고는 기대하기 어렵다.[32] 적에 대한 반대, 그것이 바로 정치의 핵심이 된다. 이와 관련, 미국의 사회생물학자 리베카 코스타Rebecca Costa는 다음과 같이 말한다.

"네거티브 광고가 효과적인 이유는, 후보자가 우리의 지지를 얻을 필요가 없기 때문이다. 그들이 해야 할 일은 우리가 단 하나뿐인 대안, 즉 그들의 경쟁자로부터 등을 돌리도록 하는 것뿐이다. 어쩌면 자유로운 선택을 하고 있다는 기분이 들지도 모르지만, 실제로 우리가 하는 일은 한 후보자를 반대함으로써 자동적으로 유일한 대안에 지지를 보내는 것에 불과하다. 이것이 바로 미국이 두 세기가 넘도록 양당제에 정체되어 있는 이유이자, 우리가 앞으로도 수 세대에 걸쳐 이 방식을 유지할 가능성이 높은 이유다."[33]

그런 상황에선 언론의 정치 보도에 대한 정당한 평가도 기대하기 어렵다는 건 두말할 나위가 없다. 주류 매체의 '진보적 편향성'에 대한 인식도 바로 그런 상황에서 나온 것이지만, 이는 폭스뉴스가 성장할 수 있는 토양이 되었다. 편향성이 '이익이 되는 장사'가 되는 현실은 한국도 다를 바 없기에, 현재 한국 정치가 이전투구泥田鬪狗의 수렁에 빠져 있는 게 아니겠는가?

그러나 한 가닥 희망은 있다. 도널드 트럼프가 대선 패배 이후 승복하지 않고 미국을 수렁으로 끌고 들어가자 폭스뉴스마저 트럼프에게 등을 돌렸다는 건 무엇을 의미하는가?[34] 정치적 편향성이 '이익이 되는 장사'이긴 하지만, 과유불급過猶不及이라는 걸 말해주는 건 아닐까? 무엇이건 지나치면 역효과가 나기 마련이다. 또 누구의 이익인가 하는 점도 살펴봐야 한다. 폭스뉴스의 이익이 과연 공화당과 트럼프의 이익이었을까? 오히려 폭스뉴스가 트럼프의 몰락에 일조했던 건 아닐까? 같은 맥락에서 자신의 이익을 위해 편향성을 극단으로 끌고 가는 열광적 지지 세력이 오히려 '내부의 적'일 수도 있다는 생각을 해봐야 하는 건 아닐까?

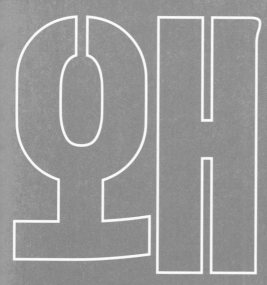

왜

여당 의원들은
'싸가지 없는 발언'
경쟁을 벌이는가?

제
12
장

"어느 아파트에서나 80% 이상의 주민은
입주자 대표 회의에 관심이 없다.
그 나머지 중에서도 타락한 소수가
아파트를 주민주권의 무덤으로 만든다."[1]
● '토지+자유연구소' 소장 남기업

정치인들이 원하는
'최대 다수의 최소 참여'

"정치는 너무나 중요한 것이어서 정치인들에게만 맡겨놓을 수 없다."프랑스 정치가 샤를 드골Charles De Gaulle, 1890~1970의 말이다. 프랑스의 전시 내각 총리를 지낸 조르주 클레망소Georges B. Clemenceau, 1841~1929는 "전쟁은 너무나 중요한 것이어서 군인들에게만 맡겨놓을 수 없다"는 말을 남겼는데, 군 출신인 드골은 이 말을 뒤집으면서 정계 복귀의 근거로 삼았다.[2] 드골은 정치인이었음에도 정치인을 불신하는 말을 많이 남겼다. "주인이 되기 위하여 정치인은 하인인 체한다"거나 "정치인은 자신이 한 말을 믿지 않기 때문에, 다른 사람들이 자신을 믿으면 놀란다"는 말은 오늘날에도 자주 인용된다.[3]

　드골의 정치관엔 동의하기 어려운 게 많지만, "정치는 너무나 중요한 것이어서 정치인들에게만 맡겨놓을 수 없다"는 말만큼은 수용해도 좋을 것 같다. 하지만 이는 당위적 선언일 뿐 현실적으론 실천하기가 매우 어려운 일이다. 오스트리아 출신의 미국 경제학자 조지프 슘페터Joseph A. Schumpeter, 1883~1950가 주장했듯이, "민주주의는 정치인에 의한 지배다". 슘페터는 "민주주의는 국민이 그들을 통치할 사람들을 수용하느냐 거부하느냐 하는 기회를 가졌다는 걸 의미할 뿐이다"고도 했다.[4] 이 또한 오늘날의 현실이 아닌가?

　민주주의는 정치적 '방법'일 뿐이며, "민주주의는 정치인에 의한 지배"라고 본 슘페터의 민주주의론은 정치에 대한 경박하고 냉소적 견해라는 비판을 받았다. 그러나 슘페터는 오히려 번번이 실패로 돌아가는 걸 알면서도 현실과는 동떨어진 이상을 내세우는 것이 경박하고 냉소적이라고 반박했다. 민주주의의 이상과 명분이 어떠하건 오늘날 우리가 목격하고 실천하고 있는 민주주의는 바로 슘페터의 민주주의임을 어찌 부인할 수 있으랴.

　슘페터의 민주주의론은 엘리트주의며 반反민주적이라는 비판까지 받기도 하지만, 이는 그의 견해를 수용하는 자세의 차이에서 비롯된 것으로 볼 수 있다. 민주주의를 '엘리트 간 선거 경쟁을 통해 정부를 구성하는 체제'로 이해한다면, 체제 구성 후에 해야 할 일이 더 많으며, 이는 민주주의를 외치는 것만으론 이루기 어렵다는 데에 눈을 돌릴 필요가 있지 않겠느냐는 것이다.[5]

또한 주목해야 할 점은 "민주주의는 정치인에 의한 지배"라고 하는 정의를 실현시키고자 하는 정치의 '공급' 차원에서 벌어지는 적극적인 시도다. 영국 정치학자 콜린 크라우치Colin Crouch가 지적했듯이, "정치인들은 '최대 다수의 최소 참여maximum level of minimum participation'를 원한다".[6] 자신의 기득권이 달려 있는 기존 체제 유지를 위해 대중의 광범위한 수동적 지지를 원한다는 것이다.

즉, 참여의 범위는 넓어야 하지만 강도는 매우 낮아야 자신들의 기득권을 보호하는 데 유리하다는 이야기다. 물론 그들은 말로는 '적극적인 참여'를 요청하지만, 그건 대중이 그렇게 하지 않을 거라는 걸 잘 알기에 그냥 해보는 말일 뿐이다. 또 실제로 가급적 적극적인 참여를 어렵게 만들기 위해 은밀하게 애를 쓰기도 한다. 이게 바로 '최대 다수의 최소 참여'다.

1퍼센트 극렬 강경파가
지배하는 정치

그러나 '최대 다수의 최소 참여'가 꼭 시장 자유주의자들이나 정치인들의 뜻대로만 이루어지는 건 아니다. 그래서 어떤 일이 벌어지는가? "미국인들은 갈수록 중도를 선호하는데 정치 현장을 지배하는 목소리는 갈수록 양극화되어간다."[7] 미국 정치학자 로버트 퍼트넘Robert D. Putnam의 말이다. 정치적 신념과 열정이 강한 극소수의 사람들만이 정치에 적극 참여하고 그들 중에서 정치인들이 나오기 때문에 벌어지는 일이다.

미국에서건 한국에서건 중도를 원하는 유권자가 많음에도 중도는 정치 현장에선 전멸 상태라고 해도 과언이 아니다. 간혹 중도가 적잖은 표를 얻는 일도 일어나긴 하지만, 그 수명은 매우 짧다. 한국이 미국에 비해 더 심한 게 아닌가 하는 생각이 든다. 한국에서 중도는 늘 40퍼센트대 이상의 지지를 받고 보수와 진보는 각각 20퍼센트대의 지지에 머무르고 있지만, 정치는 오직 '진보 대 보수'의 대결 구도이니 말이다.

스웨덴의 총리를 지낸 스벤 올로프 요아킴 팔메Sven Olof Joachim Palme, 1927~1986는 "모든 사람은 정치인이다. 누구든 자신의 생각을 전하고 움직이면 사회를 바꾸고 세상을 바꿀 수 있다"고 했다.[8] 아주 좋은 말이지만, 이 또한 당위적 선언일 뿐 오늘날의 정치 현실과는 거리가 멀다. 오히려 그렇기 때문에 '참여 민주주의'라는 말이 전 세계적으로 외쳐지고 있는 건지도 모르겠다.

그러나 참여 민주주의도 성공한 것 같진 않다. 영국 사회학자 힐러리 웨인라이트Hilary Wainwright는 "참여 민주주의는 일반적으로 정치적 지향이 있는 소수 집단의 활동에 근거를 두는 경향이 있다"고 말한다. 반면 대의 민주주의 제도는 "최저 수준이긴 하지만 투표를 통한 모든 사람들의 동등한 참여"에 기초한 정당성의 테두리를 갖추고 있다. 그러므로 궁극적으로 대의 민주주의 제도를 통해 일반적 원칙과 정책 방향을 결정해야 하고, 참여 민주주의적 기구에서는 시민들이 구체적인 정책 내역을 결정할 수 있도록 하면서 정책 집행자를 감시하는 역할을 맡는 게 좋다는 것이다.[9]

참여 민주주의에 대해 이처럼 소극적이거나 부정적인 견해가 나오는 것은 무엇보다도 '참여의 불균형' 문제가 불거졌기 때문이다. 정치에 뜨거운 열정을 가진 사람들만이 참여함으로써 전체의 1퍼센트도 안 되는 사람들이 정치에 막강한 영향력을 행사해 정치를 크게 왜곡시키는 일이 벌어진 것이다.

'참여의 불균형' 문제에 대해선 내가 최근 출간한 『권력은 사람의 뇌를 바꾼다』에 쓴 「39 왜 1퍼센트 극렬 강경파가 정치를 지배하는가?」에서 상세히 다루었기 때문에 더는 논하지 않겠지만, 정치학자 박상훈이 지적했듯이 "시민이 참여하면 좋다가 아니라, 어떤 참여인가가 훨씬 더 중요하다"는 원칙만큼은 확실해 해둘 필요가 있겠다.[10] 그런 원칙에 충실하고자 한다면, 각 정치 세력이 열성 지지자들을 간접적인 방식으로 조직하고 동원하는 기존 정치적 관행이 이대로 좋은지에 대한 관심을 기울여야 한다. 바로 이 문제 때문에라도 정치는 정치인들에게만 맡겨놓을 수는 없다. 아니 맡기더라도 좀 심각하게 따져볼 문제가 있다. 이른바 '세대'의 문제다.

'황혼의 잔치'로 전락한
한국 정치

"한국에서 정치는 사회에서 일정한 지위와 경력을 쌓은 뒤 진출하는 황혼의 잔치다. 특정 분야 전문성과 지식·경험이 많고 그 때문에 늙기는 했지만 정치 초년생에 지나지 않는다. 이게 한국 정치의 문제다."『경향신문』논설위원 이대근이『경향신문』(2015년 2월 6일)에 쓴 칼럼에서 다음과 같은 말 끝에 한 말이다. "유럽에서는 중·고등학생 때부터 정치 활동을 한다. 20대에 이미 선출직에 오르고, 당직을 맡으며 30대면 당대표를 넘본다. 나이는 젊지만 어릴 때부터 정치 활동을 통해 갈등을 조직하고 타협하며 문제를 해결해본 경험이 풍부하다. 그래서 40대 초반이라 해도 수십 년의 정치 경륜을 자랑한다." 그런데 "한국 정치에서 30대, 40대는 '얼라' 취급을 받는다"고 하니,[11] 이거 정말 심각한 문제다.

한국 정치는 어느 정도로 늙었는가? 2017년 4월 기준 한국 국회의원의 평균 나이는 55.5세로, 역대 최고령 국회를 기록했다. 국제의회연맹IPU 보고서에서 한국의 30세 미만 의원은 0퍼센트로, 아제르바이잔, 캄보디아, 가봉, 카자흐스탄, 이란, 동티모르 등과 함께 세계 꼴찌를 기록했다.[12] 청년들이 왜 죽어나는지 그 이유를 알 것도 같다.

2020년 4·15 총선을 통해 구성된 제21대 국회 역시 다를 게 없다. 20대가 2명이라는 게 좀 눈에 띄긴 하지만, 30대 11명, 40대 38명, 50대 177명, 60대 69명, 70대 3명으로 전체 국회의원의 83.0퍼센트(249명)가 50대 이상이다. 흥미롭지 않은가? 20~40대의 유권자 비율 합계는 59.7퍼센트인데 의원 합계는 그 3분의 1도 채 안 되는 17.1퍼센트에 불과한 반면 50대 이상 의원은 유권자 비율보다 2배가 넘는다는 게 말이다.[13]

요즘엔 '젊은 꼰대'도 많다고 하니, 단지 나이가 많다는 것 자체가 문제가 될 수는 없다. 진짜 문제는 50대 이상의 의원들을 주도하고 있는 이른바 '586 운동권 출신' 의원들이다. 이들은 좀 다른 유형의 정치인이거니와 20대부터 '운동 정치'를 해왔기에 이대근이 지적한 '황혼의 잔치'와는 맞지 않는 것처럼 보이지만, 나는 오히려 이들이야말로 진짜 '황혼의 잔치'를 하고 있다고 생각한다. 과거의 '운동 정치'는 독재정권의 탄압과 싸워야 했기에 극도의 불안과 공포 속에서 한 정치였지만, 이제 586은 정권 권력의 주체로 우뚝 서서 그 투쟁의 열매를 수확할 위치에 있다는 점에서 말이다.

그들이 과거의 투쟁 경력을 뽐내고 싶어 하는 건 인지상정人之常情인지라, 그걸 흉볼 일은 아니다. 문제는 그들의 경륜이 젊은 시절 온몸으로 겪으면서 내재화된 이분법적인 진영 논리에 집중되어 있다는 점이다. 반독재 투쟁 시절엔 그 논리가 필요했겠지만, 민주화가 된 세상에서도 그 습속이 여전하다는 게 문제의 핵심이다. 이런 사고의 틀에선 청년 세대의 고통을 비롯한 민생 문제는 비교적 외면되고 격렬한 투쟁 일변도의 정치가 판을 칠 수밖에 없다.

2020년 2월 진중권은 '진영 논리'에 대해 "논리가 아닌 물리적 대결 양상으로 변했다"며 "과거, 김대중·노무현 대통령은 자유민주적인 철학이 있었다. 그들이 386들을 데려와서 쓴 것인데 이들이 이제 586이 돼서 기득권자들이 된 것"이라고 주장했다. 그러면서 "이들은 생각 자체가 약육강식의 논리로 돼 있다"며 "그러다 보니 공론의 장이 파괴되는 것이고 그런 자신들에 대해 쓴소리를 하면 입진보라고 하고 기레기라고 하면서 척결할 대상으로 삼는 것"이라고 비판했다. 이어 그는 "이러다 보니 많은 지식인들이 무서워서 얘기를 못한다. 나도 문자 엄청 받는다"며 "저 같은 강한 멘탈 소유자나 버티지 어지간한 사람들은 문자 몇 개 받고 그러면 패닉에 빠진다. 이리 되다 보니 신문사 기자들도 스스로 자기검열에 들어가게 된다. 유시민의 말 한마디에 KBS 법조팀이 날아가버리는 사회다"라고 개탄했다.[14]

말을 싸가지 없게 하는
586 의원들

2020년 8월 장발장은행장 홍세화는 "한국의 지금 집권 세력을 하고 있는 흔히 말하는 586 이들의 적지 않은 사람들을 민주 건달이라고 부르고 싶다"고 했다. "집권을 했으면 집권을 통하여 무슨 정치를 펴고 싶은지 이거는 잘 보이지 않고 권력을 잡는 집권 자체가 목표인 양 이런 면에서 받아들이기가 어려운 그런 면이 있다"는 것이다.[15]

2020년 9월 정의당 의원 장혜영은 국회 대정부 질문에서 자신을 1987년생이라고 소개한 뒤 "1987년 민주화 운동의 주역이었던 현 집권 세력이 우리 사회의 기득권자이자 변화를 가로막는 존재가 됐다"고 정면으로 비판했다. 그러면서 "모두가 평등하고 존엄하게 살아가는 세상을 위해서 사랑도, 명예도, 이름도 남김없이 싸우겠다던 그 뜨거운 심장이 어째서 이렇게 차갑게 식었나"라고 반문하며 "더 나쁜 놈들도 있다고, 나 정도면 양반이라고 손쉬운 자기 합리화 뒤에 숨어 시대적 과제를 외면하는 것을 멈춰달라"고 호소했다. 그는 현재의 시대정신은 불평등에 맞서 싸우는 것이라고 정의하면서 현 집권 세력인 586세대들이 불평등의 걸림돌로 작용하고 있다고 비판했다. 그는 "87년 정의가 독재에 맞서 싸우는 것이었다면 지금의 정의는 불평등과 기후 위기에 맞서 싸우는 거다.

평등하고 존엄한 삶을 지키기 위해 저도 저의 젊음을 걸고 이 자리에 서 있다"고 말했다.[16]

2020년 10월 고려대학교 교수 이한상은 『경향신문』 인터뷰에서 정치권 세대 교체의 필요성을 이렇게 역설했다. "1970년대 산업화 세대인 국민의힘 세대와 1980년대 학생운동 주역인 더불어민주당 세대는 쓸모가 없어졌어요. 20~40대가 주도해 해법을 찾아야죠. 원수처럼 싸우는 586과 달리 젊은이들은 지나간 역사와 이념에 속박될 게 없거든요. 좌우를 터서 다음 세대를 위한 논의가 필요해요."[17]

다름을 존중하지 않는 진영 논리는 수십 년의 역사를 자랑하는 운동권의 습속으로 여전히 큰 힘을 발휘하고 있지만, 이제 그 수명은 다해가고 있다. 그건 낡아도 너무 낡아 곰팡이 냄새가 풀풀 풍기는 시대착오적인 것이기 때문이다. 이와 관련, 재단법인 와글 이사장 이진순은 「대전환의 시대, 새로운 진보의 출현」이라는 『한겨레』 칼럼에서 "새로운 진보는 정의를 정략화하지 않는다. 눈앞에 보이는 폭력 정권을 몰아내는 것이 급선무였을 때 우리는 그것을 가장 상위의 가치에 놓고 '큰 대'자를 붙여 '대의'라 불렀다"며 다음과 같이 말한다.

"위계와 비밀주의, 젠더 차별과 성폭력과 같은 '소소한' 문제들은 대의의 전략적 중요성 아래 있었다. 딱 그만큼까지가 80년대 세대가 몸에 익힌 민주주의이다. 87년 이후의 세대에게 정의와 인권은 인물에 따라 사안에 따라 경중을 달리하지 않는다. 이들에게 최고의 가치는 '모든 인간은 존엄하고 평등하다'란 것이다.……전략적 대의를 위해 또 다른 정의와 인권을 차출해도 용인되던 시대는 지났다."[18]

아주 좋은 말씀이다. 나는 심정적으론 이런 일련의 비판이 586 의원들에게 부당한 것일 수 있다고 말하고 싶지만, 이성적으론 그럴 수 없는 게 안타깝다. 그간 "왜 말을 저렇게 싸가지 없게 하지?"와 같은 의문을 불러일으키는 독설이나 실언을 한 주인공들은 대부분 586 의원들이었으니 말이다. 586이 아니거나 운동 경력이 없는 의원들까지 '실세 586'과 열성 지지자들의 '눈도장'을 받겠다는 것인지 한술 더 뜨는 경우도 적지 않다.

그렇지 않은 586 의원들로선 좀 억울하게 생각할 점도 있겠지만, 잠자코 침묵을 지켰다는 점에서 면책되기 어렵다. 진정한 '황혼의 잔치'를 하고 싶다면 역사에 어떻게 기록될 것인가 하는 점도 염두에 두어야 하겠건만, 전혀 그렇게 할 뜻이 없는 것 같으니 이 또한 민주화 운동 시절의 살신성인殺身成仁이라 해야 할 것인가?

아니 말은 공정하게 하자. 586 의원들만 말을 싸가지 없게 하는 건 아니다. 열성 지지자들의 '눈도장'을 받고 싶은 의원들은 세대에 관계없이 '싸가지 없음'을 자신의 장기로 내세우는 경향이 있다. 문 정권 잘되게 하려는 충정으로 고언을 하는 의원들에겐 어김없이 열성 지지자들의 '좌표 찍고, 벌떼 공격'이 이루어지지만, 적으로 간주되는 사람이나 세력을 향해 싸가지 없는 독설이나 욕설을 퍼붓는 의원들에겐 찬양의 물결이 넘실댄다.

'1퍼센트 극렬 강경파'로
당을 장악해 얻을 게 뭔가?

그런 찬양의 물결은 나중에 다시 공천받을 때 엄청난 자산이 된다는 건 두말할 나위가 없다. 물론 후원금도 잘 걷힌다. 요즘엔 비슷한 경쟁자가 많아져 예전의 명성은 좀 잃었지만, 그래도 일관되게 독설을 사랑하는 정청래를 보자. 그는 2020년 10월 페이스북에 "통장이 텅 비어 마음마저 쓸쓸하다. 한푼 줍쇼"라고 말해 '앵벌이' 논란이 일었지만, 바로 그 다음 날 2,700만 원이 입금되는 저력을 과시했다.

달리 말하자면, 싸가지 없는 정치는 '1퍼센트 극렬 강경파' 지지자들이 실세로 군림하는 한국 정당정치의 구조적 문제라는 이야기다. 이른바 '조금박해(조응천·금태섭·박용진·김해영)'라 불리며, 당내에서 소신 의견을 냈던 정치인들 중 한 명인 박용진이 최근 좀 다른 자세를 취하는 것도 그런 관점에서 이해할 수 있지 않을까? 대선 출마를 시사한 그는 『중앙일보』(12월 2일) 인터뷰에서 "정치는 현실이다. 문파 권리당원의 선택을 못 받으면 후보가 될 수 없다"는 기자의 질문에 이렇게 답했다.

"그분들의 지지를 얻지 못하면 안 된다는 것 너무 잘 알고 있다. 그분들이 박용진을 지지하도록 만드는 게 저의 역할이고 능력이다. 우리 당 적극 지지층이 제게 쓴소리를 보내는 이유는, 제가 민주당 잘되라고 쓴소리하는 것과 같다고 본다."

대선 출마라는 큰 그림 때문일까? 박용진은 민주당을 탈당해 서울시장 출마 의사를 밝힌 금태섭을 향해 "탈당계 잉크도 안 말랐다"고 쓴소리를 했고, 검찰의 월성 원전 1호기 수사에 대해 "권한 남용 행위"라고 비판했으며, 추미애의 윤석열 직무 정지에 대해선 "조치의 근거가 된 사안들이 사실이라면 윤 총장에 대한 징계도 불가피하지 않겠나"라며 엉거주춤한 자세를 취했다.

나는 그렇게 달라진 박용진을 비판하고 싶은 마음은 없다. 박용진이 앞서 말한 두 쓴소리가 같은 종류의 것이라는 데엔 전혀 동의하지 않지만, 야망을 품은 현실 정치인으로서 그렇게 말하지 않을 수 없는 고충을 이해한다. "분명히 경고한다. 선을 넘지 말라"는 윤건영의 오만한 명언(?)을 빌려 말하자면, 그가 아직 선을 넘은 건 아니라고 보기 때문이다. 부디 '오버'는 하지 않기를 바랄 뿐이다.

아니 오히려 문재인을 포함한 문 정권의 핵심 인사들에게 화가 난다. '1퍼센트 극렬 강경파' 지지자들이 실세로 군림하는 당의 구조적 문제가 민주당을 망치고 있다는 사실을 외면한 채 그런 식으로 당을 장악하는 걸 내심 즐기고 있는 듯한 태도에 화가 치민다.

그렇게 해서 도대체 얻을 게 뭐란 말인가? 여당 의원들이 '싸가지 없는 발언' 경쟁을 벌이는 것에 대해 내가 분노하기보다는 측은하게 생각하는 이유도 바로 여기에 있다.

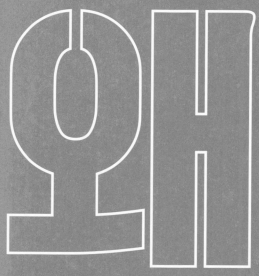

문재인 정권은
오만의 수렁에
빠졌을까?

제
13
장

"민중의 기분은 매우 동요하기 쉬운 것이 특징이다.
그래서 그들의 지지를 얻는 것은 그리 힘든 일이 아니나,
그 지지를 유지하는 것은 대단히 어렵다."[1]
● 이탈리아 사상가 니콜로 마키아벨리

'비토크라시'로 전락한
'데모크라시'

"비토크라시vetocracy가 미국 정치를 지배하고 있다." 미국 스탠퍼드
대학 석좌교수 프랜시스 후쿠야마Francis Fukuyama가 2013년 10월
6일 『워싱턴포스트』에 기고한 글에서 한 말이다. 당시 오마바 케
어, 즉 의료보험 문제를 둘러싼 민주당과 공화당의 갈등 때문에 미
국 연방정부가 17년 만에 셧다운shutdown(부분 업무 정지) 사태에 직
면할 위기에 처하자 쓴 칼럼이었다. 비토크라시는 거부를 뜻하는

'비토veto'와 민주주의를 뜻하는 '데모크라시democracy'의 합성어로 '거부 민주주의'로 불린다. 강력한 반대자가 조금만 있어도 정부와 여당이 하고자 하는 일이나 입법을 막을 수 있다는 의미다.

당시 미 연방 하원의원 435명 중 야당인 공화당 의원이 232명이었다. 후쿠야마는 미국의 정치 시스템은 그간 그럭저럭 합리적으로 유지되어왔지만 "1980년대 이래 미 정당정치에서 양극화가 심화되고 있"으며 "당내 당인 파벌주의가 중간 지대를 없애고 극단으로만 치닫고 있다"고 우려했다. 정당과 무관하게 미국 정치권에서 공유해왔던 공감대가 사라져버리면서 극단적인 소수의 반대 세력만 있으면 입법이 불가능한 정치 시스템으로 변질되었다는 것이다.[2]

후쿠야마는 2년 전인 2011년 11월 22일 『파이낸셜타임스』에 기고한 글에서도 지나친 견제와 균형에 따른 시스템의 결함에 대해 이렇게 말했다. "미국인들은 일련의 견제와 균형을 통해 행정부의 권력을 제한하는 헌법이 있음을 매우 자랑스럽게 여긴다. 그러나 그러한 견제는 다른 곳으로 퍼져나갔다. 이제 미국은 거부권 정치가 지배하는 나라가 되었다. 이러한 시스템이 이념 정당들과 결합되면 그 결과는 마비 상태다. 현재의 마비 상태를 벗어나고자 한다면, 우리는 강력한 지도력뿐 아니라 제도와 규칙에서도 변화가 필요하다."[3]

이런 우려는 후쿠야마가 처음 한 것은 아니다. 이미 오래전부터 제기된 우려였지만, 후쿠야마는 '비토크라시vetocracy'라는 작명作名을 통해 주목을 받았다고 볼 수 있겠다. 비토크라시에 대한 우려는 18세기로 거슬러 올라간다. 미국의 제2대 대통령 존 애덤스John Adams, 1735~1826는 대통령이 되기 17년 전인 1780년 정치인 조너선 잭슨Jonathan Jackson, 1743~1810에게 보낸 편지에서 다음과 같이 말했다.

"내가 무엇보다 두려워하는 것은 미국이 두 개의 커다란 정당으로 분열되는 것입니다. 각자 자신의 지도자 아래 뭉쳐서 서로에게 반대하기 위한 정책들만 만들어내는 상황 말입니다. 나의 미천한 견해로는 이것이 우리 헌법하에서 가장 큰 정치적 악이며, 나는 이것이 매우 두렵습니다."[4]

제21대 총선과
비토크라시에 대한 염증

이후에도 수많은 사람이 그런 '정치적 악'에 대한 문제를 제기했다. 경제학자 피터 오재그Peter Orszag는 2011년 10월 6일 『뉴리퍼블릭』에 기고한 글에서 미국의 최고 정책 결정 과정에 참여했던 경험에 근거해 "최근에 오바마 행정부에서 행정관리예산국 책임자로 직분을 수행하면서, 미국의 정치적 양극화가 점점 더 심해지고 있음을, 그래서 통치에 필요한 기본적이고 필수적인 일을 수행할 행정부의 능력을 해치고 있음을 명확하게 알게 되었다"며 다음과 같이 말했다.

"좀 과격하게 들릴지 모르지만, 우리의 정치제도를 약간 덜 민주적으로 바꿈으로써 그것들이 야기하는 정체 상태를 해소할 필요가 있다. 그런 생각에 위험 부담이 있다는 것은 인정한다. 이런 제안을 하기까지 주저한 것도 사실이다. 이런 제안은 영감이 아닌 좌절로부터 나오기 때문이다. 그러나 양극화되고 정체된 정부가 우리나라에 심각한 해를 끼치고 있다는 사실을 직시해야 한다. 따라서 어떻게든 그것에서 벗어날 방도를 찾아야 한다."[5]

후쿠야마는 『존중받지 못하는 자들을 위한 정치학』(2018)에서 도널드 트럼프Donald Trump가 2016년 대선의 승자가 된 것은 미국인들의 비토크라시에 대한 염증과 무관하지 않았을 것이라고 말한다. "정치적 아웃사이더인 그는 대선에 출마하면서, 국민에게 위임받은 권한을 이용해 국가 시스템을 대대적으로 개혁하고 원래의 기능을 회복시키겠다고 약속했다. 당파 싸움으로 인한 정치적 교착 상태에 신물이 난 국민들은 내가 '비토크라시'라고 지칭한 상황을 혁파하고 미국을 다시 하나로 만들어줄 강력한 지도자를 갈망하고 있었다."[6]

실제로 대선 직전인 2016년 11월에 실시된 여론조사에서 36퍼센트에 달하는 미국인이 무엇보다도 강한 리더를 원한다고 답했는데, 이는 2012년의 조사에서 강한 리더가 가장 중요하다고 답한 응답자가 18퍼센트인 것에 비추어 괄목할 만한 변화였다.[7] 물론 미국인들의 이런 갈망은 배신당했고, 미국은 트럼프 이전보다 더욱 격렬한 '정치적 내전 상태'로 돌입하고 말았다.

이런 비토크라시에 관한 한 한국이 결코 미국에 뒤질 나라가 아니다. 2015년 3월 『한국일보』 논설실장 황영식은 「'거부권 정치'의 조짐」이라는 칼럼에서 "한때 민주주의의 이상이었던 야당과 언론, 시민단체 등의 권력 감시·비판·견제가 지나친 단계에 접어들어 지도력 후퇴와 정책 결정 지연을 부른다. 결과적으로 국가가 기능 부전에 빠지고, 하루가 다른 빠른 환경 변화에 제때 대응하지 못한 막대한 피해는 사회 전체가 짊어지게 된다. '극단적 단순화 세력'의 득세도 이와 무관하지 않다"며 다음과 같이 말했다.

"민주화 30년 가까운 한국도 비슷한 조짐이 보인다. 노무현 정부 때 시작돼 이명박 정부에서 강화되고, 박근혜 정부 들어 굳어진 무조건적 권력 비판 행태, '만사가 청와대 탓'이라는 인식이 그것이다. 실제로 정부의 정책이 순탄하게 결정돼 집행된 예가 드물다. 민주화와 기술 발전이 가져온 정치 문화의 성숙으로 곱게 봐 넘기기 어렵다. 민주주의와 중우정치를 가르는 얇은 경계선을 지키기 위해서는 '비토 권력'의 절제가 요구된다."[8]

제21대 총선에서 문재인 정권이 '민주당 180석', 더 나아가 '범여권 190석'이라는 놀라운 성적을 거둘 수 있었던 것은 한국형 비토크라시에 대한 유권자들의 염증도 적잖이 작용했을 것이다. 하지만 민주당에 180석을 준 민의民意는 타협을 거부하라는 뜻은 아니었다. 비토크라시를 넘어설 수 있는, 유리한 고지에서 타협을 하라는 메시지였다. 그런데 이후 어떤 일이 벌어졌던가?

문재인 정권 무능의 본질은 오만

2020년 7월 30일 미래통합당 의원 윤희숙이 여당이 힘으로 밀어붙인 주택임대차법을 비판한 '부동산 5분 발언'에 담긴 메시지가 민주당의 오판을 예고했던 건 아니었을까? 이 발언 이후에 나온 윤희숙의 다른 경제 관련 발언에 대해 진보 쪽에서 적잖은 비판이 나왔지만,[9] 이 '부동산 5분 발언'만큼은 그대로 받아들이는 게 옳다고 본다.

윤희숙은 "임대 시장은 매우 복잡해서 임대인과 임차인이 서로 상생하면서 유지될 수밖에 없습니다.……임대인에게 집을 세놓는 것을 두려워하게 만드는 순간 시장은 붕괴하게 돼 있습니다.……제가 오늘 여기서 말씀드리려고 하는 것은 이 문제가 나타났을 때 정말 불가항력이었다고 말씀하실 수 있습니까? 예측하지 못했다, 이렇게 말씀하실 수 있습니까?"라면서 다음과 같이 말했다.

"우리나라 1,000만 인구의 삶을 좌지우지하는 법을 만들 때는 최소한 최대한 우리가 생각하지 못한 문제가 무엇인지 점검해야 합니다. 그러라고 상임위원회의 축조심의 과정이 있는 겁니다. 이 축조심의 과정이 있었다면 우리는 무엇을 점검했을까요? 저라면, 저라면 임대인에게 어떤 인센티브를 줘서 두려워하지 않게 할 것 인가, 임대 소득만으로 살아가는 고령 임대인에게는 어떻게 배려할 것인가, 그리고 수십억짜리 전세 사는 부자 임차인도 이렇게 같은 방식으로 보호할 것인가, 이런 점들을 점검했을 것입니다. 도대체 무슨 배짱과 오만으로 이런 것을 점검하지 않고 이거를 법으로 달랑 만듭니까? 이 법을 만드신 분들, 그리고 민주당, 이 축조심의 없이 프로세스를 가져간 민주당은 오래도록 오래도록 기억될 것입니다. 우리나라의 전세 역사와 부동산 정책의 역사와 민생 역사에 오래도록 기억될 것입니다."[10]

물론 윤희숙이 우려한 결과는 현실로 나타나고 말았다.[11] 이에 『한겨레』기자 진명선은 "임대차 3법은 정말 하지 말았어야 했나요?"라는 질문을 던졌다. 아주 좋은 질문이다. 진명선은 "전세난 와중에 법과 제도로 임차인을 보호한 것은 처음 있는 일"이라며, 정부는 "차라리 아무것도 하지 않는 게 낫다"는 정서에 대해 "정부는 더 많은 일을 해야 한다"고 역설했다.[12] 이 또한 좋은 말씀이지만, 번지수가 좀 맞지 않는 말씀이다. "차라리 아무것도 하지 않는 게 낫다"는 정서는 문 정권의 무능이 치유될 길이 없다는 인식에서 비롯된 것이며, 이런 인식엔 상당한 근거가 있기 때문이다.

진보는 임대차 3법이 법과 제도로 약자인 임차인을 보호한 것은 처음 있는 일이라는 점에 무게를 두고 이를 옹호하는 경향이 있다. 지금 나타나는 문제를 '과도기적 현상'으로 보면서 임대차 3법을 더 강화해야 한다고 주장한다. 『한겨레』에 게재된 「'홍남기 위로금'을 지지한다」, 「'동네북' 임대차 3법, 더 강력해져야 한다」 등과 같은 내부 칼럼들도 그런 맥락에서 이해할 수 있겠다. 나는 "입만 열면 무주택 서민의 고통을 말하면서 도대체 누구의 눈으로 세상을 보고 있는 건가",[13] "착한 집주인을 만나는 행운에 집 없는 중산·서민층의 주거 안정을 맡기는 건 정부가 할 일이 아니다"는 주장에 전적으로 동의한다.[14]

그럼에도 나는 임대차 3법에 대해 비판적이다. 왜 그런가? "악마는 디테일에 있다"고 보기 때문이다. 뜻과 취지가 좋다고 해서 면책될 수는 없다. 정부는 대학 학생회가 아니다. 아니 학생회라도 디테일을 소홀히 해 일을 그르치면 큰 욕을 먹는 게 당연하다. '과도기적 현상'이라고 주장하려면 대충이나마 그 기간이 얼마나 될지, 피해자들의 피해에 대한 원상 복구가 가능한지 밝혀야 한다. '대'를 위해 '소'의 희생은 불가피하다는 식의 발상은 용납될 수 없다.

나는 임대차 3법이 '디테일'에 약하거나 그걸 무시하는 경향이 있는 진보의 근원적 문제라고 생각한다. 디테일은 결코 세부적인 문제만을 뜻하는 게 아니다. 반드시 시장 논리와 시장 상황에 대한 고려를 포함하는 것이어야 한다. 시장이 어떻게 반응할 것인가 하는 문제는 옳고 그름의 문제가 아니다. 정책 결정자들이 반드시 감안해야 할 기본 중의 기본이다.

그런 디테일을 무시하는 무능의 본질은 오만이다. 자신들이 모든 답을 알고 있다고 자신하는 맹목적 오만이다. 무능한 사람일수록 자신이 무능하지 않다고 더 강하게 확신하는 인지적 편향cognitive bias을 가리켜 '더닝-크루거 효과Dunning-Kruger effect'라고 한다. 무능함 탓에 어리석은 선택을 할 뿐만 아니라 그런 사실 자체도 깨닫지 못한다는 것이다.[15] 문 정권은 바로 이 '더닝-크루거 효과'에 빠져 있다.

'다수결의 독재'를 촉진한
내로남불

왜 문 정권은 '더닝-크루거 효과'에 빠진 걸까? '민주화 운동의 대부'라는 별명을 가진 전 청와대 교문수석 김정남이 『한겨레』 인터뷰에서 털어놓은 고백을 경청해보자. 그는 "재야에서 민주화 운동하다가 청와대에서 일해보니까 어땠어요?"라는 질문에 다음과 같이 답했다.

"사실 민주화라는 것만 되면 모든 게 다 잘될 거라고 생각하고 그것만 향해서 마구 달려왔는데 막상 국정 운영에 참여해보니까 우리가 너무 무식하고, 국정에 대해서 모르는 부분이 너무 많았어요. 우리는 민주화를 위해서 밤새 울어보긴 했지만, 이 나라가 어디에 서 있고 어디로 가고 있는가에 대해서 멈춰서서 한 번도 고뇌해본 적이 없었잖아요. 나 자신의 무지를 새삼 느꼈고, 국정 하나하나에 경건해야 하는 거구나 깨달았죠."

이어 김정남은 "무능하면 겸손이라도 해야 하는데 지금 정권을 잡은 사람들이나 과거 운동을 했던 사람들이 그렇지 않고 오히려 뻔뻔하고 위선적인 데가 있잖아요"라고 개탄했다. "나는 민주화 운동 했던 사람들이 너무 빨리 타락해버린 게 아닌가, 우리의 초심과 민주화의 열정을 잃어버린 게 아닌가 하는 생각을 오래전부터 했어요. 부끄러움과 반성이 항상 필요한데 법적으로 문제가 없으면 괜찮다는 식으로 도덕성과 인간됨을 스스로 부정하는 현상이 민주화 이후 30여 년 동안에 오히려 확대 심화되어온 게 아닌가 싶어요. 특히 여야 정치권에서 말이죠."[16]

그렇다. 싸가지 없음, 즉 오만의 문제다. 왜 이렇게 된 걸까? 기존의 '제왕적 대통령제'와 '청와대 정부'가 문 정권에 이르러 심화된 데다 이의 제기마저 가로막는 열성 지지자 집단의 '검열' 활동이 비교적 성공적으로 이루어진 데에 큰 책임이 있다. 별로 신뢰가 안 가는 하나의 답안을 제시해놓고선 외부에서건 내부에서건 조금이라도 다른 의견을 제시하면 천하의 역적이나 되는 것처럼 공격해대니, 오류를 바로잡을 길이 없다.

"그렇게 하면 큰 부작용 난다"는 보수의 반론을 진보가 꼭 받아들일 필요는 없다. 보수는 큰 변화를 바라지 않기 때문에 부작용 타령부터 앞세우기 마련이다. 그러나 보수의 모든 반론이 그런 건 아니다. 보수 정권하에서 나오는 진보의 반론이 그러하듯이 말이다. 진보니 보수니 하는 경계를 넘어서, 당파적 집단사고에 빠져 너무도 어리석은 정책을 쓰고자 할 때엔 야당의 반대는 정당하거니와 아름답다. 그렇다면 어떻게 판별할 것인가? 그게 바로 윤희숙이 말한 '프로세스'를 거치는 것이다.

민주당이 내부적으로나마 그런 프로세스를 전혀 거치지 않은 건 아니다. 민주당이 법 개정 한 달 전인 6월 30일 개최한 '민생공정경제 연속 세미나(주거 분야)'에선 부작용 문제가 거론되면서 '충분한 준비, 문제점에 대한 복안과 대책'이 강조되었고 민주당 의원들 사이에서도 "연구할 것이 많다"는 공감대가 어느 정도 형성되었다.[17] 그러나 당시 민주당 대표 이해찬을 비롯한 지도부는 "추가 논의보다 속도가 중요하다"며 군사작전식 속전속결로 밀어붙일 것을 압박했다.

이렇듯 부동산 문제만 놓고 보자면, 비토크라시가 문제가 아니라 비토 없는 '다수결의 독재'가 문제였다. 지식디자인연구소장 이철희는 우회적으로 '다수결의 독재'를 가볍게 보는 민주당의 '다수결에 대한 오해'를 지적했지만, 이건 결코 '오해'나 '무지'의 문제는 아니다.[18] 과거 민주당이 소수 야당이었을 땐 '다수결의 독재'를 두려워하고 혐오했기 때문이다. 바로 내로남불이 원흉이다.

'데모크라시'가 '비토크라시'로 전락한 이유는 이미 앞서 충분히 설명한 '정치적 양극화'지만, 그 반대인 '다수결의 독재' 역시 '정치적 양극화' 때문임은 두말할 나위가 없다. 날이 갈수록 '정치적 양극화'를 심화시킨 주범 중의 하나는 소셜미디어를 앞세운 디지털 혁명이기에, 이렇다 할 해법도 존재하지 않는다. 여당은 "그렇게 질질 끌려다니라고 180석을 준 줄 아느냐"고 외쳐대는 열성 지지자들의 졸*이 된 지 오래인지라 더욱 그렇다.

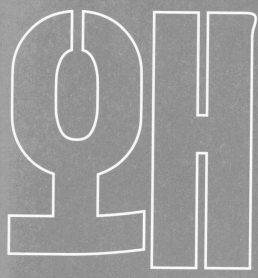

대통령의 통치가
'영원한 선거 캠페인'으로
변질되는가?

제
14
장

"소정치인Politician은 다음 선거를 생각하고,
　대정치인Statesman은 다음 세대를 생각한다."[1]
　●미국 신학자 제임스 클라크

"선거는 인간을 너무
피폐하게 만든다"

세계 모든 나라 중에서 '선거의 제국'은 단연 미국이다. 미국에선
4년 주기로 100만 가지 이상의 선거가 실시되고 있다. 선거를 통
해 뽑히는 대통령과 부통령, 주지사 50명, 상원의원 100명, 하원의
원 435명은 극히 일부에 지나지 않으며, 선거로 뽑히는 공직자의
수가 50만 명을 넘는다. 미국인 600명당 1명꼴이다. 선거로 밥을
먹고사는 전문적인 정치 컨설턴트도 7,000여 명에 이른다.[2]

"정치는 조롱, 야유, 도발, 손가락질과 중상모략의 세계이다."
정치 컨설턴트 리처드 셜랙먼Richard Shelackmun과 제이미 더글러스
Jamie Douglas가 『캠페인과 선거』(1995년 7월호) 인터뷰에서 한 말이
다. 이어 그들은 이렇게 말했다. "두려움, 분노, 질투, 분개, 수치는
정치 경기장에서 난무하는 강력한 감정들이다.……부정적 캠페인
은 아름답게 보일 때가 거의 없다. 그것은 우리를 기분 좋게 만들지
도 않는다. 그러나 일단 당신이 유권자들에게 상대 후보의 결함에
대해 알려주기로 했다면, 그 결정에 충실해야 한다. 당신은 이기기
위해 뛰고 있음을 잊지 말라."[3]

연방 하원의원 바니 프랭크Barney Frank는 1996년 이렇게 단언
했다. "선거 캠페인을 즐기고 있다고 말하는 사람은 누구든지 거짓
말쟁이거나 정신병자이다."[4] 민주당 정치 컨설턴트인 크리스 르헤
인Chris Lehane은 2008년 10월 대통령 선거 캠페인의 막판엔 네거
티브 공격이 불가피하다면서 이런 말을 남겼다. "늘 공중전화 박스
안에서 하는 칼싸움으로 전락하고 말지요."[5]

물론 한국도 다를 게 없다. "선거는 인간을 너무 피폐하게 만든
다."[6] 제16대 대통령 노무현(1946~2009)이 2006년 '4·13 총선'
때 민주당 부총재로 부산 북-강서을에 출마했다가 낙선한 후에 한
말이다. 선거의 잔인함에 대해 나온 명언 중 가장 돋보인다. 선거가
인간을 너무 피폐하게 만드는 건 대통령 선거나 국회의원 선거 등
과 같은 큰 정치적 선거에만 국한된 법칙은 아니다. 선거는 평화로

운 농촌 마을마저 망치는 괴력을 발휘하기도 한다. 이장 선거 때문이다.

이장은 행정기관(읍·면)과 주민 간 가교 역할을 하는 농어업 관련 지원 사업 신청과 교육, 주민 계도 사항 등을 알리고, 주민 건의·애로 사항을 읍·면에 전달하는 일을 한다. 이장에겐 매달 20만 원의 수당, 매년 상여금(200퍼센트)으로 40만 원이 지급된다. 여기에 회의 수당으로 월 4만 원이 더해져 연간 328만 원을 받는다. 일부 지자체는 고교·대학생인 이장 자녀에게 장학금도 준다. 임기는 보통 2~3년으로 대부분 지역에서 연임 제한이 없다. 이장은 각 지자체가 조례나 규칙을 통해 선출하도록 하고 있다. 주민 총회에서 뽑힌 당선자를 면·읍·동장이 임명하는 식이다. 공직 선거가 아니라는 이유로 불법 선거운동이나 금품 수수 등이 드러나도 법적 처벌이 불가능하다. 이 때문에 선거가 끝나면 결과를 무효로 해달라고 주민 간 싸움이 벌어지는 곳이 적지 않다.[7]

『새전북신문』(2005년 1월 5일)엔 이런 기사가 실린 적이 있다. "완주 일부 지역의 이장 임기가 지난해 말로 만료됨에 따라 이장 선거가 과열 양상으로 치닫고 있어 마을 공동체 갈등 현상이 빚어지고 있다.……선거가 끝난 후 후보들은 물론 주민들 사이에 편이 갈라져 분위기가 나빠지고 있는 실정이다. 특히 담장 하나를 두고 정을 나누었던 주민들 사이에 대화가 끊어지는 등 후유증을 앓고 있다."

왜 정치인만 썩었다고
손가락질하는가?

10여 년 후엔 좀 나아졌을까? 전혀 그렇지 않았다. 2016년 2월 어
느 마을의 풍경을 보자. "'동네 창피해서 뭔 말도 못 하것네.' '눈만
뜨면 얼굴 보고 사는 사이에 이게 뭔 일이랴.' 지난 19일 오전 11시
충남 청양군 청남면 청소1리에서 만난 주민들은 손사래부터 쳤다.
100여 가구, 230여 명이 살고 있는 마을에 웃음이 사라진 지 두 달
이 넘었다. 지난해 12월 18일 치러진 이장 선거 때문이다. 선거 직
후 낙선한 A(60) 후보는 '개표에 참여한 주민 일부가 임의로 서명
하고 관련 서류를 위조했다'며 동네 주민들을 고소했다. 경찰이 소
환 조사에 나서면서 마을은 더 흉흉해졌다."[8]

2016년 4·13 총선을 앞두고 전남 보성에서는 이장 16명이 사
퇴했다. 순천은 4명, 신안은 2명이 그만두고 선거 캠프에 합류했
다. 각 후보가 이장들의 인맥을 선거에 활용하겠다는 전략 때문에
벌어진 일이었다. 한성대학교 이창원(행정학) 교수는 "이장이 권력
화되면서 여론을 호도하고 지위를 이용해 이득을 얻어내는 경우가
생기고 있다"며 "현재는 이장이 주민에게 피해를 줘도 책임을 묻기
어려운데 법적 책임을 묻는 방안을 마련할 필요가 있다"고 했다.[9]

조합장 선거는 어떤가? 차마 눈 뜨고 보기 어려울 정도다.
2019년 3월 13일 실시된 전국 동시 조합장 선거에선 조합원들에

대한 금품 살포가 난무했다. 중앙선거관리위원회에 따르면 금품 수수 등 불법행위로 고발된 제2회 전국 동시 조합장 선거 사범은 194명에 달했다. 조합원들 사이에선 '10당8락(10억 원을 쓰면 당선 되고 8억 원을 쓰면 낙선)'이란 말이 공공연하게 나왔다. 한 조합장은 "투명한 선거운동과 전방위적 감시가 이뤄지지 않고 현 제도대로 조합장 선거가 계속 치러진다면 돈을 쓰지 않으면 당선은 엄두도 낼 수 없는 구조"라며 "누군들 돈을 쓰고 싶어 쓰겠느냐. 유권자가 적어 표가 눈에 훤히 보이니 유혹을 뿌리치기 어려운 것"이라고 말했다.[10]

대학교수들이 투표하는 대학 총장 선거는 어떤가? 전남대학교 총장에 당선된 교수 김윤수는 2008년 "20년간의 총장 직선제로 대학 민주화는 진전됐지만 총장 선거가 속된 말로 '골목대장'을 뽑는 것이라는 지적을 받을 만큼 연고 집단의 지배가 강화됐다"고 했다. 임기가 끝나가는 한 총장은 "교수들에게 밥 사주고, 눈치 보고, 당선 후엔 보직 나눠주자니 환멸을 느꼈다"고 말했다.[11] 대학교수들로 구성된 학회의 회장 선거만 해도 온갖 부작용이 속출해 회장 직선제를 택하지 않는 학회들도 생겨났다.

이렇듯 모든 선거가 다 인간을 피폐하게 만드는 면이 있다. 꼭 치열하게 싸워서 그런 것만은 아니다. 선거에 출마한 사람들이 선거 결과를 자신의 인생에 대한 평가로 여기는 경향이 있다는 게 더 큰 문제다. 무슨 협회장이나 학회장 선거처럼 후보자와 유권자가 서로 잘 아는 성격의 선거에서 패배한 후보는 "내가 겨우 이 정도밖에 안 되는 인간이었단 말인가!"라며 자학을 하기도 한다. 그게 전혀 아니거니와 그럴 필요가 없는데도 말이다. 인간을 피폐하게 만들지 않는 선거는 영원히 불가능한 것일까? 그게 불가능하다면, 정치인들만 썩었다고 손가락질할 일은 아닌 것 같다. 유권자들의 성찰도 필요하다는 뜻이다.

"정치인을 위한 변명"

정치인을 위한 변명을 하는 김에 하나 더 해보자. 독일 사회학자이자 정치가인 헤르만 셰어Hermann Scheer, 1944~2010는 『정치인을 위한 변명: 정치는 어떻게 정치인을 망가뜨리는가』(2003)에서 "정치 외의 분야에서 일어나는 보기 흉한 권력 다툼은 대부분 감춰져 있는 반면 정치 싸움은 여과되지 않고, 때로는 밀고에 의해 그대로 공개된다"며 이렇게 말한다. "정치인은 항상 그의 행동에 있어 특별히 더 투명하게 조명을 받고 있는 것이다. 달리 말하자면 다른 행동 영역들, 즉 덜 공개적인 행동 영역은 정치보다 더 존중받고 있는 셈이다."[12] 그는 또 "사람들의 집단에는 흔히 하는 말처럼 이런 사람도 있고 저런 사람도 있다. 그러나 정치인들에 대해서는 그런 차이

를 인정하지 않는다"고 말한다.[13]

이어 셰어는 "많은 정치인들은 '눈에 띄고자 하는 욕구'를 가지고 있다. 왜냐하면 의견을 관철시키기 위해서 밀접한 관계에 있는 사람들이 자신의 말을 듣게 만들어야 하기 때문이다. 대중에게 접근하려는 모든 시도를 단지 허영적인 자기표현을 위한 동기로만 본다면 그들이 하는 말은 어떤 것도 진실되게 받아들일 수 없게 된다. 그러한 고정관념은 모든 정치적 대화를 불가능하게 한다"며 다음과 같이 말한다.

"정치에도 물론 절망, 방해 공작, 모욕 등이 존재한다. 하지만 이러한 것은 정치에만 국한된 것이 아니다. 기업 내에서의 일상적인 경쟁, 특히 임원들 사이에서도 이는 마찬가지이다. 학계에서도 교수직, 연구 위임, 출판 등에 관한 문제에 있어서 음모, 기회주의, 적대감 등이 있기 마련이다. 공명정대한 정신이 강조되는 운동단체 안에서도 의장직이나 팀 편성에 있어 격투가 벌어지기는 마찬가지이다. 능력이나 착안, 성과 등을 무시하는 행동은 정치인과 마찬가지로 학자들 사이에서도 벌어지고 있다. 따돌림이 없는 직장은 없으며 정신적 부담과 기본적인 생존의 위협이 없는 곳도 없다."[14]

'정치인을 위한 변명'치고 아주 훌륭한 변명이다. 셰어의 변론에서 가장 가슴에 와닿는 건 정치가 미디어의 일용할 양식으로서 늘 사람들의 일상을 파고든다는 점이다. 그 내용은 어떤가? 언론을 일컬어 행정·입법·사법에 이은 '제4부'라고 부르던 시절이 있었다. 영국의 보수 사상가이자 정치가인 에드먼드 버크Edmund Burke, 1729~1797가 1787년에 처음 쓴 말이다. 오늘에 비해 민권의 힘이 약했던 18~19세기, 아니 20세기까지도 언론은 3부의 감시자였고 그래야만 했다. 언론의 사명은 오직 감시와 비판이었다. 3부를 포함해 사회의 어둡고 추한 것들을 찾아내 고발하는 데에 목숨을 걸다시피 했으니, 뉴스는 곧 '나쁜 뉴스'를 의미하는 것이었다.

1920년대에 『타임』을 창간해 언론 제국을 세운 헨리 루스Henry R. Luce, 1898~1967는 "'좋은 뉴스'는 뉴스가 아니며 '나쁜 뉴스'가 뉴스"라는 정의를 내렸고, 이 정의는 미국을 넘어 전 세계의 언론인이 내면화한 가치가 되었다. 이스라엘의 언론학자 타마 리브즈Tamar Liebes의 표현에 따르자면, 언론은 "규칙보다는 예외를, 규범보다는 일탈을, 질서보다는 무질서를, 조화보다는 불협화음"을 보도하는 걸 사명으로 삼아온 것이다.[15]

정치는 텔레비전과 같은 운명이다

그러니 매일 그런 양식을 받아먹는 사람들이 어찌 정치를 좋게 볼 수 있으랴. 물론 정치가 욕먹을 점이 많긴 하지만, 필요 이상으로, 아니 아예 구조적으로 욕받이 역할을 하게끔 되어 있지 않느냐는 것이다. 이 점에서 정치는 텔레비전과 같은 운명이다. 텔레비전은 다른 고급예술과는 달리 칭찬을 받는 경우가 드물다. 주로 비판의 대상이다. 미국의 한 텔레비전 PD는 이렇게 항변한다. "텔레비전이 수요일에만 방송된다면 그건 기가 막히게 좋을 것이다." 이게 무슨 말인가? 어느 텔레비전 작가의 설명에 따르자면, 텔레비전이 많은 사람에게 나쁘게 보이는 이유는 그 대부분의 것이 가시적visible이라는 데에 있다는 것이다. 고급미술이라 하더라도, 일부러 화랑을 찾지 않고 그것이 텔레비전처럼 늘 도처에 편재해 있다면 그래도 그렇게 좋기만 하겠느냐는 이야기다.[16]

텔레비전의 전성기라 할 1980년대 초반에 나온 말이지만, 수궁할 수 있는 점이 있다. 대중의 일상적 삶의 도처에 편재하는 건 아무래도 싸구려로 홀대받기 십상이다. 이게 바로 정치의 운명과 비슷하다는 이야기다. 정치가 중요하다는 이유로, 모든 미디어는 정치 뉴스를 가장 먼저, 가장 크게 다루지만, 거의 대부분의 뉴스가 부정 일변도이니 어찌 정치가 좋은 말을 들을 수 있겠는가 말이다.

정치를 위한 변명을 한 김에 하나만 덧붙여보자. 리더십 전문가 진 립먼-블루먼Jean Lipman-Blumen은 "공식석상에 나타나는 리더들 틈에서는 성자를 찾으려 들지 마라. 성자들이 선거직이나 임명직을 좇는 경우는 극히 드물다. 그 사람들은 정계나 기업 세계 같은 아수라장에는 발을 들여놓지 않는 법이다"고 말한다.[17]

무언가 가슴에 와닿는 점이 있을 게다. 우리는 정치 근처에 아예 발을 들이밀지 않는 사람들을 높게 평가하는 경향이 있다. 그렇다면 우리 스스로 정치와 정치인에 대한 기대 수준을 낮추는 게 공정하지 않은가? 평소엔 정치인에 대한 부정적인 생각을 고수하면서 정치인에게 당위와 사명을 강조하는 건 이상하지 않은가?

이게 참 딜레마다. 아주 괜찮던 사람도 막상 정치판에만 들어가면 이상해진다. 우리는 주로 그런 개인을 비판하지만, 그게 어디 개인 비판으로 달라질 수 있는 문제이겠는가. 한 개인이 무슨 수로 기존 시스템과 관행에 도전할 수 있겠는가. 그래서 정치 근처에 아예 얼씬거리지도 말라는 말을 하는 것이겠지만, 이런 속설이 굳어질수록 정치 개혁은 어려워진다. 그런 한계 속에서도 나름 잘해보려고 하는 일부 정치인들도 피해자가 되고 만다.

이런 문제는 특히 지방에서 두드러진다. 일부 지역은 '1당 독재' 체제인지라 더욱 그렇다. 나는 유권자들이 무소속 신인들에게 기회의 문을 좀 열어주는 게 변화를 위한 출발점이 될 수 있다고 보지만, 오랜 세월 '2지선다형' 선택에 중독되어온 유권자들은 그럴 뜻이 거의 없는 것 같다. 두 개의 답 가운데 하나에 대해선 강한 반감을 갖고 있기에, 이는 사실상 '2지선다형'이라고 보기도 어렵다. '4지선다'나 '5지선다'형 객관식 문제는 자주 비판의 대상이 되긴 하지만, 제발 공정한 '4지선다' 마인드라도 가져달라고 호소해야 하는 지역의 입장에선 배부른 소리다. 문제의식을 가진 사람들이 '4지선다' 캠페인이라도 벌여야 하는 건 아닌지 모르겠다.

선거를 앞둔 대통령들의 '경제 조작'

이제 옹호할 만큼 했으니 다시 비판으로 돌아가보자. 이번엔 집단적 차원에서 벌어지는 정치의 문제를 지적해보자. 미국 저널리스트 시드니 블루멘탈Sidney Blumenthal은 『영원한 캠페인Permanent Campaign』(1980)에서 "오늘날 미국 대통령의 통치행위는 영원한 선거 캠페인 체제로 접어들었다"고 했다.[18] 대통령의 통치행위가 늘 선거를 염두에 둔 선거 유세와 다를 바 없다는 건 아주 오래된 이야기이며, 또 그건 미국에만 국한된 게 아니라 모든 나라에 공통된 것이긴 하지만, '영구 캠페인'이 로널드 레이건Ronald Reagan, 1911~2004의 시대에 이르러 예술의 경지까지 올랐다는 블루멘탈의 본격적인 문제 제기는 민주주의와 정치의 문제를 검증해보는 소중한 기회를 제공했다는 평가를 내릴 수 있겠다.

'영원한 캠페인'의 방식으로 가장 많이 쓰이는 수법이 선거를 앞두고 벌어지는 경제 조작이다. 경제학자 에드워드 터프트Edward Tufte의 연구 결과에 따르면 미국 경제는 일종의 특유한 경기 순환을 갖고 있는데, 지난 수십 년간 중간선거 때마다 미국인의 가처분소득은 대폭 증가했으며, 대통령 선거 때마다 실업률이 감소한 경향을 꾸준히 보여왔다는 것이다. 단 카터와 아이젠하워 정권 때만 예외였다고 한다.

● 왜 대통령의 통치가 '영원한 선거 캠페인'으로 변질되는가? ●

실제로 1960년 선거에서 아이젠하워 행정부의 부통령이었던 리처드 닉슨이 존 F. 케네디에게 패배한 건 텔레비전 때문만이 아니라 아이젠하워가 닉슨을 위해 경제 조작을 해주지 않았기 때문이며, 지미 카터Jimmy Carter가 재선에 실패한 것도 그가 에너지 파동 등의 경제 난국에 처했을 때 선거가 당장 눈앞에 닥쳤는데도 임시변통의 경제 조작을 하지 않는, 장기적인 경제적 관점에서 볼 때는 옳으나 정치적으로는 바보 같은 짓을 했기 때문이라고 주장하는 사람들도 있다.[19] 미국의 1984년 대선 시 현직 대통령이었던 로널드 레이건의 경제 조작은 예산국장 데이비드 스토크먼David Stockman의 증언에 의해 입증되기도 했다.[20]

현직 대통령이 재선을 노릴 경우 또는 재임을 마친 대통령이 자기당 소속 후보를 위해 장기적인 경제 안정과 발전을 저해하면서 일시적으로 경제 사정을 호전시킬 수 있다는 것은 누구나 다 알고 있는 사실이다. 그럼에도 일시적 '피부 경제지수'가 투표 성향을 결정짓는 경우는 미국이나 한국을 막론하고 흔히 볼 수 있다. 정당 간 이념적·정치적 차이들이 점점 사라지면서 가치와 비전을 별로 따지지 않는 정치 전문가들이 더욱 힘을 쓰게 되었고, 그 결과 '영구 캠페인'은 날이 갈수록 심화되고 있다.[21]

미국 하버드대학 케네디행정대학원 교수 일레인 카마르크Elaine C. Kamarck는 『대통령은 왜 실패하는가』(2016)에서 "오늘날의 대통령들은 훌륭한 지도자가 되기 위한 조화와 균형을 잃어버렸다. 그들은 말을 하는 데에 많은 시간을 들이고는 말을 하는 것을 가지고 일을 하는 것으로 착각한다. 그들을 지근거리에서 보살피는 보좌관들은 주로 선거 캠페인을 함께했던 사람들이다. 이런 보좌관들은 커뮤니케이션 능력은 뛰어나지만 통치 능력은 부족하다"며 다음과 같이 말한다.

"오늘날 대통령이 백악관에 입성할 때에는 대통령의 정치 팀도 함께 들어가는데, 그들은 선거 캠페인을 하던 때의 습성을 버리지 못한다. 백악관에서 나오는 자료는 '영원한 캠페인'을 방불케 할 정도다. 정치와 여론에 대한 그들의 관심은 취임식 이후로도 끊이지 않고 계속된다. 대통령조차도 '영원한 캠페인'에 빠져든다."[22]

"근시안적 유권자에게는 근시안적 정책이 제격이다"

한국 역시 다를 게 없다. 역대 정권들의 실세는 대부분 선거 캠페인을 주도했던 '선거 공신'들이었음을 상기할 필요가 있겠다. 실세가 아닌 '선거 공신'들에 대해서도 고위 공직을 제공하는 것은 끊임없는 비판의 대상이 되었지만, 이는 전혀 달라지지 않았고 문재인 정권에서도 마찬가지다. 문 정권에서 '영원한 캠페인'과 관련해 가장 뜨거운 쟁점이 된 건 국가 부채 문제다.

1986년 노벨경제학상 수상자인 제임스 뷰캐넌James Buchanan, 1856~1917은 '적자 속 민주주의democracy in deficit'라는 용어를 선보였다. 민주국가에서 정부는 미래의 인플레이션을 무릅쓰고라도 당장 유권자들의 인기를 끌 수 있다면 돈을 기꺼이 푸는 경향이 있는데, 미국·일본·독일 등 주요 국가들이 만성 재정적자에 시달리는 이유도 민주정치 제도의 문제점 때문이라고 설명하면서 제시한 용어다.[23] 이게 바로 한국에서 이슈가 된 것이다.

2019년 12월 인하대학교 법학전문대학원 교수 이기우는 "문재인 대통령이 최근에 우리나라만 국가 채무 비율을 40% 이하로 유지해야 하는 근거가 무엇이냐고 의문을 제기함으로써 역대 정부에서 불문율로 지켜왔던 국가 채무의 마지노선마저 무너지려 한다"며 "엄격하고 실효성 있는 채무 제동 장치를 시급하게 도입하여 방만한 국가 재정 운영에 빗장을 걸지 않으면 '포용 국가'를 표방하는 문재인 정부가 미래 세대의 등골을 휘게 하는 '착취 국가'의 문을 여는 결과를 초래할 수 있다"고 주장했다.[24]

2020년 10월 5일 기획재정부는 2025년부터 국가 채무 비율을 국내총생산GDP의 60퍼센트, 통합 재정 수지 적자 비율을 GDP의 3퍼센트 이내로 관리하는 '한국형 재정 준칙'을 도입하겠다고 밝혔다. 5년 전인 2015년 당시 새정치민주연합 대표였던 문재인은 채무 비율이 40퍼센트에 육박하자 재정 건전성을 우려하면서 "나라 곳간이 바닥나서 GDP 대비 40%, 730조 원에 달하는 국가 채무를 국민과 다음 정부에 떠넘기게 되었습니다"라고 비판했기에,[25] 이런 '내로남불'은 일부 언론의 비판의 대상이 되었다.

『조선일보』는 「임기 끝까지 빚내 돈 뿌리겠다고 선언한 재정 준칙」이라는 사설을 통해 "정권을 잡은 뒤엔 180도 말을 바꿔 마구 빚을 내 돈을 뿌렸다. 있으나 마나 한 재정 준칙조차 다음 정권부터 적용키로 한 것을 보면 시장 선거와 대선에서 돈을 마음대로 뿌리겠다고 예고한 것이나 다름없다"고 비판했다.[26]

과연 문 정권은 '영원한 캠페인'의 연장선상에서 국가 재정 문제를 다루고 있는 건가? 전문가들조차 의견이 엇갈리는 상황에서 그 어떤 판단을 내리긴 쉽지 않다. 다만 문 정권의 '영원한 캠페인' 전략이 부동산 문제에 작동하고 있는 건 분명한 것 같다. 2020년 11월 초 '중저가 1주택 재산세 인하'와 '주식 양도소득세 과세 완화' 문제와 관련, 『한겨레』는 「선거 의식한 '조세 원칙' 훼손, 소탐대실 부른다」는 사설을 통해 다음과 같이 비판했다.

"이렇게 부자들의 세금을 자꾸 깎아주면서 앞으로 무슨 면목으로 국민들한테 재정 확대와 세수 확보의 필요성을 설득할 수 있겠는가. 세금 깎아준다는데 싫어할 사람 없기 때문에 이번 감세안은 내년 4월 서울·부산시장 보궐선거에 도움이 될 수 있다. 하지만 눈앞의 정치적 이익 때문에 조세 원칙과 정책 일관성을 훼손하는 건 소탐대실이라는 점을 민주당은 명심해야 한다."[27]

그러나 선거에 목을 매는 정당이 소탐대실小貪大失에 신경을 쓸 것 같진 않다. 누가 정당을 국익을 추구하는 집단이라고 믿겠는가? '영원한 캠페인'을 대통령과 집권 정당이 누릴 수 있는 특권으로 돌리기에는 그로 인한 국가적 희생이 너무 크다. 터프트는 선거를 앞둔 정치적 경제 조작에 현혹되는 유권자들에 대한 경고로 "근시안적 유권자에게는 근시안적 정책이 제격이다"는 명언을 남겼지만,[28] 유권자에게 너무 많은 걸 요구한 건 아닐까?

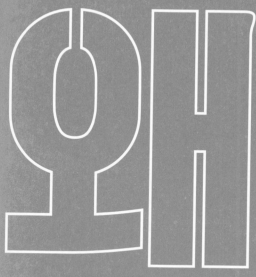

왜

정권과 정치권은
예산으로
장난을 치는가?

제
15
장

"당신들에게 해야 할 말이 있다.
나는 보통선거를 그 자체로는 전혀 존중하지 않는다.
존중 여부는 선거가 무엇을 하느냐에 달려 있다.
보통선거는 그것이 산출하는 것과는 무관하게
존중해야 할 유일한 것이라고들 한다.
왜 그래야 하는가?"[1]
● 프랑스 철학자 알랭 바디우

수도권 정권의
'지방 분할 지배' 전략

"예전에 내가 초선 시절(14대 국회)엔 국회의원들이 지역구 예산을
따오는 걸 부끄럽게 생각하는 경향이 있었다. 그건 결국 다른 곳의
예산을 자기가 끌어오는 건데 그게 공짜가 아니다. 정부가 정치인
을 길들이는 방식이다. 국회의원이 정부 신세를 지면 정부 문제점
을 지적하기 어렵게 된다. 부끄러워해야 할 일인데 요즘 후배들이
자기가 예산 좀더 땄다고 문자메시지로 홍보하는 걸 보면 서글프

다."유인태가『중앙일보』(2020년 8월 21일) 인터뷰에서 한 말이다.

이 기사에 따르면, "유인태(72) 전 국회 사무총장은 노무현 정부에서 초대 청와대 정무수석으로 기용돼 문재인 당시 민정수석과 함께 노 전 대통령을 보좌했다. 2010년 무렵엔 문 대통령의 대선 출마를 설득한 인연도 있다. 그래서 유 전 총장은 현 여권에서 문 대통령에게 직언을 할 수 있는 몇 안 되는 원로로 꼽힌다. 원래 할 말은 하는 돌직구 스타일인데다 지금은 현실 정치에서 은퇴했기 때문에 진영 논리에서 상대적으로 자유롭다."[2]

유인태와 같은 분이 몇 명만 더 있어도 한국 정치가 한결 나아지겠건만, 현실은 전혀 그렇지 못한 게 안타깝다. 나는 한국 정치 개혁의 '킹 핀king pin(볼링에서 스트라이크를 치기 위해 맞혀야 하는 5번 핀으로 일반적으로 문제의 핵심을 말한다)'이 바로 예산 문제에 있다고 생각하기에 더욱 그렇다. 이미 잘 알려진 비밀이지만, 한국인의 정당 충성도는 대단히 높다. 평소엔 지지하는 정당이 없을 뿐만 아니라 정당들에 침을 뱉다가도 투표를 할 때엔 정당만 보는 게 한국 유권자들의 속성이다.

역설이지만, 정당을 신뢰할 수 없는 집단으로 간주하기 때문에 더욱 정당에 집착한다. 정당이 공명정대한 집단이라면 굳이 정당에 연연할 이유는 없다. 정당은 불공정과 편파에 능한 집단이기에 지역 발전을 위해선 힘이 있는 정당을 무시할 수 없다는 게 유권자들의 오랜 경험에서 비롯된 통찰이다. 유권자들에겐 정당정치에 대한 신념보다는 정당 중심의 정략적 파워에 대한 기대(또는 공포) 심리가 강하다는 뜻이다. 지역주의적 투표 행위도 '우리 정당'이라고 부를 수 있는 정당의 집권을 위해 표를 몰아줘 예산 등과 같은 이익을 제대로 챙기자는 프로젝트의 일환으로 보는 게 옳다.

지금도 전국의 모든 지역이 앞다퉈 다 자기 지역이 가장 못살고, 가장 차별받고, 가장 억울하다고 하소연하고 있다. 이른바 '우는 아이 젖 더 주기 신드롬'이다. 바로 여기서 사실상 수도권의 이익을 대변하는 수도권 정권의 '분할 지배divide and rule' 메커니즘이 작동한다. 지방의 각 지역은 이른바 '내부 식민지' 체제를 바꾸려 하기보다는 그 체제를 전제로 하여 중앙에서 더 많은 것을 얻어내는 데에 더 큰 관심을 갖고 있다. 물론 이런 지역 간 경쟁이 바로 지역주의와 지역감정의 온상이기도 하다.[3]

국회의원들의 '예산 갑질'

"예산 확보는 전쟁이나 다름없다. 그러기에 모든 공직자들이 중앙을 오가며 치열한 사투를 펼치고 있다"거나 "독립운동하듯이, 죽을 각오로 한다"는 말은 전국의 지자체 주변에서 쉽게 들을 수 있는 말이다.[4] 국회 예산결산특별위원회 전체회의에서 나오는 국회의원 발언 가운데 3분의 1 가까이가 지역구 민원성 요구에 집중되는가 하면, 막바지에 예산결산특별위원회에 '쪽지'를 넣어 자기 지역 개발 예산을 챙기는 '쪽지 예산'을 비롯해 이른바 '실세'들의 자기 지역구 예산 챙기기는 극에 이르렀다. 언론은 이를 가리켜 '막가파 행태', '복마전' 등으로 비난하지만,[5] 이는 늘 반복되는 연례행사일 뿐 달라지는 건 전혀 없다. 현 지방자치의 핵심은 바로 그런 예산 전쟁이라고 해도 과언이 아니다.

국회의원이나 고위 관료를 하면서 자신의 권력을 만끽할 수 있는 최대의 기회도 바로 그런 예산 전쟁에서 나온다. 대선 캠프에 있었고 별정직 관료로 일한 어느 인사는 "내 손에 돈이 들어오지는 않아도 남의 돈(국민 세금) 수백억 원을 내 결정으로 움직일 수 있다는 게 보통 매력이 아니다"면서 "중앙 부처 과장급만 돼도 지방에서 칙사 대접을 받는다"고 말했다.[6]

중앙 부처 과장급이 그런 대접을 받을진대 국회의원이 가만있을 순 없잖은가. 2015년 8월 어느 정치적 모임의 야유회에서 새정치민주연합 예산결산특별위원회 간사인 국회의원 안민석이 "100억 원의 예산을 내려주겠다"며 부안 군수에게 노래를 시킨 것으로 알려져 물의를 빚은 적이 있다. 부안 군수는 결국 안민석의 거듭된 요청을 거절하지 못하고 부안 출신 가수 진성의 히트곡 〈안동역에서〉를 불렀다고 한다.

이에 새누리당 전북도당은 성명을 내고 "비록 술자리를 겸한 사석에서 한 말이라고 변명하고 있지만, 자치단체장이 야당 의원에게 잘 보이면 지역 예산을 손쉽게 확보하고 반대로 비위에 거슬리면 예산 배정에서 밀려난다는 식으로 이야기한 것은 여당은 물론이고 예산 확보를 위해 애쓰고 있는 자치단체와 지역 정치권을 무시한 것"이라며 "깊이 반성하고 국가 재정의 건전하고 내실 있는 운영을 위해 최선을 다할 것을 촉구한다"고 밝혔다.[7]

그러나 별로 가슴에 와닿지 않는다. 여야를 막론하고 예산결산특별위원회 의원에게 잘 보이면 지역 예산을 손쉽게 확보하고 반대로 비위에 거슬리면 예산 배정에서 밀려난다는 것은 누굴 무시하고 말고를 떠나서 상식처럼 통용되고 있는 게 현실이기 때문이다.

법사위 의원에게도 그럴 힘은 있다. 2020년 11월 5일 법사위 예산 심사 전체회의에서 민주당 의원 박범계는 지난해 법원 판례 모음과 관련한 사업 예산이 전액 삭감된 점을 거론하며 법원행정처장 조재연에게 "절실하게, 3천만 원이라도 좀 절실하게 말씀해달라"며 "그래야지 된다. '의원님, 꼭 살려주십시오. 정말 국민 위해서 필요한 일입니다. 다리 하나, 상판 하나에 해당하는 돈밖에 안 되는 거예요' 한번 하세요"라고 발언해 논란을 빚었다.

이에 『조선일보』는 "의원들의 갑질은 빈번했지만 이렇게 공개적으로 하는 경우는 처음 보는 것 같다. 예산은 국민이 낸 세금이지 박 의원 돈이 아니다. 오만한 정권 사람들의 황당 언행이 끝이 없다"고 했지만,[8] 이 또한 그렇게 가슴에 와닿진 않는다. 공개적으로

건 비공개적으로건, 여야를 막론하고, 예산 문제와 관련된 의원들의 '갑질'은 상식처럼 통용된 지 오래기 때문이다.

"가덕도 신공항 건설은
10조 원짜리 매표 행위"

2020년 11월 6일 민주당 원내대표 김태년이 그런 '예산 갑질'에 가세했다. 민주당이 가덕도 신공항 건설을 주장하며 이를 검토하기 위한 관련 예산 편성을 강하게 요구한 것에 대해 국토부가 난색을 보이자, 김태년은 민주당 지도부 회의 직후 "에이 X자식들", "국토부 2차관 들어오라 해"라고 소리쳤다는 것이다. 왜 그런 걸까? 『조선일보』(11월 7일)의 다음 기사를 음미해보자.

"민주당이 가덕도 신공항 건설 불씨를 되살리려는 것은 내년 4월 부산시장 보궐선거와 후년 대선을 염두에 둔 것이란 해석이 지배적이다. 가덕도 신공항을 앞세워 부산·경남 지역 표심을 공략하겠다는 것이다. 이낙연 대표는 지난 4일 부산을 찾아 가덕도 신공항 건설 지원을 약속하면서 '희망 고문을 끝내도록 최선을 다하겠다'고 했다.……여당이 이렇게 나오니 야당도 찬성하고 있다.……정치권 관계자는 '국토부에서 이미 세 차례나 김해 신공항이 적절하다는 결론을 내렸는데 여야의 선심 공세에 다시 원점으로 돌아갈

판'이라고 했다."[9]

『중앙일보』(11월 10일)는 김태년의 '버럭' 덕분에 결국 정책 연구 사업비에 20억 원이 추가 증액되는 방식으로 정리되었다며 이렇게 말했다. "여당 뜻대로 가덕도 신공항 용역 예산이 확보된 것이다. 정치가 공항을 뒤덮은 장면이다.……정치권으로선 선거가 최우선일 수 있다. 하지만 공항은 한 번 지어놓으면 잘못됐더라도 되돌릴 수 없다. 자칫 수조 원에 달하는 막대한 세금만 낭비하는 꼴이 된다. 공항에서 정치를 걷어내야만 하는 이유다."[10]

2020년 11월 17일 국무총리실 산하 김해 신공항 검증 위원회는 2016년 확정했던 김해 신공항 안은 "근본적 검토가 필요하다"며 사실상 백지화하겠다고 발표했다. 이를 예상한 『조선일보』는 "가덕도 신공항 건설은 10조 원짜리 매표 행위인 셈이다"고 비판했다.[11] 이어 『조선일보』는 "돈이 너무 많이 든다는 이유 때문에 신공항 후보지로서 3위 판정을 받았던 가덕도는 돈이 너무 많이 든다는 바로 그 이유 때문에 보궐선거용 최적 카드로 선택됐다"며 다음과 같이 말했다.

"지역에 국민 세금이 많이 퍼부어지니 지역민들이 더 좋아할 것이란 계산이다. 경제성이 없는 사업을 막무가내로 밀어붙인다는 사실이 오히려 지역민들에게 점수를 딸 수 있다는 판단도 했을 것이다. 동남권 신공항이 14년째 요동치는 것도 결국 선거 때문이다. 문재인 정권은 '성추행'으로 날아간 부산시장을 되찾으려고 신공항을 다시 꺼낸 것이다. 선거 치를 때마다 공항이 생긴다.……문제는 선거용 매표 행위란 비판이 오히려 정권에는 도움이 된다는 것이다. 언론이 비판할수록 표 얻기는 더 좋다는 계산도 할 것이다."[12]

온도 차이는 있지만, 모처럼 보수 신문과 진보 신문이 한목소리를 냈다.『한겨레』는 「또 정치 논리로 오락가락하는 영남권 신공항」이라는 사설을 통해 "천문학적 예산이 투입되는 대형 국책 사업이 이렇게 오락가락하는 건 어떤 이유로든 바람직하지 않다"며 "신공항 입지를 가덕도로 바꾸려는 부산·울산·경남 정치권의 이해관계가 재논의의 출발점이 된데다, 내년 4월 부산시장 보궐선거를 앞두고 속도를 낸다는 의심도 지울 수 없다"고 했다.[13]『한겨레』는 다음 날에도「선거 의식한 가덕도 밀어붙이기, 볼썽사납다」는 사설을 통해 "정치권이 10조 원 넘게 드는 초대형 국책 사업을 치밀한 검토와 충분한 논의 절차도 없이 밀어붙이려는 이유가 내년 4월 부산시장 보궐선거 때문이라는 걸 모를 사람은 없다"고 비판했다.[14]

그게 아니다. 겨우 내년 4월 부산시장 보궐선거 때문에 그러겠는가? 신공항 건설은 10년 사업인데, 10년간 내내 정치적으로 우려먹을 수 있는 카드라고 보는 게 합리적이지 않을까? 그걸 귀신같이 눈치 챈 국민의힘 소속 부산 지역 의원들은 11월 20일 여당보다 먼저 '가덕도 신공항 특별법안'을 국회에 제출했다. 여당에 일방적으로 당하지 않겠다는 뜻이겠지만, 이로 인해 국민의힘은 자중지란自中之亂에 빠져들었다. 여권은 일거양득一擧兩得이라며 내심

만세를 불렀을지도 모르겠다.[15]

정치권이 미쳐 돌아가는 가운데 김해 신공항 검증 위원회의 반발이 터져나오면서 이 '사건'은 점입가경漸入佳境으로 치달았다. 검증 위원회의 결론이 발표 직전에 뒤집혔다는 위원들의 증언도 나왔다. 이에 『조선일보』는 "정권 마음대로 조작하고 꿰맞출 거면서 애먼 사람들에게 왜 멍에를 씌우나. 나중에 문제가 될 소지가 다분하니까 책임을 대신 뒤집어써줄 희생양을 확보해두는 것이다. 참 비겁한 사람들이다"고 비판했다.[16]

이 사건을 어떻게 봐야 할까? 전 법무부 장관 조국이 8년 전 모범답안을 제시했다. 그는 동남권 신공항에 대해 "선거철 되니 또 토목 공약이 기승을 부린다"며 "신공항 10조면 고교 무상교육 10년이 가능하다"고 했다.[17] 이젠 자신의 생각이 바뀌었다고 했지만, 내로남불의 원리로 추진하는 일이 잘될 거라고 보긴 어렵지 않겠는가.

정치 개혁을 가로막는
'내부 식민지' 시스템

정권과 정치권의 선거를 겨냥한 '예산 장난질'은 모를 사람이 없는 공개된 비밀이다. 의원들의 '예산 갑질'과 정권 차원에서 벌어지는 '예산의 정치적 도구화'라는 '상식'은 지방 유권자들도 귀신같이 꿰뚫고 있다. 그래서 총선이나 지방선거에서 유권자들에게 가장 잘 먹히는 선거 구호는 "나 중앙에 줄 있다"며 자신의 '줄'을 과시하는 것이다. 줄이 튼튼한 사람이 예산을 지역으로 많이 가져올 수 있다는 걸 유권자들이 잘 알고 있기 때문이다. '줄'은 아무래도 전직이 화려한 사람들에게 유리하다. 역대 정권들은 그 점을 악용해 '단기 장관'을 양산해왔다. 총선이나 지방선거에서 여당 후보들을 많이 당선시키기 위해 장관직을 비롯한 고위직 간판을 만들어줌으로써 국정 운영을 선거의 졸卒로 이용하는 짓을 저질러온 것이다.

아무리 성실하고 청렴하고 유능한 일꾼이라도 '줄'이 약하면 선택받기 어렵다. 창의적 혁신도 대접받지 못한다. 국회의원과 자치단체장의 유능도는 '줄'을 이용해 중앙에서 많은 예산을 끌어오는 걸로 결정되기 때문이다. 이미 중앙에 줄을 만든 사람은 자신의 비교 우위를 지키기 위해 기존 체제를 원한다. 이처럼 예산 문제가 한국 정치와 지방자치의 내용을 결정한다. '예산 결정론'이라고 해도 좋을 정도로 예산 분배 과정이 미치는 영향력은 절대적으로 크다. 자치단체장들과 국회의원들이 유권자들에게 내미는 연말 실적 보고를 보라. 거의 대부분 자신이 무슨 예산을 따왔다는 자랑 일색이다. 즉, 정치가 '예산 따오기'로 환원되고 있는 것이다.

결국 '중앙정부 예산 분배의 투명화·시스템화'가 지역주의 해소는 물론 지방 소멸 예방의 강력한 대안 중 하나다. 여기서 '예산 분배의 투명화·시스템화'를 어떻게 할 수 있느냐고 묻는 건 우문愚問

이다. 아니 너무도 사소한 질문이다. 지난 반세기 넘게 지속되어온 '예산 분배의 정치화·정략화'를 중단시키는 게 거의 불가능한 일처럼 여겨지는 현실 때문이다. 그걸 깨부수면 답은 저절로 나오게 되어 있다. 이 분야의 전문가가 좀 많은가.

지금 지방에 가장 필요한 건 스스로 혁신을 하지 않으면 죽는다는 절박한 위기의식과 더불어 자율적 능동성을 갖고 자기 목소리를 내는 것이다. 그런데 이걸 가로막는 게 바로 예산이라는 채찍과 당근으로 장난치면서 지방을 식민지로 묶어둔 결과로 나타난, '스톡홀름 신드롬Stockholm syndrome'이었다는 점에 대한 인식과 성찰이 중요하다(스톡홀름 신드롬은 강자의 위협에 굴복해 강자를 사랑하기까지 하는 현상을 말한다).[18]

하지만 우리는 다른 분야에선 제법 선진적인 변화를 원하고 시도하면서도 예산 분야만큼은 사실상 계속 최악의 낙후 상태를 유지하기 위해 애를 쓴다. 예산 분배 방식과 같은 본질을 바꿈으로써 생겨날 대변화를 기대하는 게 아니라 바꾸는 건 하나도 없이 기존 시스템에서 더 많은 몫을 누리겠다는 것이다. 그런 생각의 연장선상에서 자신들의 반대편이라고 생각하는 정치 세력에 비난을 퍼붓는 걸로 정치 행위를 대체하려는 정서가 일반 유권자들 사이에서도 만연해 있다. 이게 바로 '분할 지배'의 놀라운 위력인 동시에 '내부 식민지'의 기본 작동 방식이다. 이런 체제를 그대로 두고선 정치 개혁도 결코 가능하지 않다.

왜

도덕은
진보에
부메랑이
되었는가?

제 16 장

"누구든 마르크스에게
 도덕에 대해 이야기하기 시작하는 순간,
 그는 큰소리로 웃곤 했다."[1]
● 독일 철학자 카를 포르랜더

마키아벨리와 마르크스주의의
도덕 경멸

"정치는 도덕과 아무런 관련이 없다."[2] 이탈리아 정치가이자 사상
가인 니콜로 마키아벨리Niccoló Machiavelli, 1469~1527의 말이다. 이
주장에 대해 미국의 급진적 빈민운동가이자 지역사회 조직가인 솔
알린스키Saul Alinsky, 1909~1972는 "모든 행위와 동기에는 도덕적 포
장이 필요하다는 사실에 대한 그의 무지는 그의 최대 단점이었다"
며 다음과 같이 말했다.

"처칠, 간디, 링컨 그리고 제퍼슨을 포함하는 모든 위대한 지도자들은 '자유', '모든 인간의 평등', '인간이 만든 법보다 높은 법' 등과 같은 치장으로 벌거벗은 이기심을 감추기 위해 언제나 '도덕적 원칙'에 호소했다. 목적이 모든 수단을 정당화한다는 것이 보편적으로 받아들여지던 국가적 위기의 상황에서조차 이는 마찬가지였다. 모든 효과적인 행동은 도덕성이라는 통행증을 필요로 한다."

알린스키는 "이 실수는 마키아벨리가 활동적인 정치가로서 가졌던 경험이 그다지 많지 않았다는 사실에 기초해서만 설명될 수 있다"고 했지만,[3] 마키아벨리가 '도덕적 포장'의 필요성을 몰랐던 것 같진 않다. 알린스키가 자신이 마키아벨리보다 한 수 위라는 걸 은연중 드러내기 위해 한 말로 볼 수도 있겠지만, 우리가 중요하게 생각해야 할 것은 정치에서 '도덕'과 '도덕적 포장'의 경계가 분명하진 않다는 점에 대한 고찰이 아닐까 싶다. 마키아벨리가 훗날 '권모술수의 아버지'라는 오명을 뒤집어쓰게 된 건 그가 그 경계의 문제를 소홀히 했기 때문은 아닐까?

마키아벨리만 그런 건 아니다. 마르크스주의도 마찬가지다. 영국 정치학자 스티븐 룩스Steven Lukes는 『마르크스주의와 도덕 Marxism and Morality』(1985)이라는 책에서 마르크스주의를 망친 건 '도덕' 개념의 부재라고 했다. 물론 그가 '망쳤다'는 말은 쓰지 않았지만, 방향이 그쪽이란 건 분명하다. 마르크스주의 도덕관은 모순이다. 도덕을 맹공격하면서도 마르크스주의자들의 주장은 도덕적인 판단으로 가득 차 있다는 점에서 말이다. 룩스는 "마르크스가 도덕적이라고밖에 볼 수 없는 분노, 의분, 그리고 더 나은 사회를 향한 불타는 희망에 열중했음은 명백하다"며 다음과 같이 말한다.

"마르크스주의는 한편으로는 도덕을 그 자체로서 설명하고 가면 벗기고 시대착오적이라고 비난하면서도, 다른 한편으로는 도덕을 믿고 도덕에 호소하며 도덕이 정치적인 캠페인과 논쟁에 적절한 것이라고 다른 사람들에게 촉구하기까지 한다.……한마디로 마르크스주의에 두드러지는 것은 그것이 겉으로는 도덕적 비판과 칭찬을 거부하면서도 동시에 그것을 수용하고 있다는 사실이다."4

마르크스주의에서 도덕은 변화하는 물질적 환경에 의존하며, 상대적일 뿐 아니라 폭로되어야 할 환상이고, 그 뒤에 계급적인 이해관계를 감추고 있는 편견의 다발일 뿐이기 때문이다. 마르크스의 동지인 프리드리히 엥겔스Friedrich Engels, 1820~1895는 『반反듀링론Anti-Dühring』(1878)에서 다음과 같이 말했다.

"우리는 도덕이 국가들 사이의 차이와 역사를 넘어선 영원한 원리를 가진다는 것을 구실로 하여 그 어떤 도덕적인 도그마를 영원하고 궁극적이며 불변의 윤리적인 법칙으로서 우리에게 부과하려는 모든 시도를 거부한다. 반대로 우리는 모든 도덕 이론은 궁극적으로 분석해보면 그 시대에 그 사회가 가지고 있는 경제적 조건의 산물이었다고 주장한다. 또한 사회는 이제까지 계급 갈등 속에서 움직여왔으므로, 도덕은 항상 계급의 도덕이었다."5

좀 쉽고 거칠게 이야기하자면, 지배계급은 자신들의 지배를 정당화하고 공고히 하기 위해 '도덕'을 이용한다는 것이다. 하층계급의 기존 체제에 대한 저항을 "너, 도덕적으로 그러면 안 돼!"라는 식으로 금지시킴으로써 저항 시도를 무력하게 만들 수 있다는 이야기다.[6] 그래서 마르크스주의자들은 도덕을 무시했을 뿐만 아니라, 인간 해방을 위해선 '폭력'과 '공포'도 불가피하다고 생각했다. 그런데 바로 이게 마르크스주의의 발목을 잡았다. 대중은 '인간 해방'에 앞서 마르크스주의자들이 행사하는 '폭력'과 '공포'에 더 강한 혐오와 반감을 가졌기 때문이다.[7]

여전히 도덕을 무시하는
한국의 진보좌파

사회학자 김동춘은 『근대의 그늘』(2000)에서 도덕을 경멸한 마르크스주의의 문제를 한국의 사회주의 역사에 대한 평가에 적용한다. 그는 한국 좌익의 몰락은 반드시 일방적인 정치적 탄압에만 그 원인이 있는 것은 아니라고 말한다. 신탁통치 반대 운동 당시 좌익의 급작스러운 정치 노선상의 변화는 좌익의 도덕성을 무너뜨리는 데 일조했으며, 한국전쟁 기간의 인민공화국 치하에서 이들이 펼친 부정적 정책들은 사회주의 일반이 지닌 호소력을 급격히 떨어뜨리는 데 기여했다는 것이다.

"여기서 필자는 한국 사회주의자들이 '도덕성morality'의 문제를 등한시한 대가를 톡톡히 치렀다고 말하고 싶다.……전통적으로 유교적 도덕률이 사회적 힘을 갖는 한국에서처럼 이것이 잘 적용된 예도 드물 것이다. 민중은 원래 그러하지만, 특히 한국 민중이 지도자나 정치가를 평가하는 기본 잣대는 도덕성이다."[8]

1990년대의 학생운동권, 특히 한국대학총학생회연합(한총련)과 일부 진보 정당도 마찬가지였다. 김형민은 2014년에 쓴 글에서 1997년 6월에 벌어진 2차례의 '프락치' 혐의자에 대한 타살 과정은 '괴물의 탄생'과도 같았다고 말한다. 그는 "탄압을 받고 있다는 이유로 비판을 외면하고, 옳다고 믿는 '시대적 정의'를 위해 현실 감각을 포기하고, '자심한 프락치 공작'을 이유로 또래 젊은이들을 물 적신 담요에 말아 두들기고 '맞고 불래? 불고 맞을래?'를 뇌까리며 녹음기를 들이미는 괴물이 되었던" 비극은 아직 끝나지 않았다며, 다음과 같이 말한다.

"그러나 슬프게도 최근 수삼년 동안, 나는 한총련 몰락의 데자뷔를 어느 진보 정당의 노정에서 발견하고 있다. 자신들이 옳다는 가치를 근거로 당 대회장을 점거하고 거침없이 폭력을 휘두르고, 밖으로는 전파되기 어려운 자신들만의 신념 체계 속에 갇힌 채 정권의 탄압을 자신들의 정당성의 도구로 삼으며 현실 세계와는 점차 멀어지고 있는 이들의 행보는 한총련의 그것과 크게 다르지 않아 보인다."[9]

한총련 몰락의 데자뷔를 연출한 어느 진보 정당의 노정은 결국 진보 정치 전체를 죽이는 결과를 초래하고 말았다. 2014년 7월에 출간된『위기의 진보 정당, 무엇을 할 것인가: 부산 지역 진보 정당 평당원 4인의 작은 목소리』라는 책은 진보 정당에 대해 다음과 같은 진단을 내렸다.

"한때 진보 진영은 민주주의를 향한 헌신성, 약자들과 함께하는 정의, 연대의 정신과 동일시되었지만 이제는 기성 정치권만큼이나 아니 그보다 더 부패한 세력으로 비치기 시작한 것이다.……진보 정당들은 고립되었고, 왕조를 숭배하는 '반민주주의' 진영이 되었으며, 성찰하고 반성하지 않는 집단으로 전락했다. 이런 상황에서 진보가 몰락하지 않으면 그게 더 이상하다. 2000년 민주노동당 창당과 함께 '민중의 독자적 정치 세력화'의 희망에 부풀었던 진보 진영은, 제도권에 진입한 지 십 수년 만에 초라한 성적표를 받아든 낙제생이 되었고, 도덕성에 심각한 문제가 있는 집단으로 낙인찍혔다. 2014년 지방선거의 결과는 이미 몰락한 진보 정치에 대한 사형선고인 셈이다."[10]

정도의 차이는 있을망정 오늘날 민주당과 그 지지자들도 도덕을 무시했던 진보좌파의 행태와 습속을 적잖이 갖고 있다. 무신론자가 종교를 대할 때와 같은 수준의 경멸감으로 도덕을 대하는 사람도 적지 않다.[11] 그래서 한때 진보에 도덕을 요구하는 건 '개 풀

뜯어먹는 소리'라는 비판이 나오기도 했다.[12] 이들이 도덕을 무시하게 된 데엔 상당한 이론적 근거가 있을망정, 이들의 안목은 근시안적이라고 할 수 있다. 도덕을 무시하는 게 단기적으론 유리할 수 있어도 장기적으론 부메랑이 되어 자신들을 칠 수 있기 때문이다. 앞서 룩스가 잘 지적했듯이, "도덕적이라고밖에 볼 수 없는 분노, 의분, 그리고 더 나은 사회를 향한 불타는 희망에" 의존하지 않고 세상을 바꿀 수는 없다는 점에서 말이다.

"지금 이대로가 좋다"는 사람들과 "세상을 바꿔야 한다"는 사람들 사이의 대결은 공정한 게임이 아니다. 후자는 도덕이나 '도덕적 포장'의 부담을 안아야 하기 때문이다. 바로 이런 불공정성에 분노한 일부 진보좌파들이 오늘날에도 도덕을 내팽개치자고 외치지만, 이는 그런 부담이 동시에 자신들의 무기일 수도 있다는 점을 망각한 소탐대실의 단견일 뿐이다. "정치가 한 걸음이라도 앞으로 나아가려면, 먼저 도덕에 경의를 표해야 한다"는 독일 철학자 이마누엘 칸트Immanuel Kant, 1724~1804의 말이 아무리 진부하게 들릴망정,[13] 진보를 진정 원한다면 지켜야 할 원칙임은 두말할 나위가 없다.

그런데 정작 흥미로운 건 진보좌파 진영 일각에서 '도덕'을 비판하는 목소리는 나와도 '도덕주의'를 비판하는 목소리는 거의 나온 적이 없다는 사실이다. 물론 이유는 간단하다. 도덕은 우리 편을 향하지만 도덕주의는 반대편을 향하기 때문이다. 이에 대해 이야기해보자.

한국은
'도덕 쟁탈전을 벌이는 거대한 극장'

"한국 사회는 사람들이 화려한 도덕 쟁탈전을 벌이는 하나의 거대한 극장이다." 일본 철학자 오구라 기조小倉紀藏가 『한국은 하나의 철학이다』(2017)에서 한 말이다. 서울대학교 철학과에서 8년간 유학한 그는 "조선시대에는 도덕을 쟁취하는 순간, 권력과 부가 저절로 굴러 들어온다고 모두가 믿고 있었다"며 한국을 '도덕 지향성 국가'라고 했다. 한국인이 언제나 모두 도덕적으로 살고 있다는 뜻이 아니라 사람들의 모든 언동을 도덕으로 환원해 평가한다는 의미에서다.[14]

외국인의 비판이라는 점에서 그렇지 않다고 반박부터 하고 싶겠지만, 100퍼센트 동의할 순 없어도 대체적으로 맞다는 건 부인하기 어렵다. 이는 오래전부터 한국에서도 논의되어온 '도덕'과 '도덕주의'의 관계를 짚은 것으로 볼 수 있다. "그 사람 도덕적이야." 이건 좋은 의미다. "그 사람 도덕주의적이야." 이건 별로 안 좋은 의미다. 누군가를 '도덕적'이라 했을 땐 그 사람 개인의 행실에 국한시켜 하는 말이지만, '도덕주의적'이라 했을 땐 그 사람이 세상을 도덕의 잣대로만 본다는 의미다.

'도덕주의'엔 부정적 의미가 내포되어 있는데, 크게 보아 3가지다. 첫째, 사고가 편협하고 경직되어 있다는 의미다. 둘째, 복잡한 세상을 종합적으로 이해하지 않고 도덕이라는 일면만 보는 편향을 드러내고 있다는 의미다. 셋째, 자기 자신의 도덕적 기준으로 다른 사람의 행위를 억압하고 자유를 침해하려고 든다는 의미다.[15] 가급적 도덕주의는 피하되 도덕은 갖는 게 좋다. 그런데 어찌된 게 우리 사회에선 도덕은 박약하고 폄하되는 반면 도덕주의는 호황을 누리고 있다. 도덕은 자신을 향하지만 도덕주의는 남을 향하기 때문이다. 남을 단죄할 땐 도덕주의의 칼을 쓰고, 자신의 처신은 도덕을 초월하는 풍토가 만연해 있다.

도덕을 초월하다 못해 유린하면서 쓰는 말이 "대의大義에 충실하자"거나 "대국적으로 보자"는 말이다. '시대정신'이라는 말도 쓰인다. 도덕은 개인 수준의 사소한 것인 반면 '대의'와 '시대정신'은 세상을 바꾸는 거창한 일이라는 자기암시가 내포되어 있는 용법이다. 도덕을 초월하는 사람들이 도덕적 우월감을 갖는 진기한 현상도 목격된다. 아니 따지고 보면 진기할 것도 없다. 이 경우의 도덕적 우월감은 '대의'와 '시대정신'과 관련된 것으로 개인의 행실과는 무관하기 때문이다.

과연 무엇을 위한
'적폐 청산'인가?

도덕엔 여러 종류가 있는데, 정치의 도덕적 심판에서 늘 문제가 되는 것은 그 여러 종류 가운데 무엇을 택하느냐 하는 '선택적 도덕'이다. 정치는 도덕과 다르며 달라야만 한다.[16] 그런 맥락에서 독일 사회학자 막스 베버Max Weber, 1864~1920는 "자신이 옳기 위해 도덕적 심판의 구도를 불러들이는 일은 정치적 범죄행위다"고 했는데, 정치학자 박상훈은 『청와대 정부』(2018)에서 이 말을 인용하면서 문재인 정권이 추진한 '적폐 청산'의 문제를 지적한다.

박상훈은 "'적폐'는 불러들이지 말았어야 할 정치 언어였다. 척결과 청산이 통치의 목적이 되면 증오와 적대를 자극할 뿐 할 수 있는 협력도, 가능한 조정도, 미래지향적 공존도 어렵다. 적폐 척결에 나서자는 사람들의 심성만 사납게 할 뿐 좋은 변화에 필요한 오랜 준비와 지루한 노력은 경시된다"며 다음과 같이 말한다.

"더 큰 문제는 소수의 격렬한 찬반 세력을 제외하고 나머지 다수의 사람들을 괴롭히고 밀어낸다는 점이다. 좌경 척결, 종북 척결, 귀족 노조 척결, 적폐 척결과 같은 정치 언어가 겉으로는 뜨거운 힘을 갖는 것 같지만 궁극에는 권력자를 소외시키는 결과를 낳는 것은 바로 이런 이유에서다. 정치의 기능은 사회를 통합하는 방향으로 변화의 가능성을 넓힐 때 빛난다."

이어 그는 "행동의 윤리적 요소가 타자와 반대편의 잘못에서 발원할 때, 자기반성의 윤리성은 없어도 좋은 일이 된다. 사회를 개선하기 위해 가져야 할 책임성과 꾸준한 노력은 경시되고, 쉬운 알리바이를 찾는 적대와 배제의 정치는 커질 수밖에 없다"며 다음과 같이 말한다.

"급기야 의회와 야당을 적폐로 몬 것은 치명적인 잘못이었다. 민주주의는 '법에 의한 통치'의 원리 위에 서 있고, 그런 의미에서 '시민주권의 제1부서'는 대통령이 아니라 입법부라는 사실을 부정했기 때문이었다.……만약 반대의 기미라도 보이면 '그럼 구악을 그대로 두란 말이냐', '사회를 정화하는 것에 반대하는 거야', '적폐 청산에 반대하는 거냐'처럼 나오게 된다. 다른 생각, 이견, 비판을 억압하는 권위주의적 기능을 한다."[17]

고려대학교 명예교수 최장집은 2020년 6월에 발표한 「다시 한국 민주주의를 생각한다: 위기와 대안」이라는 논문에서 '적폐 청산'에 대해 이렇게 말한다. "적폐 청산을 모토로 하는 과거 청산 방식은 한국 정치와 사회에 극단적 양극화를 불러들이고, 감당하기 어려운 사회 분열을 초래함으로써 개혁의 프로젝트가 무엇을 지향하든 성과를 낼 수 없는 상황을 만들었다. 그럼에도 불구하고 개혁자들은 한국의 현대사가 잘못됐다는 전제 위에서 과거의 잘못된 역사 자체를 바로 세우겠다고 나섰다. 이는 '국정교과서 만들기'와 다름없는 역사관이 아닐 수 없는 일인데, 다른 점이 있다면 진보 정치가들을 거의 항구적인 개혁을 주창하게 만드는 '개혁꾼reform monger'으로 만들었다는 데 있다."[18]

'선택적 적폐 청산'은
부메랑으로 돌아온다

참으로 묘한 일이다. '적폐'라는 말만 쓰지 않았을 뿐, 적폐 청산의 원조는 박정희였으니 말이다. 박정희는 『우리 민족의 나갈 길: 사회 재건의 이념』(1962)에서 "일제 식민지 노예근성"을 깨끗이 청산해야 한다고 주장했다.[19] 박정희는 『국가와 혁명과 나』(1963)에선 "5천 년의 역사는 개신改新되어야 한다"고 외쳤다. 그는 "우리의 반만년 역사는 한마디로 말해서 퇴영과 조잡과 침체의 연쇄사"라고 단언했다. 그는 "이 모든 악惡의 창고 같은 우리의 역사는 차라리 불살라버려야 옳은 것이다"라는 심판을 내린 후, '국민성을 근본적으로 개조'하는 것만이 '강력한 민족국가 건설'을 이룰 수 있는 유일한 길임을 역설했다.[20] 박정희의 딸 박근혜도 2014년 6월 "우리 사회의 비정상적 적폐들을 바로잡아 안전한 나라, 새로운 대한민국을 반드시 만들겠다"고 했다.[21]

문재인의 언어는 박정희의 언어처럼 과격하진 않지만, '국가 개조'의 뜻만큼은 동일하다. 문재인은 박근혜 탄핵이 결정된 후 김어준과 가진 인터뷰에서 이렇게 말했으니 말이다. "제가 전면에 나설 때가 되면 불이 되고 호랑이 같은 문재인을 볼 수 있을 겁니다. 그런 시간이 다가오고 있어요. 촛불 민심을 받들어 국가를 개조하고 청소하는 것, 모두 제가 감당해야 할 일입니다."[22]

개조하고 청소해야 할 것들의 경계가 명확하다면 얼마나 좋으랴. 그러나 세상은 그런 디지털의 세계는 아니다. 아날로그와 융합의 세계다. 사람과 제도의 경계도 분명치 않다. 그래서 인적 청산의 길로만 내달리기 십상이다. 나는 문재인이 "나는 적의를 오래 품지 못한다"고 한 영국 정치가 윈스턴 처칠Winston Churchill, 1874~1965에게서 무언가를 배우기를 희망한다. 처칠이 말로만 그런 건 아니다.

처칠은 총리가 된 후 자신을 몹시 괴롭혔던 전임자인 아서 네빌 체임벌린Arthur Neville Chamberlain, 1869~1940을 흔쾌히 용서했다. 아니 용서한 건 물론이고 체임벌린을 전시 내각의 일원으로 정부에 남아 있게 했다. 체임벌린의 대對나치 유화 정책에 대해 의회 차원의 문책을 요구하는 목소리가 높자, 처칠은 하원에서 체임벌린을 이렇게 옹호하면서 그런 요구를 물리쳤다. "이것은 어리석고 해로운 일입니다.……우리가 만일 과거와 현재 사이에서 싸움을 벌인다면 미래를 잃게 되리라는 것을 저는 확신하는 바입니다."[23]

적폐 청산을 하더라도 꼭 그런 미래지향성의 틀 안에서 하라고 문재인에게 요청하는 건 무리일까? 냉정하게 뜯어보자. 선의는 아무리 훌륭할망정, 적폐 청산의 가장 큰 문제는 그것이 정권의 이익을 도모하는 방향, 즉 선택적으로 이루어졌다는 점이다. 우리는 그런 '선택적 적폐 청산'의 문제를 박정희 정권과 박근혜 정권은 말할 것도 없고 다른 정권들에서도 질리도록 보아오지 않았던가?

문재인 정권이 자신의 정치적 불리함을 감수하면서도 외쳤거나 추진한 적폐 청산이 단 하나라도 있었던가? 아무리 한국 사회가 '도덕 쟁탈전을 벌이는 거대한 극장'이라고 할망정 적폐 청산을 하더라도 자신에게 엄격한 적폐 청산에 임해야 스스로 적폐가 되는 비극을 피할 수 있지 않을까? 진보좌파는 명심해야 한다. 내로남불형 도덕은 반드시 자신을 향해 돌아오는 부메랑이 된다는 것을 말이다.

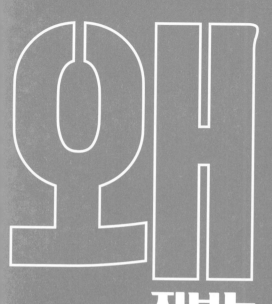

왜

진보는
'태극기 부대'를
악의적으로
오해하는가?

제
17
장

"다양한 상황에서의 도덕 판단은
일반적으로 신속하고,
거의 자동적인 직관적 반응의 산물이다."
●미국 심리학자 조너선 하이트

'자율성 윤리'와
'공동체 윤리'의 충돌

이 말은 조너선 하이트Jonathan Haidt가 2001년에 발표한 「감정적
개와 이성적 꼬리: 도덕적 판단의 사회적 직관주의자 모델」이라
는 논문에서 한 주장이다. 사람들의 일상적인 판단은 어떤 추론 과
정의 결과가 아니라 즉각적으로 경험된 직관intuition이나 직감gut
reaction의 결과라는 것이다.[1] 그는 2012년에 출간한 『바른 마음: 나
의 옳음과 그들의 옳음은 왜 다른가』에서 바로 그런 이유로 보수

와 진보는 각기 다른 도덕 시스템을 갖고 있다고 주장했는데, 의미심장하다. 그의 주장을 받아들인다면, 보수와 진보는 오해와 무지에서 비롯된 격렬한 싸움을 하고 있다는 것이니 말이다. 싸울 때 싸우더라도 제대로 된 싸움을 위해 이 책의 주요 내용을 소개해볼까 한다.

해외여행을 많이 다녀본 사람이라면 절감하겠지만, 인간의 도덕은 하나가 아니다. 문화권마다 각기 다른 도덕 체계를 갖고 있다. 미국 시카고대학 문화인류학자이자 문화심리학자인 리처드 슈베더Richard A. Shweder는 1990년에 발표한 연구에서 전 세계의 도덕 체계를 두루 살핀 끝에 도덕관념은 단순히 이성적 숙고의 결과가 아니며 문명의 고유한 성격에서 비롯된 문화적 경험과 기반 위에 형성된 특유의 문화적 심리의 산물이라고 주장했다. 그의 연구에 따르면, 도덕은 ① 개인 자율성autonomy의 윤리, ② 공동체community의 윤리, ③ 신성함divinity의 윤리 등 3가지 차원으로 구성되어 있다.

개인 자율성의 윤리는 개인주의 사회에서 나타나는 지배적 윤리로, 사람들이 저마다의 욕구·필요·애호를 지닌 자율적 개인이라는 전제하에 개인의 권리와 자유, 개인 간 형평과 정의를 중시한다. 공동체의 윤리는 사람이란 가족·팀·회사·군대·부족·나라 등 자신보다 큰 실체의 구성원이라는 전제하에 공동체의 통합을 위해 의무·위계질서·공경·명성·애국심 등을 중시한다. 신성함의 윤리는 인간은 신의 자식이며, 따라서 그에 맞는 행동을 보여주어야 한

다는 전제하에 거룩함과 죄악, 순결과 오염, 고결과 타락 등의 도덕적 개념을 중시한다.[2]

이미 중고교 시절 문화 상대주의cultural relativism를 열심히 배운 우리로서는 이건 뭐 새로울 게 없는 상식 수준의 이야기일 수도 있다. 그런데 우리는 문화권 또는 국가별로 각기 다른 도덕 체계를 갖고 있다는 데엔 쉽게 수긍하면서도, 한 국가 내에서 이념이나 당파성 역시 각기 다른 도덕 체계의 산물일 수 있다는 생각은 하지 않는 경향이 있다. 그건 도덕을 좁게 해석해 개인 자율성의 윤리로만 생각하기 때문이다.

1992년부터 2년간 슈베더와 공동 연구를 한 하이트는 슈베더의 3가지 도덕 체계를 자신의 실험에 응용한 결과, 대학생들은 거의 자율성의 윤리만을 도덕성의 언어로 삼아 이야기한 반면, 다른 집단(특히 노동자 계층 집단) 사람들은 공동체의 윤리를 그보다 훨씬 많이 사용하고 있었고, 신성함의 윤리도 좀더 이용하고 있다는 것을 발견했다.[3] 크게 보아 '자율성 윤리'와 '공동체 윤리'의 충돌이라고 해도 좋겠다. 하이트는 이런 발견을 토대로 10여 년 간의 연구 끝에 2004년 '도덕 기반 이론Moral Foundations Theory'을 제시했다.[4]

"도덕적 이유는
직관이라는 개가 흔드는 꼬리"

최초로 도덕을 본격적인 과학적 연구의 대상으로 삼은 심리학자는 장 피아제Jean Piaget, 1896~1980와 로런스 콜버그Lawrence Kohlberg, 1927~1987다. 이들은 도덕성을 '정의justice'의 단일 원칙에서 옳고 그름을 판단하는 기준으로 보면서 개인이 공동체 내에 적응하면서 발생할 수 있는 도덕적 갈등 상황에서 무엇이 옳은지에 대한 판단의 근거가 인지 발달과 함께 상위의 단계로 확장된다고 주장했다.[5]

특히 콜버그는 인간 존엄성을 존중하는 것이 도덕 발달의 최고이자 최종 단계라고 판단했기 때문에 그의 도덕 발달 이론theory of stages of moral development은 현대의 인권 논의에 지대한 영향을 미쳐왔다. 그런데 하이트의 도덕 기반 이론은 콜버그의 도덕 발달 이론을 부정할 뿐만 아니라 인권의 도덕관념에도 의문을 던진다.[6]

하이트는 도덕성에 대한 이해를 스스로 깨치기 위해서는 선천적으로 도덕성을 인식할 수 있도록 구조가 있어야 한다고 보고, 이를 '도덕 기반moral foundation'이라고 불렀다. 그는 도덕 기반은 인간의 진화 과정에서 개인의 생존과 집단생활을 영위하기 위해 경험 이전에 구조화되어 있다고 주장함으로써 이성적 과정을 통해 도덕적 지식의 형성과 도덕적 판단이 가능하다는 이전의 관점을 뒤엎었다.[7]

하이트는 2001년의 논문에서 사람들의 도덕적 판단이 이성적으로 이루어지기보다는 직관적으로 이루어지며, 직관적 판단이 이루어진 이후 판단에 대한 이성적 합리화 과정이 진행된다고 주장했다. 도덕적 이유는 직관이라는 개가 흔드는 꼬리에 불과하기 때문에 우리가 도덕적·정치적 논쟁을 할 때 왜 분통 터지도록 답답해하는지가 설명된다는 것이다.[8] 그는 도덕적 판단은 이성과는 아무 관련이 없으며 오히려 미학적 판단과 비슷하다며 다음과 같이 말한다.

"우리는 그림을 보는 순간 그 그림이 우리 마음에 드는지 아닌지 그 자리에서 자연스럽게 안다. 누군가가 왜 그런 판단을 내렸느냐고 물으면 우리는 이런저런 의견을 제시할 것이다. 도덕적 논쟁도 이와 매우 흡사하다. 두 사람이 어떤 문제를 놓고 강력한 감정을 표출한다. 감정이 먼저이고, 이유는 서로 대화를 나누기 위해 도중에 만들어진다."[9]

음식의 맛과 비슷한
6개의 도덕적 기반

그간 도덕 심리학자들에 의해 도덕 영역의 핵심 가치로 여겨져온 것은 배려·위해care·harm와 공정·기만fairness·cheating이었다. 배려·위해는 누군가의 고통을 덜어주는 일은 옳은 것으로, 잔인한 행동은 옳지 않은 것으로 판단하는 마음, 공정·기만은 사기꾼이나 부정행위자를 멀리하거나 벌주고 호혜적인 협력을 추구하는 마음으로 볼 수 있다. 하이트는 이런 가치는 타인의 권리를 침해하지 않으면서 자신의 이익을 최대한 확보하고자 하는, 서구 개인주의 사회의 도덕적 판단을 반영할 뿐, 모든 문화에서 보편적으로 적용할 수 있는 원칙이 될 수 없다고 보았다.

그래서 하이트는 이 두 영역 외에 충성·배반loyalty·betrayal, 권위·파괴authority·subversion, 신성·타락sanctity·degradation 영역을 추가했다. 충성·배반은 집단에 협력하는 자에게는 신뢰와 보상을 주고, 그렇지 않은 자는 응징함으로써 집단의 유지와 번영을 꾀하려는 마음이다. 권위·파괴는 기존의 권위에 대한 두려움이나 존경심을 느끼면서 권위에 대한 도전을 응징함으로써 위계적 공동체를 형성·유지하고자 하는 마음이다. 신성·타락은 순결, 청결, 절제 등을 신성한 것으로, 그렇지 않은 것을 혐오스러운 것으로 분류함으로써 미덕을 추구하는 마음인데, 이런 마음은 신성이 훼손되었다고 느낄 경우 언제든지 분노·경멸·혐오의 감정(예컨대, 인종차별주의)으로 바뀔 수 있다.[10]

하이트는 배려와 공정이라고 하는 2가지 가치는 개인의 권리와 안녕을 강조하는 것이므로 개인적 접근에 해당하고, 충성·권위·신성이라는 가치들은 집단을 결속시키는 충성심·의무·자기통제를 강조하므로 결속적 접근에 해당한다고 분류했다. 하이트는 후속 연구를 통해 진보는 보수에 비해 배려·위해, 공정·기만이라는 기반에 더 몰두하지만 보수는 진보에 비해 이 5가지 기반에 모두 공평하게 몰두한다는 결과를 얻었다.[11]

진보주의자와 보수주의자가 복지 정책, 동성애, 낙태 등의 사회적 이슈에 대해 첨예한 대립을 보이는 것은 전자가 동원하는 도덕성 기반이 배려와 공정에 집중되어 있는 반면, 후자는 이를 포함한 충성·권위·신성을 골고루 중시하고 있기 때문이라고 할 수 있다.[12] 하이트가 미국에서 진보적 성향의 교회와 보수적 성향의 교회 설교 내용을 분석한 결과도, 진보적인 성향의 유니테리언 교회 목사들은 배려와 공정의 단어, 보수적 성향의 침례교 목사들은 충성·권위·신성과 관련된 단어를 훨씬 더 많이 사용하고 있음을 보여주었다.[13]

하이트는 5가지 도덕성 기반을 미뢰taste bud에 비유해 누구나 혀의 미각 수용기를 통해 5가지 맛(단맛, 짠맛, 신맛, 쓴맛, 감칠맛)을 느끼지만 문화에 따라 좋아하는 음식이 다르듯 5가지 도덕성 기반의 조합은 개인적 경험, 성격 특성, 문화적 사회화의 상호작용에 따라 달라진다고 설명한다. 즉, 정치 성향은 개인적 경험과 사회적 환경에 따라 가변적이며, 이러한 문화로서의 정치 성향에 따라 도덕성 기반의 조합은 영향을 받을 수 있다는 것이다.[14]

하이트는 『바른 마음』(2012)에서 도덕성 기반을 하나 더 추가

했는데, 그건 바로 자유·압제liberty·oppression 기반이다. 그는 압제에 대한 혐오는 정치적 보수와 진보 양편 모두에게서 발견되지만, 그 적용 범위에서 둘 사이엔 큰 차이가 있다고 말한다. 진보주의자들은 장소에 상관없이 모든 곳의 약자, 희생자, 무력한 집단을 염두에 두고 자유·압제 기반을 이용하지만, 보수주의자들은 인류 전체보다는 자신이 속한 집단을 더 중시하면서 지역주의에 더 가까운 특징을 가진다는 것이다.[15]

하이트는 이 책에서 이전에 제시한 공정·기만 기반도 비례의 원칙을 더 강조하는 쪽으로 수정했다. 비례의 원칙은 각자 자신이 한 만큼 받고 하지 않았으면 그만큼 받지 말아야 한다는 논리로, 어떤 사람이 자기 응분의 몫보다 많은 것을 챙기면 누구든 화가 나게 되어 있다는 것이다. 하이트에 따르면, 이 원칙은 보수와 진보 모두 중시하긴 하지만, 보수가 더 중시하며, 진보주의자들은 공정(비례의 원칙)이 동정심이나 압제에 대한 저항과 상충할 때에는 공정은 버리고 그 대신 이 둘을 취하는 경우가 많다.[16]

'세월호 참사'에도 작용한
도덕적 기반의 차이

하이트는 2014년 7월 『중앙선데이』 인터뷰에서 세월호 참사를 둘러싼 보수·진보의 갈등을 이 비례의 원칙으로 설명했다. 그는 "진보 성향의 사람들은 보다 감정적으로 더 열정을 가지고 피해자를 도와야 한다고 생각하는 데 비해 비교적 보수에 있는 사람들은 '공정성'에 무게를 두는 경우가 많다"고 분석했다. 그러면서 "국가적인 비극을 겪었기 때문에 많은 사람이 슬픔의 공감대에 있는 것은 당연하다"며 "다만 사고로 죽지 않은 사람들에게까지 특혜를 주는 것에 대해서는 도덕심리학적으로 볼 때 공통적으로 동의를 할 수 있을지 확실치 않다"고 말했다.[17]

하이트는 미국의 보수주의자들과 진보주의자들 사이에서 벌어지는 치열한 '문화 전쟁'을 도덕 기반 이론으로 설명한다. 그는 사람들의 정치적 의사 결정이 이해관계에 기반을 둔 합리적 판단이 아니라 감정에 의해 결정되며, 따라서 인간의 감정적이고 도덕적인 층위를 알아야 정치를 이해할 수 있다면서, 1980년대 이후 선거에서 공화당이 선전하고 있는 이유가 폭넓은 도덕성 기반 활용 덕분이라고 주장한다.[18]

그러나 오창동은 하이트가 이런 주장을 뒷받침할 수 있는 도덕성 기반과 정당 체제, 투표 행태 사이의 관계를 구체적으로 제시하지는 못했다며, 개인에 초점을 맞춘 연구만으로는 정치적 의제와 정당 체제에 대한 포괄적 이해에 도달할 수는 없다고 반박한다. 또 정치적 행위의 원천이 합리성이건 도덕적·감성적 판단이건, 정당에 대한 사회적 지지와 투표 행태는 원자적 개인의 독립적인 판단에 의해서 이루어지는 것이 아니며, 유권자의 정치적 정체성은 가족과 주변의 이웃, 마을이나 학교, 교회와 같이 그가 속한 공동체와의 상호작용을 통해 만들어지고 변화하기 때문에, 정치를 매개하는 공동체나 집단에서 생산하는 담론에 관심을 기울여야 한다는 것이다.[19]

조슈아 그린Joshua Greene은 『옳고 그름: 분열과 갈등의 시대, 왜 다시 도덕인가』(2013)에서 하이트의 미각 비유를 적극적으로 해석해, 자유주의자들은 배려, 공정, 자유의 맛은 쉽게 느끼지만 충성, 권위, 신성의 맛은 잘 느끼지 못하는, 유난히 나쁜 혀를 갖고 있다는 게 하이트의 주장이라고 말한다. 달리 말하자면, 자유주의자들은 빈약한 도덕적 감성을 지니고 있다는 주장이라는 것이다. 그러면서 그린은 자유주의자들의 도덕적 미각은 협소하다기보다 정제된 것일지 모른다는 반론을 편다.

그린이 제기한 반론의 핵심은 보수주의자들의 부족주의, 즉 보수주의자들이 소중히 여기는 충성, 권위, 신성은 오직 자신이 속한 부족에만 적용된다는 점이다. 보수주의자들은 권위, 신성, 충성 등에 특별한 가치를 부여하는 사람들이라기보다는 자신들의 권위, 자신들의 종교, 자기 자신에게 충성스러운 부족적 충신들이라고 봐야 한다는 것이다.

하이트는 자유주의자들이 보수주의자들과 타협하기 위해 더 개방된 태도를 취해야 한다고 말했는데, 그린은 이에 대해서도 반대한다. 단기적으로는 타협이 필요할지 모르지만, 장기적으론 부족적 도덕론자들과 타협할 것이 아니라 오히려 그들이 덜 부족주의적으로 변하도록 그들을 설득해야 한다는 것이다.[20]

"공감은 자신이 옳다는 확신을 녹이는 해독제"

흥미로운 반론이다. 그린의 주장이 옳은 것 같기는 한데, 보수주의자들이 덜 부족주의적으로 변하도록 설득해야 한다는 결론은 좀 허망한 느낌을 준다. 하이트는 그런 설득이 사실상 불가능하다는 전제하에 "이해나 제대로 하자"는 취지로 도덕 기반 이론을 제시한 것인데, 그래도 설득해야 한다는 주장을 펴고 있으니 말이다. 그린이 "단기적으로는 타협이 필요할지 모르지만"이라고 말한 것에 그 어떤 타협점이 있을 것 같다. 하이트의 주장은 단기적으론 타당하다는 말일 수도 있으니까 말이다.

단기적으로 볼 때에 하이트가 던지고자 하는 현실적 메시지는 설득력이 높다. 하이트는 진보주의자들에게 보수주의자들의 애국심이나 가족주의, 권위주의, 감세 정책 지지를 단순히 개인적 이해나 차별주의적 '병증'으로만 보지 말고 이해를 시도해보라고 권한다. 그는 "세상에는 하나 이상의 도덕적 진실이 있다"며 "다른 사람

눈으로도 사물을 바라보는 '공감'이야말로 서로 자신만 바르다는 확신을 녹이는 해독제"라고 말한다.[21]

그런 관점에서 티머시 D. 윌슨Timothy D. Wilson은 하이트의 주장을 지지한다. 정치적 담론이 미국을 뜨겁게 달구며 분열을 초래하는 이유 중 하나는 어떤 진영이 세상을 해석하고 평가하는 데 사용하는 도덕적 기반을 상대편 진영이 제대로 이해하지 못하기 때문이라는 하이트의 주장이 설득력이 있다는 것이다. 윌슨은 양편의 상호 이해가 깊어진다면, 서로에 대한 증오심을 떨쳐내고 양극단에 있는 사람들 간의 진정한 대화가 이루어질 수 있을 것이라는 희망을 피력한다.[22]

미국의 인지언어학자 조지 레이코프George P. Lakoff도 이미 2002년에 출간한 『도덕의 정치』에서 미국의 민주당·공화당 대결 구도를 도덕의 관점에서 분석했다. 열렬한 민주당 지지자인 그는 보수주의자가 승리를 거둔 1994년 중간선거 기간에 "내 눈에 보수주의자(공화당)와 진보주의자(민주당)가 서로 판이한 도덕 시스템을 가졌고, 양 진영의 정치적 담론은 상당 부분 그들의 도덕 시스템에서 비롯된 것이라는 점이 뚜렷하게 보였다"며 다음과 같이 말한다.

"다른 많은 진보주의자들처럼 나도 한때는 보수주의자들을 천박하고, 감정이 메마르거나 이기적이며, 부유한 사람들의 도구이거나, 혹은 철저한 파시스트들일 뿐이라고 얕잡아 생각했었다. 그러나 대부분의 보수주의자들은 자신들을 고도의 도덕적 이상주의자로 간주하며, 그들이 깊이 믿는 것이 정당하다고 주장하는 보통 사람들이라는 점을 깨닫게 되었다. 그리고 이제야 보수주의에 왜 그토록 열렬하게 헌신적인 사람들이 많은지를 깨닫게 되었다. 그리고 보수주의를 잘 이해하게 된 지금은 그 어느 때보다 보수주의를 더욱 두려워하게 되었다."[23]

레이코프는 그런 성찰 끝에 자신이 지지하는 민주당 진영에 이런 고언을 내놓는다. "진보주의자들이 정치에서 도덕과 신화와 감정적인 측면을 무시하는 한, 정책과 관심을 가진 그룹과 사안별 논쟁에만 집착하는 한, 그들이 이 나라를 뒤덮은 정치적 변화의 본질을 이해하게 될 희망은 전무하다."[24]

'수구 꼴통'에게도
나름의 도덕적 세계가 있다

한국에서도 이념 성향과 도덕성 기반의 관계를 확인하기 위한 연구들이 시도되었는데, 진보 성향일수록 배려와 공정을 더 중요시하고, 보수 성향일수록 충성·권위·신성을 더욱 중요시하는 것으로 나타나, 도덕 기반 이론이 한국인에게도 적용될 수 있음을 확인했다.[25] 미국, 한국, 말레이시아, 싱가포르 등 4개국을 대상으로 한

심규진의 최근 연구에서는 도덕적 기반이 기업의 무책임에 대한 생각과 불매운동 의도에 영향을 미치는 것으로 나타났다.[26] 이 연구가 시사하듯이, 도덕 기반 이론의 적용 범위는 매우 넓다고 볼 수 있겠다.

조효제는 『인권의 지평: 새로운 인권 이론을 위한 밑그림』 (2016)에서 하이트의 도덕관념 심리학이 인권에 대해 심각하고 근본적인 도전을 제기한다는 점에 주목한다. 1948년 '세계인권선언' 이후 인권은 이성과 양심에 호소하는 합리주의적 의무론과 인류의 보편적 도덕관념에 기반을 두고 있는데, 하이트는 이성과 양심에 따른 도덕관과 정반대에 있는, 심리적 성향으로 결정되는 도덕관념이 '정상'이라고 주장함으로써 인권적 도덕관념을 함양할 방안을 사실상 부정했다는 것이다.[27]

그럼에도 조효제는 "하이트의 이론에 결함이 없지 않지만 거기에 담긴 새로운 통찰은 인권운동이 고려하고 활용할 가치가 있다"며 이렇게 말한다. "우선 도덕 기반 이론은 도덕관념이 형성되는 데서 감정과 직관의 힘이 얼마나 강력한지를 잘 보여준다. 사람들이 새로운 인권 쟁점에 반대하거나 소극적인 태도를 취하는 이유를 이성과 논리에서 찾기보다, 말로 설명하기 어려운 뿌리 깊은 정서적 저항감의 차원에서 찾는 것이 더 빠를 수도 있음을, 하이트의 이론은 우리에게 가르쳐준다. 또한 인권의 증진·정체·후퇴를 좌우하는 정치를 결정하는 선거에서 인권 옹호자들이 어떤 전략을 취해야 하는지를 알려준다."[28]

사실 인권과 정치는 설득의 문제이기도 하다. 한국에서도 저소득층 유권자들이 보수 정당이나 후보를 지지하는 건 경제적 이해관계보다 사회적·문화적 가치를 중시하기 때문인 것으로 밝혀졌다.[29] 진보는 자신들이 '수구 꼴통'이라고 욕하는 사람들에게도 그들 나름의 도덕적 세계가 있다는 걸 좀처럼 인정하지 않으려고 한다. 즉, '다름'을 '틀림'으로 파악하는 데에 너무 익숙한 것이다. 우리는 다른 나라 사람들에겐 그런 다른 세계가 공존할 수 있다는 걸 인정하면서도 우리 내부에서는 인정하지 않는데, 이건 한국 사회의 강한 사회문화적 동질성 때문이다.

한국은 오랜 세월 누려온 사회문화적 동질성으로 인해 '에스노센트리즘ethnocentrism'이 강한 나라다. 자민족 중심주의, 자문화 중심주의, 자기 집단 중심주의 등으로 번역할 수 있는 이 말은 자신의 문화를 다른 문화에 비해 우월하다고 여기는 걸 뜻하기도 하지만, 다른 것에 대한 편견은 강한 반면 인내심이 약한 성향을 가리킬 때에 쓰이기도 한다. 예컨대, 에스노센트리즘이 강한 사람일수록 강한 동성애 혐오증homophobia을 갖고 있다.[30]

한국인들이 일반적으로 동성애자, 미혼모, 외국인 노동자, 혼혈인 등에 대해 어떤 생각을 갖고 있는지 살펴보면, 쉽게 이해가 될 것이다. '다름'을 '틀림'이라고 말하는 언어 습관도 그런 성향과 무관치 않은데, 이게 도덕의 다차원성을 이해하는 데에도 장애가 되는 것이다. 이런 현실을 감안하자면, 도덕 기반 이론은 한국 사회의 소통을 위해 크게 기여할 수 있다고 봐야 하지 않을까?

'태극기 부대'를 어떻게 볼 것인가?

도덕의 다차원성에 대한 이해는 이른바 '태극기 부대'를 이해하는 데에도 도움이 된다. '태극기 부대'를 심층 연구한 중앙대학교 사회학과 교수 신진욱은 『한겨레』(2020년 10월 14일)에 기고한 「'태극기 집회'와 극단주의 감별법」이라는 칼럼에서 "'태극기 부대' 하면 선글라스와 군복, 고성의 군가 방송, 과격한 투쟁이 떠오르지만, 우리는 또 주변의 평범한 친지들 중에 '열성 태극기'를 보기도 한다. 어떻게 된 것일까? 만연해 있는 오해와 편견을 바로잡고 실상을 봐야 한다"고 말한다. 그는 4가지 오해와 편견을 지적하면서 다음과 같은 결론을 내린다.

"태극기 집회는 다양한 연령·소득·직업 계층의 사람들이 강한 자발적 동기로 참여하는 우익 정치운동 현상으로 봐야 한다. 단순히 동원·매수된 노인이나 루저·폭력 집단으로 규정하는 것은 옳지 않다. 하지만 바로 그 '평범함' 때문에 더욱 위험할 수 있다. 대중 동원의 지속성, 다양화된 참여자층, 강화된 조직적 토대 위에 극단주의의 내용이 채워진다면, 대한민국에 '극우의 세력화'가 진행 중이라는 뜻이기 때문이다."[31]

나는 신진욱의 주장에 대체적으로 동의하면서도 좌우라는 이념적 틀보다는 '인정 투쟁'의 관점에서 보는 게 어떻겠느냐는 제안을 하고 싶다. 이 칼럼에 달린 댓글에 쓴웃음을 짓지 않을 수 없었는데, 이런 내용이었다. "개인숭배, 혐오, 배제 등등 대깨문의 특징 아님? 태극기 부대는 피할 수라도 있지 대깨문은 피할 수도 없어요. 좌표 찍히면 현실에서도 찾아오고 인터넷에서 계속 시비 거는 k-홍위병들."

나는 태극기 부대와 이른바 '대깨문'[32]을 같은 위상에 놓고 보는 건 아니다. '대깨문'이 '모욕'이라며 펄펄 뛰는 게 두려워서가 아니라 정말 그렇게 생각한다. 위상의 차이에 대해선 다른 기회에 논하기로 하되, 이걸 분명히 해두면서 이야길 해보자. 앞의 댓글을 소개한 건 태극기 부대와 대깨문의 활동 양상에 큰 차이가 있다는 걸 말하기 위해서다.

태극기 부대는 집회 중심인 반면 대깨문은 온라인 중심이다. 연령 차이 때문에 그러는 것 아니냐고 생각할 수도 있겠지만, 초기에도 평균 참여자 연령은 60세 미만이었으며, 신진욱이 참여한 SSK 연구단의 2020년 조사에서 연령대별 참여 경험자 비율은 20대가 6.9퍼센트, 30대가 8.6퍼센트로 노인층보다 높은 것으로 나타났다.[33] 나는 태극기 부대가 집회 중심인 이유 중의 하나는 결속에 대한 갈증이 매우 크기 때문이라고 생각한다. 대깨문은 정권 권력의 편에 선 '강자'인 반면 태극기 부대는 그 반대편에 있는 '약자'라고 스스로 생각하기 때문에 대면對面 결속의 필요나 의지가 더 강하지 않겠느냐는 것이다.

앞서 거론한 하이트의 모델을 빌려서 설명해보자면, 진보의 도덕성 기반은 배려와 공정에 집중되어 있는 반면, 보수는 이를 포함한 충성·권위·신성을 골고루 중시한다. 배려와 공정은 개인의 권리와 안녕을 강조하는 개인적 접근에 해당하고, 충성·권위·신성이라는 가치들은 집단을 결속시키는 충성심·의무·자기통제를 강조하는 결속적 접근에 해당한다. 하이트의 모든 주장을 다 그대로 받아들일 필요는 없지만, 이것만큼은 과거의 한국사를 어떻게 보느냐 하는 점에서 보수와 진보 사이에 큰 차이가 나는 걸 설명하는 데에 기여할 수 있다는 게 내 생각이다.

적폐 청산과 태극기 부대의 '인정 투쟁'

대깨문도 나름의 인정 투쟁을 하고 있겠지만, 그 열정과 강도는 태극기 부대가 훨씬 더 높을 수밖에 없다. 바로 적폐 청산 때문이다. 문 정권이 보기에 이승만과 박정희는 청산해야 할 적폐다. 그러나 그 시절을 긍정하거나 적어도 비판적이진 않은 채 살아온 사람들은 그런 적폐 청산을 자신의 삶과 자존감을 훼손하는 것으로 받아들인다. 이승만과 박정희 체제의 명암明暗 또는 공과功過를 흔쾌히 인정하는 사람들도 문 정권이 명明과 공功마저 인정하지 않는다는 점에 분개한다. 이런 유형의 사람들이 얼마나 될지는 모르겠지만, 문 정권이 '오버'를 한 면이 있다는 건 분명하다.

이걸 잘 보여준 게 2020년 11월 12일 민주당 의원 박용진이 연세대학교 리더십 강연에서 미래를 향한 정치를 강조하면서 이승만·박정희의 업적을 조명한 것에 대해 쏟아진 친문 진영의 극렬한 비난 공세였다. 도대체 무슨 말을 했길래 그랬던 걸까? "이승만 전 대통령은 여러 과오가 많은 분이고, 박정희 전 대통령 역시 군사 독재, 반反인권은 정확하게 평가해야 한다"면서 "그러나 두 사람은 미래를 바라보는 안목이 있었다"고 말한 게 문제였던 것 같은데, 그 구체적 내용인즉슨 이렇다.

박용진은 "이승만은 초가집으로 학교를 지을 돈도 없던 나라에서 의무교육, 무상교육을 명시했다"며 "교육입국이라는 자기 생각을 반영했다"고 말했다. 박정희에 대해선 "대한민국에 자동차가 수천 대밖에 안 될 때 경부고속도로를 깔았다"며 "그 고속도로가 깔렸기 때문에 교육입국으로 한글이라도 깨친 우수한 노동자들이 수도권으로 모이고, 그들이 만든 제품을 부산항으로 끌어내는 수출·물류 대동맥이 만들어졌다"고 했다. 김대중에 대해선 "초고속인터

넷 고속도로를 깔지 않았더라면 대한민국은 지금 5G 선두국가가 될 수 없었다"고 했다.[34]

박용진은 "과거만 가지고 다투는 진영 논리를 벗어나야 한다"며 "정치는 미래를 향해야 한다. 선동, 대립, 갈등이 아니라 통합, 설득의 길로, 그리고 문제 해결과 개혁의 길로 가야 한다"고 역설했다. 이게 본本이고 이승만·박정희에 대한 언급은 말末인 것 같은데, 본말전도本末顚倒를 감행한 친문 인터넷 커뮤니티 등에선 박용진에 대한 비난이 수백 건씩 쏟아졌다.

"미친 X이 미친 소리 한다", "하다하다 친일파 논리를 대입하느냐", "조응천, 김해영과 함께 당을 떠나라", "국민의힘으로 가버려라" 등의 반응이었다. 박용진이 민주노동당 출신임을 겨냥해 "그래서 정의당에서 온 쓰레기는 받으면 안 된다"는 비난도 있었다. 민주당 전 의원 최민희는 "민노당에서 김종인 비서실장까지, 단기간에 이념 횡단하더니 이제 박정희·이승만 찬양이라니, 변화 속도가 서노련에서 태극기까지 간 김문수 전 지사보다 빠르오!"라고 했다.[35]

'김종인 비서실장'이란 말이 재미있다. 이는 이전부터 문재인 지지자들이 박용진을 비판할 때마다 즐겨 지적해온 메뉴인데, 재미있다는 건 2016년 1월 14일 김종인을 삼고초려 끝에 민주당 비상대책위원장으로 영입한 주인공이 누구냐 하는 점 때문이다. 바로 문재인이었다. 김종인 영입 덕분에 중도층의 지지를 이끌어내 총선 승리를 할 수 있었으며, 이는 문재인의 정치력 덕분이었다는 게 당시의 대체적인 평가였다. 문재인이 공들여 영입한 인사의 비서실장을 맡은 게 죄라면 문재인은 도대체 무슨 죄를 저질렀다는 것인가?

박용진의 말이 그렇게까지 욕먹어야 할 것이었는지 굳이 따져볼 필요는 없을 것 같다. 이승만·박정희에 대해 공과功過를 동시에 보자는 것조차 불온시하는 여권의 분위기가 이렇다는 정도로만 이해하는 것으로 족하다. 이런 이해에 기반할 때에 태극기 부대를 '극우'로만 보려는 시각의 한계나 문제점도 저절로 드러날 것이기 때문이다. 대깨문의 일부 악플만으로 대깨문 전체를 평가하려 든다면 얼마나 억울할까? 이래서 역지사지易地思之가 필요하다. 태극기 부대의 일부 최악의 행태로 태극기 부대 전체를 평가하려 드는 건 어리석다.

태극기 부대의
'촌스러움'과 '취향의 폭력성'

문재인 지지자들에게 필요한 건 역지사지인 동시에 공사 구분을 엄격하게 하는 일이다. 이를 위해 그들이 사랑하는 노무현과 문재인은 군사독재정권 시절에 사법고시에 합격한 인물이었다는 점을 상기시켜 드리고 싶다. 그땐 검찰은 물론 사법부도 정권 권력의 하수인에 지나지 않던 시절이었다. 하지만 우리는 노무현과 문재인에게 그런 미친 세상에서 왜 사법고시에 응시했느냐고 따져묻진 않는다. 혹자는 '인권 변호사'가 되기 위해 그런 게 아니냐고 생각할지 모르지만, 그들이 처음부터 그런 뜻을 가졌던 것도 아니다.

『문재인의 운명』(2011)에 나오는 이야기지만, 문재인은 경찰 유치장에서 사법고시 합격 소식을 들었다. 이는 경희대학교의 경사였던지라 경희대학교 학생처장, 법대 동창회장 같은 분들이 면회를 와서 축하를 해주었다. 경찰은 이들이 유치장 안에서 소주와 안주 등으로 조촐한 축하 파티를 벌일 수 있게끔 '특혜'를 베풀어주었다. 문재인의 말마따나, "경찰 역사상 전무후무한 일"이었다.

지금 내가 왜 이런 이야기를 한다고 생각하시는가? 그 몹쓸 군사독재정권 치하에서도 민중의 삶엔 민주화 시대에서 볼 수 있는 것과 다를 바 없는 희로애락喜怒哀樂이 있었다는 점을 말하려는 것이다. 공적 차원에서 분노하는 상황에서도 사적으론 즐겁고 행복한 일들이 있었다는 말이다. 나름 그 시절의 그런 추억을 소중히 간직하면서 자랑스럽게 이야기한다고 해서 그들을 곧장 군사독재정권 지지자로 몰아붙이는 건 어리석음을 넘어서 매우 나쁜 짓이다. 그건 노무현과 문재인의 사법고시 합격을 욕하는 게 매우 나쁜 짓인 것과 같은 이치다.

박용진이 이승만·박정희 정권의 공과功過을 말하는 것에 대해서조차 "미친 X이 미친 소리 한다"고 외치는 사람들은 군사독재정권 시절 민중의 삶마저 암흑이었다고 말해야 직성이 풀릴 사람들이다. 그 시절에 자신의 땀과 피를 바쳐 어느 정도 경제적 부를 이룬 사람들이 그 시절이 통째로 부정당하는 것, 그것도 아예 '내로남불 DNA'를 갖고 있는 것처럼 위선과 기만에 능한 집단에 의해 모독당하는 것에 항의하는 건 이해할 수 있는 일이라는 생각이 눈곱만큼도 들지 않는가?

그런 항의 표현 방식에 문제가 좀 있다고 해서 그들을 무조건 군사독재정권 지지자들로 몰아붙여야만 시원하겠느냐 이 말이다. 태극기 부대가 왜 그러는지 이해해보겠다는 최소한의 노력조차 기울이지 않으면서 그들을 무조건 '정신 나간 수구 꼴통'으로만 보겠다는 건 '악의적 오해'라는 게 나의 생각이다. 자신의 오류나 오해 가능성을 조금도 인정하지 않는 오만의 산물이라는 점에서 그렇다.

미국 명예훼손법에 '현실적 악의actual malice'라는 개념이 있다. 소송시 피고의 과실을 입증할 때 공인公人은 피고의 '현실적 악의'를 입증해야 하기 때문에 승소가 매우 어려운데, 구체적으로 '현실적 악의'는 "허위(거짓말)의 인지 또는 진실에 대한 무모한 부주의"를 뜻한다. 이 개념을 원용해보자면, 동료 인간에 대한 최소한의 예의를 저버리고 무모할 정도로 '진실에 대한 부주의'를 범하면서 상대편을 '미치광이' 취급하는 독선과 오만은 악의로 보는 게 마땅하지 않겠는가.

나는 진보의 태극기 부대 혐오가 상당 부분 취향의 문제라고 생

각한다. 프랑스 사회학자 피에르 부르디외Pierre Bourdieu, 1930~2002
는 취향의 문제를 주요 사회학적 연구 주제로 격상시킨 인물인데,
그는 미적으로 편협하다는 것은 가공할 폭력성을 지니고 있다는
점을 상기시키면서, 취향은 혐오와 분리할 수 없다고 단언한다. 다
른 삶의 양식에 대한 혐오는 계급 사이의 가장 두터운 장벽이라는
것이다.

그간 주변에서 들었던, 태극기 부대를 혐오하는 발언들을 잘 상
기해보시기 바란다. 미국 국기라거나 심지어 이스라엘 국기를 들고
나오는, 그 시대착오적 '촌스러움'에 대한 비웃음이 반드시 빠지지
않고 등장하지 않았던가. 이런저런 취향의 흥을 보자면 끝이 없을
게다. 그러나 우리는 반드시 취향의 편협이 내포하는 폭력성에 주
목하면서 표현 능력의 부족이나 한계로 그들이 미처 표현하지 못
한 메시지에도 눈과 귀를 열어야 한다. 그게 인간에 대한 예의다.

미국의 우익 논객이자 정치인인 패트릭 뷰캐넌Patrick Buchanan
은 미국의 흑역사인 이른바 '빨갱이 사냥'의 우두머리 역할을 했던
조지프 매카시Joseph McCarthy, 1908~1957를 당시 많은 사람이 지지
하거나 존경했던 이유에 대해 이렇게 말한 바 있다. "매카시가 말
한 내용이 옳았기 때문이 아니라 그가 무엇을 말하고자 하는지를
이해했기 때문에 지지했다."[36]

꽤 그럴듯한 설명이다. 대깨문은 반대편이나 중립자가 보기에
말도 안 되는 궤변이나 망언에 대해서도 지지를 아끼지 않은 경험

이 있을 게다. 왜 그랬을까? 그 내용에 동의해서가 아니라 그가 문 정권을 위한 말을 하려고 했다는 점에 점수를 준 게 아니었는가? 물론 나는 그런 지지 방식에 동의하지 않지만, 태극기 부대의 어떤 언행도 자신들에게 적용하는 그런 법칙에 따라 그렇게 이해하는 게 공정하지 않겠느냐고 묻는 것이다.

어찌 되었건, 보수와 진보가 각기 다른 도덕 시스템을 갖고 있다는 걸 조금만 인정해도 대화와 타협의 문이 열릴 수도 있겠건만, 나의 도덕 시스템으로 천하를 통일하려는 과욕을 가진 사람이 많으니 안타까운 일이다. 각기 다른 도덕 시스템은 우열優劣을 평가할 수 없는 것이다. 아니 속으론 "너희보다 우리가 도덕적으로 우월하다"는 신념을 갖는 것도 좋겠지만, 그걸 공공연히 드러내거나 그런 신념을 근거로 상대에 대해 삿대질을 하는 건 다시 생각해보는 게 좋겠다.

지지 정당이
다르면
가족마저
절연하는가?

"대중은 언제나 정치하는 자를 모방한다."[1]
● 고대 로마의 역사가 티투스 리비우스

'두 개로 쪼개진 미국'의
비극

"내가 근무하는 뉴잉글랜드의 대학에서는 일부 교수들이 수업을 취소했고, 일부 학생들은 침대 밖으로 나오지 않았으며, 상담을 받고 싶다는 문의가 갑자기 폭증했다."[2] 미국 코네티컷대학 철학과 교수 마이클 린치Michael P. Lynch가 『우리는 맞고 너희는 틀렸다: 똑똑한 사람들은 왜 민주주의에 해로운가』(2019)에서 2016년 대선 직후 전개된 사회적 풍경에 대해 한 말이다.

힐러리 클린턴Hillary Clinton의 패배에 충격과 좌절감을 느낀 사람들과 도널드 트럼프Donald Trump의 승리에 환호하며 열광한 사람들 사이에서 대화가 가능할 리 만무했다. 심지어 가족 내에서도 대화는 불가능했다. 2017년 로이터·입소스 여론조사에선 "정치 문제로 가족과 갈등을 겪고 있다"고 답한 사람이 39퍼센트였으며, 이 중 절반은 "그래서 가족과 절연했다"고 답한 것으로 나타났다.[3]

이렇듯 '두 개로 쪼개진 미국' 현상은 트럼프 시대에 처음 나타난 건 아니다. 이미 2000년대 초반 극단적인 당파주의의 결과로 나타나는 미국의 분열상을 빗대 '신新남북전쟁 시대'라는 말까지 나왔다. "내 편 아니면 모두 적"이라는 적대와 증오가 미국 사회에 만연해 있다는 것이다.

커뮤니케이션 학자 캐슬린 홀 제미슨Cathleen Hall Jamieson은 "최근 비행기를 타고 가다 곁에 앉은 이가 조지 부시를 비난한 마이클 무어의 책을 읽자 옆 좌석 승객이 자리를 바꿔달라고 하는 모습을 보고 충격을 받았다"며 "정치가 워낙 일상과 연결되다 보니, 자신이 싫어하는 책을 읽는 사람 곁에는 앉기조차 싫어진 것"이라고 말했다. 이런 분열상에 대해 시사주간지 『유에스뉴스앤드월드리포트U.S. News & World Report』(2004년 10월 25일)는 "이제 누군가 당신과 의견을 달리한다면, 그 사람은 그저 당신과 의견만 다른 게 아니다"라며 "그는 당신이 믿고 있는 신념을 모욕하고, 당신의 사는 방식을 위협하는 것으로 바뀌었다"고 지적했다.

2010년대 들어 분열은 더욱 악화되었다. 1960년대에는 자녀가 '다른' 정당을 지지하는 사람과 결혼하는 것을 꺼리는 미국인이 20명 중 1명이었지만, 2012년 조사에선 민주당원의 3명 중 1명이, 공화당원은 2명 중 1명이 '다른 정당 간 결혼'을 금기시하는 것으로 나타났다.[4]

정치학자 앨런 아브라모위츠Alan Abramowitz는 『근시사회』(2014)의 저자인 폴 로버츠Paul Roberts와의 인터뷰에서 "이제 사람들은 '다른 편' 사람들과 교류하는 일에 관심이 없다. 갈수록 그런 대화를 기피하고 나와 다른 사람과 교류하는 일도 피한다. 그런 행동이 불편하고 '짜증'나기 때문이다"고 했다.[5] 이 책에 인용된 마이클 린치Michael P. Lynch는 다음과 같이 말했다.

"미국 문화의 의견 충돌은 가치관이나 특정 사실에 대해서만이 아니라, 사실을 인식하는 태도 그리고 어떤 지식을 사실로 간주하는 방식에도 나타나고 있습니다. 일단 사람들이 이런 상태에 빠지면 민주주의를 위협하게 되는데, 지식에 대한 보편적 기준이 없으면 그 어떤 것에서도 공통된 기준을 마련할 수 없기 때문입니다. 서로의 차이를 논의할 공통된 단어마저 사라지는 것이지요."[6]

이런 정치적 양극화는 디지털 혁명으로 인해 날이 갈수록 그 정도가 심해졌다. 소셜미디어는 당파성을 심화시키는 알고리즘으로 장사를 하는데다, 위기에 몰린 전통 미디어들마저 생존을 위해 그렇게 길들여진 수용자의 비위를 맞추는 방향으로 나아갔으니, 소통은 물 건너가고 만 셈이 되었다. 트럼프는 이런 현실을 자신의 정치적 자산으로 삼아 양극화에 박차를 가했으니, 지지 정당이 다르면 가족마저 절연하는 일까지 벌어진 것이다.

그럼에도 대화는
포기할 수 없다

그런 최악의 상황에서도 '두 개의 미국'을 더는 방치할 수 없다는 문제의식을 가진 사람들이 모여서 만든 '스페이스십 미디어'는 '대화 저널리즘'을 들고 나왔다. 이들은 트럼프 지지자와 클린턴 지지자들을 선별해 서로 대화를 나누게 하고 이를 뉴스로 보도하는 새로운 저널리즘을 선보였다. '대화 저널리즘'에선 첨예한 갈등을 빚는 모든 이슈가 다 뉴스거리가 될 수 있다. 참여자들에겐 욕이나 인신공격을 하면 안 된다는 지침을 주고, 기자는 대화를 경청하는 동시에 상호 이해를 증진시키는 방향으로 중재한다.

'대화 저널리즘'에 대한 독자들의 신뢰는 높다고 하지만, 과연 얼마나 많은 사람이 이런 뉴스를 환영하겠는가 하는 의문을 제기할 수 있겠다. 2019년 10월 SBS가 주관한 'SBS D 포럼 2019' 행사에서 강연을 한 스페이스십 미디어 대표 이브 펄먼Eve Pearlman은 『미디어스』 인터뷰에서 "사람들은 항상 성찰하고 서로를 궁금

해한다. 하지만 지금은 각자의 버블에 갇혀 있다. 대화하다 보면 정형화된 편견에서 벗어나기 시작한다. 우리는 서로를 분리하는 곳에서 벗어나고 개방성과 공감을 쌓아 대화할 수 있다"고 말한다.[7]

물론 아직 갈 길이 멀다. 2020년 대선은 2016년 대선의 전철을 그대로 밟은데다, 더 악화되기까지 했으니 말이다. 2020년 10월 13~20일 실시된 로이터·입소스 여론조사에 따르면, 조 바이든 Joe Biden 지지자의 43퍼센트, 도널드 트럼프 지지자의 41퍼센트가 "내가 지지하지 않는 후보가 당선되면 승복하지 않을 것"이라고 답했다. 또 바이든 지지자의 22퍼센트와 트럼프 지지자의 16퍼센트는 각각 "우리 편이 지면 시위에 나서거나 폭력도 불사하겠다"고 했다.[8] 미국이 미쳐 돌아가는 걸까, 아니면 대통령제의 종언을 알리는 조종弔鐘일까?

그렇다고 해서 대화를 해보자는 시도를 포기할 수는 없는 일이다. 이미 갈등을 증폭시키는 뉴스에 중독된 사람들이 상시적으로 대화를 중시하는 뉴스를 찾을까 하는 의문은 여전히 남지만, 욕심 내지 않고 '대화 저널리즘'을 기존 저널리즘의 일부로 활용하면 문제될 게 없다. 한국도 미국 못지않게 '대화 단절'에 시달리고 있는 나라인바, 모든 언론이 적어도 매주 한 꼭지 이상의 '대화 저널리즘' 기사를 게재해보는 건 어떨까? '대화 저널리즘'의 기본 취지는 뉴스 생산 과정에 독자를 참여시켜 쌍방향성을 구현함으로써 사회적 소통을 활성화해보자는 것이기에 마다할 이유가 없잖은가?

그런 정도의 '대화 저널리즘'은 이미 실천해왔다는 반론도 가능하겠지만, 일반 독자의 목소리를 선별적으로, 들러리용으로 전하는 데에 치중해온 건 아닌가? 독자들이 중심이 된 가운데 생각을 달리하는 독자들 상호 간 직접 대화는 거의 없었다고 봐야 하지 않을까? 대화는 논쟁이나 토론이 아니다. 상대를 압도해야 할 필요가 없다. 물론 말싸움을 벌일 필요도 없다. 왜 상대편이 내가 도저히 받아들일 수 없는 '어리석거나 나쁜 생각'을 하게 되었는지 그 이유를 듣는 것만으로도 충분하다. 모든 문제에 대해 다 아는 척할 필요도 없고, 내가 옳다고 강변할 필요도 없다. "우리는 맞고 너희는 틀렸다"는 자세를 잠시 유보하고, "우리도 틀릴 수 있고 너희도 맞을 수 있다"는 가능성을 인정해주기만 하면 된다.

'대화 저널리즘'은 학자들마다 조금씩 다른 의미로 사용하고 있으며,[9] 정해진 틀이 있는 게 아니다. 우리 형편에 맞게 사회 곳곳에 대화가 흘러넘치게 해보자는 한국형 '대화 저널리즘'도 얼마든지 가능하다. '1인 저널리즘'의 시대가 만개된 세상에서 '대화 저널리즘'은 시민단체를 비롯한 시민사회 전 분야가 광범위하게 활용할 수 있는 기본적인 소통 방식이 될 수 있으며 되어야 마땅하다.

익명의 공간에서 늘 악담과 저주를 퍼붓던 사람일지라도 대화의 마당에 들어서는 순간 점잖고 합리적인 사람으로 변하고, 대화를 통해 평소 '괴물'처럼 생각해왔던 반대편 사람들이 의외로 착하고 선량한 내 이웃과 같은 사람들이라는 걸 깨달을 가능성이 높다.

악성 댓글을 다는 이들은 대화에 굶주린 사람들일 수 있다는 발상의 전환이 필요하다.

문재인 열성 지지자들, 화낼 자격이 있는가?

이 글의 일부를 『한겨레』에 기고했더니,[10] 이런 점잖은 댓글이 달렸다. "지금 강준만 씨가 주제넘게 갈등을 언급하십니까? 강준만 씨는 자기가 요즘 쓰는 글을 누가 인용하고 누가 호응하는지 보셨나요? 주로 극우 언론과 극우 네티즌들이더군요. 강준만 씨의 글이 편 가르고 선동하는 정치적 세몰이의 용도 외에 별다른 용도가 없어진 겁니다. 달리 말하자면 그런 용도로밖에 쓸 수 없는 글을 연거푸 쓰고 계신 거고요. 그 사실 알고는 계십니까? 모르고 있다면 '대화'에 관심이 없는 구름 위 신선인 것이고, 알고도 이런 글을 쓰고 있다면 강준만 당신이 갈등 증폭의 주체인 것이죠. 나는 후자라고 간주하고 있습니다."

'극우 언론과 극우 네티즌들'이라는 표현엔 결코 동의할 수 없지만, 글의 취지로 보건대 아주 좋은 말씀이다. 그런데 이 견해를 수용할 경우, 이런 문제가 있다. 대화를 해보자고 외칠 수 있는 자격의 문제인데, 이 자격에 가장 잘 들어맞는 사람은 그간 정치적 의견 표명을 전혀 하지 않은 사람이다. 속마음까지 중립인지는 알 수 없지만, 어찌 되었건 정치적 편향성을 드러낸 '전과'가 없어야 한다. 그런데 이런 사람들은 아예 나서지 않으려는 성향이 매우 강하다. 그들이 나설 때까지 기다리는 건 백년하청百年河淸일 게다.

나는 오히려 정반대로 생각한다. 이미 정치적 견해를 강하게 피력한 사람은 대화를 할 수도 없고 해선 안 된다는 생각을 버리자는 것이다. 발상의 전환이 필요하다. 우선 자신이 곧 정의라는 생각부터 버려야 한다. 그러기 위해선 '극우 언론과 극우 네티즌들'이라는 표현부터 다시 생각해봐야 한다. 이렇게 말한 분이 스스로 '극좌'임을 인정한다면 모를까.

이명박·박근혜 정권 시절에도 내부 비판은 있었고, 그땐 진보 언론이 그런 비판자를 칭찬하면서 즐겨 인용했다. 그렇다고 해서 진보 언론이 '극좌'는 아니잖은가? 어느 한쪽에서 '양심적 의인'은 다른 한쪽에서 '배신자·변절자'가 되는 이런 우스꽝스러운 이분법 놀이는 이제 그만둘 때도 되지 않았는가?

비단 내 글뿐만 아니라 진보 진영에서 나오는, 문 정권의 어떤 점에 대해 비판적인 글들은 거의 대부분 보수 언론에만 실린다. 문 정권의 열성 지지자들은 바로 이 점에 화를 내고 있지만, 가슴은 두었다 어디에 쓰겠는가. 가슴에 손을 얹고 잘 생각해보시기 바란다. 자신들에게 화를 낼 자격이 있는지 말이다.

내가 지난 4월에 출간한 『쇼핑은 투표보다 중요하다: 정치적 소비자 운동을 위하여』에 쓴 「제3장 왜 진보 언론은 자주 '불매 위협'에 시달리는가?: '어용 언론' 사건」에서 자세히 다루었듯이, 열성 지지자들은 진보 언론이 '어용 언론'이 될 것을 요구하고 있다. 가볍게 요구하는 것도 아니다. 실제로 불매운동 위협이 위협으로 끝나지 않고 실행에 옮겨져 일부 언론에 큰 타격을 주기도 했다. 진보 언론은 불매 위협을 두렵게 생각하고 있다.

문재인 정권이
길이요 진리요 생명인가?

그 결과는 무엇인가? 진보 언론은 진보 진영에서 나오는 내부 비판을 자유롭게 보도할 자유가 없다! 그걸 상시적으로 보도했다간 또 어떤 보복을 당할지 모르니 아예 무시해버리는 것이다(물론 진보 언론 스스로 그런 내부 비판에 대해 뉴스 가치가 없거나 문제가 있다고 생각해서 보도하지 않는 점도 있겠지만, 그렇다면 이건 더욱 큰 문제일 수 있다). 진보 언론에 내부 비판을 자유롭게 보도할 수 있는 자유가 있다면, 보수 언론이 그런 비판을 이용하는 것도 현격히 줄어들 것이다.

그런데 그런 변화를 가로막는 게 바로 열성 지지자들이다. 도대체 뭘 하자는 건가? 진보 언론이 어용이 될 것을 요구한다는 건 문 정권에 대해 일체의 비판을 하지 말라는 게 아닌가? 문 정권이 길이요 진리요 생명인가? 무오류의 존재인가? 그런 요구가 민주주의라고 생각하는가? 이탈리아의 파시스트 베니토 무솔리니Benito Mussolini, 1883~1945가 지배하던 시절의 이탈리아인들은 학교에서, 연설을 통해서, 벽에 쓰인 슬로건에서 "무솔리니는 항상 옳다"라는 말을 들으며 살았다는데,[11] 우리가 정녕 "우리 이니는 항상 옳다"라는 말을 들으며 살아야 하겠는가?

아무리 좋게 봐줘도 그건 정치가 아니라 종교 아닌가? 종교를 믿으려면 자기 혼자 열심히 믿거나 남에게 전도를 하려면 겸손하고 부드러운 자세를 취해야 하는 게 아닌가? 호통과 비난과 욕설로 전도를 하겠다니, 이교도는 다 죽이겠다는 것인가? 차라리 민주주의에 문제가 많으니 파시즘이라든가 기타 다른 이념 체계를 도입하자고 주장하는 게 아니라면, 자신들의 그런 막무가내 행태에 대한 성찰을 해야 하는 게 아닌가? 이건 해도 해도 너무하는 게 아닌가?

이 댓글을 쓴 분은 '극좌'가 아닌, 지극히 상식적인 개혁을 바라는 분일 게다. 반대편을 지지하는 시민들도 마찬가지다. 양쪽에 모두 '극우'와 '극좌'가 없다고 말할 순 없겠지만, 그들이 중심 세력은 아니다. 어떤 정치적 주장을 내세우건 모두가 다 나라 잘되게 하자는 뜻일 텐데, 지금처럼 나라가 두 개로 쪼개진 상황에선 그게 불가능하다. 반대편을 완전히 섬멸할 수 있는 게 아니라면 말이다. 그렇다면 대화 말고 무엇이 있을까?

보수건 극우건 문 정권의 반대편 세력이 놀라울 정도로 한심한 수준인 건 분명한 사실이다. 크게 나아질 전망도 보이지 않는다. 그래서 문 정권이 그 어떤 '독선과 오만'을 저질러도 무사할 뿐만 아니라 오히려 인기를 얻는 일도 벌어지는 것이다. 그런데 감히 문 정권을 비판해? 괘씸하다는 생각이 들겠지만, 넓게 멀리 바라보면 이건 우리 모두의 하향평준화형 자멸自滅로 가는 길이라는 게 나의 생각이다. 이 지점에서 생각이 다른 것이므로, 비판이 이에 집중되면 좋겠다.

이 댓글을 쓴 분은 '극우 언론과 극우 네티즌들'이 호응한다는 점만 문제 삼을 뿐, 내 책은 읽지 않았을 것이고 읽을 뜻도 없을 게다. 나의 문제 제기와 비판은 자신이 곧 정의라는 생각부터 버려야 한다는 데에 집중되어 있다. 대화가 없는 불통의 책임은 집권 세력에 더 물어야 한다는 뜻이다. 이걸 인정해야 대화가 가능해지므로, 나의 비판은 불가피하다. 나와 생각을 전혀 달리하는 분들도 자신의 정치적 주장을 하는 동시에 대화의 길을 모색한다면 더욱 좋지 않을까?

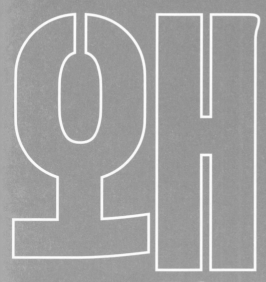

후안무치는
정치인의
필수 덕목인가?

> "어리석은 인간은 부끄러운 짓을 할 때마다
> 그것이 자기의 의무라고 목청 높인다."[1]
> ●영국 작가 조지 버나드 쇼

미국을 휩쓴
'올리메니아' 현상

1987년 7월 이른바 '올리메니아Olliemania' 현상이 미국 사회를 휩쓸었다. 당시 주요 이슈였던 이란-콘트라 스캔들부터 설명하고 넘어가는 게 좋겠다. 이 스캔들은 미국 정부가 비밀리에 이란에 무기를 판매한 대금을 좌익 니카라과 정부군에 대항하는 콘트라Contra, 즉 반군 게릴라 지원에 쓴 사건을 말한다. 이는 1982년 12월에 통과된, 니카라과 정부를 전복시키기 위한 목적의 자금 지원을 금지한 볼랜드 법Boland Amendment을 어긴 것이었다.

이 스캔들의 실무 책임자였던 '올리' 즉, 해병 중령 올리버 노스Oliver North의 증언은 이란-콘트라 청문회의 가장 중요한 부분으로 여겨졌다. 그의 증언 여하에 따라서 대통령 로널드 레이건Ronald Reagan, 1911~2004의 정치적 운명이 결정될 수 있었기 때문이다. 그러나 노스는 텔레비전으로 중계된 의회 증언을 통해 레이건의 관련 여부를 정확히 밝히기는커녕, '애국'을 팔며 자신의 불법행위를 정당화하는 발언으로 일관했다.

노스는 신문하는 사람이 말을 자르려 하면 손가락을 세우고 "제 말 끝까지 들으세요"라며 단호하게 제지했다. 그는 자신의 말을 가로채는 것을 허용하지 않았고, 그에게 질문하는 변호사와 의원들을 압도했다.[2] 노스는 이란에 무기를 팔아먹었든, 그 판매 대금으로 콘트라를 지원해주었든 도대체 그게 다 누구를, 그리고 무엇을 위해서 한 일이었겠느냐는 식의 논법을 구사했다. 자신이 책임지지 않고 도망갈 구멍은 최대한 마련해놓으면서도, 자신은 의리와 충성의 사나이라는 인상을 풍기려고 애를 썼다.

미국의 안보를 위해 열정을 바쳐온 자신과 같은 애국자가 왜 이런 죄인 취급을 받아야 하느냐는, 항의조의 의회 진술로 노스는 하루아침에 영웅으로 떠올랐다. 영웅에 굶주린 나라 미국에서만 있을 수 있는 진기한 현상이었다. 왼쪽 가슴에 온갖 종류의 훈장과 문장으로 빛나는 말끔한 군복을 입고 진지하고 소박한 표정으로 이야기하는 노스에게서 시청자들은 진실성과 솔직함을 읽고 있었다. 텔레비전은 노스의 증언 도중 사랑스러운 눈길로 남편을 지켜보는 부인 베치 노스Betsy North의 모습을 자주 보여주었으며, 이는 평소 가족적 개인주의 미덕을 중히 여기는 일부 미국인들을 감동시켰다. 텔레비전 시청자들에게 중요한 것은 노스가 '무엇'을 말하느냐가 아니라 '어떻게' 말하느냐였던 것이다.

노스의 텔레비전 증언은 그 시간대에 방송된 인기 텔레비전 드라마 〈종합병원General Hospital〉 시청률을 5배나 앞지르는 놀라운 시청률을 기록했다. 노스의 증언이 끝난 후 노스의 집과 백악관으로 노스와 레이건을 지지하는 전보가 답지했으며, 노스의 변호사 비용 13만 달러를 훨씬 넘는 성금이 기부되었다. '올리버 노스를 대통령으로'라는 자동차 범퍼 스티커와 티셔츠마저 등장했다. 백악관 자체 여론조사에 따르면 노스의 증언 이후 콘트라에 대한 지지도가 6월의 30퍼센트에서 48퍼센트로 증가했다.[3]

"남의 말은 자르고
내 말은 끝까지 하라"

남의 말은 자르고 내 말은 끝까지 하는 솜씨에 관한 한, 노스의 뺨을 칠 수 있을 정도로 발군의 실력을 가진 인물이 최근 나타났으니 그는 바로 미국 대통령 도널드 트럼프Donald Trump다. 그는 2016년 대선의 1차 TV 토론회(9월 26일)에서 힐러리 클린턴Hillary Clinton이 발언하는 동안 "틀렸어wrong"라고 중얼거리며 51차례나 개입하려고 했지만, 힐러리도 만만치 않은 상대인지라 소기의 성과를 거두진 못했다.[4]

트럼프의 그런 버릇은 2020년 대선에서도 여전했다. 9월 29일 오하이오주 클리블랜드에서 열린 미국 대통령 후보 간의 첫 토론에서 트럼프는 민주당 대선 후보 조 바이든Joe Biden의 말을 끊고 끼어든 횟수가 자그마치 71회에 이르렀다. 98분 동안 진행된 토론에서 그랬으니, 이 정도면 거의 1분마다 한 번씩 그랬던 셈이다. 이에 질세라 바이든도 '트럼프 흉내내기'를 했다지만 22회에 그쳤다.[5]

트럼프의 그런 태도에 대해 비난이 빗발쳤지만, 트럼프 지지자들은 그렇게 생각하지 않았다. 그런 비난은 트럼프 반대자들의 생각일 뿐, 그들이 보기에 트럼프는 역시 그들이 사랑해 마지않는 '박력의 화신'이었다. 일반적으로 통용되는 에티켓을 지키지 않는 게 바로 트럼프의 정치적 경쟁력이라고 해도 과언이 아니다.

트럼프는 사석에서 은밀하게나 할 수 있는 말을 공개적으로 마구 내뱉는다. 비난이 빗발쳐도 사과는커녕 오히려 더 공격적인 태도를 보인다. 지지자들은 그 대담성에 열광한다. 그간 막말을 한 정치인은 많았지만, 이들은 논란이 커지면 곧 자신의 발언을 철회하거나 사과했다. 그러나 트럼프의 사전에 철회나 사과는 없다. 그는 막무가내로 끝까지 밀어붙인다. 이게 지지자들에겐 '담대함'과 '진정성'으로 여겨진다. 트럼프는 과거에 반대급부를 바라고 정치 기부를 했다고 밝히기도 했다. 너무도 당당해 뻔뻔하다고 여겨질 정도로 말이다. 그러나 지지자들에겐 그런 뻔뻔함마저 트럼프의 존경하지 않을 수 없는 솔직성과 투명성으로 간주된다.[6]

"어떤 자리에서든 힘을 보여줄 수 있는 한 가지 방법은 필요에 따라 상대방의 말을 자르는 것이다." 미국 스탠퍼드대학 경영학자 제프리 페퍼Jeffrey Pfeffer가 『권력의 기술: 조직에서 권력을 거머쥐기 위한 13가지 전략』(2010)에서 한 말이다. 이어 그는 이렇게 말했다. "권력자들은 대개 남의 말을 자르는 특성이 있다. 이에 비해 권력을 갖지 못한 사람은 하던 말도 끝까지 맺지 못한다. 상대방의 말을 중단시키는 것은 예의에는 어긋나지만, 그래도 힘을 암시하고 과시하는 수단으로서는 손색이 없다."[7]

페퍼는 "필요에 따라 말을 잘라라"고 권하는데, 명색이 학생을 가르치는 교수가 이래도 되나? 아니 이건 보통 사람들에게 던져야 할 질문은 아닐까? 그 누구건 "남의 말은 자르고 내 말은 끝까지 해야 한다"는 데엔 동의하지 않을 것이다. "남의 말을 경청해야 한다"는 원칙이 옳다고 답할 것이다. 그러나 정치적 당파성을 가졌다면, 이 원칙은 실종되고 만다. 우리 편이라면 남의 말은 자르고 자신의 말은 끝까지 하는 사람에게 박수를 보낼 가능성이 높다. 반대편이 그러면 무례하다고 욕할 사람들이 편에 따라 전혀 다른 태도를 취하는 것이다. 이는 왜 정치적 현장에서 남의 말을 자르고 자신의 말을 끝까지 하는 사람이 많은지 그 이유를 잘 설명해준다.

한국은 어떤가? 남의 말은 자르고 내 말은 끝까지 하는 등 기본적인 에티켓을 무시하면서 독설과 막말을 장기長技로 삼는 유형의 정치인이 적지 않다. 이들의 공통점은 무엇인가? 자기 진영에서 당파적으로 뜨거운 지지를 누리고 있다는 점이다. 사정이 이렇다면, 문제는 그런 정치인들이라기보다는 이들에게 열화와 같은 지지를 보내는 보통 사람들이 아닐까? 정치엔 사람을 미쳐 돌아가게 만들 수 있는 힘이 있다는 걸로 이해하고 넘어가야지, 어쩌겠는가.

"모든 게 다 썩어도, 뻔뻔한 얼굴은 썩지 않는다"

그런 정도의 후안무치는 눈감아줄 수도 있지만, 진짜 문제는 후안무치가 정치인의 필수 자질로 여겨지고 있다는 점이다. 영국 작가 조지 버나드 쇼George Bernard Shaw, 1856~1950는 "아는 게 없으면서도 모든 것을 다 안다고 생각하는 사람이야말로 정치인의 자질이 충분하다"고 했다. 소련 지도자 니키타 흐루쇼프Nikita Khrushchev, 1894~1971는 한 걸음 더 나아가 "정치인은 어느 나라에서건 똑같다. 그들은 강도 없는 곳에 다리를 놓아주겠다고 약속하는 사람들이다"는 명언을 남겼다. 이걸 꼭 연구를 해봐야 아나 하는 생각도 들긴 하지만 도리스 그레이버Doris Graber의 연구(1988)에 따르면, 유권자들은 그러한 주장을 '가감해서' 받아들이면서 일상적으로 무시한다.[8] 유권자들의 이런 '지혜'가 오히려 정치인의 후안무치를 더욱 부추기는 건 아닌지 모르겠다.

독일에 페터 슬로터다이크Peter Sloterdijk라는 괴짜 철학자가 있다. '급진화된 우파'로 통하는 이 사람은 '위선적 계몽주의'를 질타하면서 '뻔뻔함'을 새로운 철학적 사유 양식이자 실천 항목으로 제시한다. "철학이 말하는 대로 살려면 위선적이 될 수밖에 없기 때문에 바로 우리가 살고 있는 바를 말할 수 있는 표현 양식이라 할 뻔뻔함을 발휘하자"는 것이다.[9]

흥미롭게도 도널드 트럼프가 슬로터다이크의 제안을 100퍼센트 넘게 초과달성한 인물이다. 트럼프의 '성공 사례'를 흉내낸 건지는 몰라도 한국에도 열성 지지자들의 속을 후련하게 만들어주는 독설을 자주 내뱉고 성찰은 전혀 하지 않으면서 적반하장賊反荷杖을 장기로 내세우는 정치인이 적지 않다. 이들 중 일부는 시인 최승호의 시詩「방부제가 썩는 나라」를 떠올리게 만들기에 족하다. "모든 게 다 썩어도, 뻔뻔한 얼굴은 썩지 않는다."[10]

후안무치에 대해 비판적으로 접근했지만, 어느 정도 수준에선 이해해보려는 자세를 가져보는 게 좋을 것 같다. "아는 게 없으면서도 모든 것을 다 안다고 생각하는 사람이야말로 정치인의 자질이 충분하다"는 쇼의 말을 검토해보건대, 유권자들이 정치인에게 모든 걸 다 알 것을 요구하는 경향이 있다는 점도 지적하는 게 공정할 것이다. 그런 요청에 부응하기 위해선 모든 것을 다 안다고 주장해야만 한다. 그래서 좋은 의미에서건 나쁜 의미에서건 뻔뻔함은 정치인의 필수 덕목이 되고 만다.

어디 그뿐인가. 보통 사람의 도덕 감정을 고수하면서 정치를 한다는 건 사실 거의 불가능하다. 정치인에겐 비상한 수단을 사용하고 상황에 따라 언행을 바꿔야 할 필요성이 훨씬 더 크기 때문이다. 대체적으로 보아 높이 오른 사람일수록 후안무치를 저지른 건수가 더 많고 농도가 더 강하다. 얼굴 피부가 얇고 부끄러움을 잘 타는 사람이 정치인이 되거나 조직의 리더가 된 걸 본 적이 있는가? 설사 있다 하더라도 유능하진 않았을 게다.

후안무치의
대중화 시대인가?

정치는 인간의 야수적 속성을 다루는 영역이다. 어느 영역치고 그 속성과 무관하랴만, 본격적인 권력투쟁이라고 하는 점에서 정치를 따라갈 수 있는 영역은 없다. 경제 영역의 투쟁도 무섭긴 하지만, 그쪽은 이익 중심이기 때문에 이익과 더불어 이념·명분 등이 칼춤을 추는 정치판의 적수가 되질 못한다. 이는 경제계의 거물이었던 정주영과 김우중이 정치판에 뛰어들거나 기웃거리다가 얼마나 허망하게 무너졌는지를 봐도 알 수 있다.

　주변을 둘러보기 바란다. 후안무치 자질이 비교적 뛰어난 사람들을 볼 수 있을 게다. 그들에겐 좋은 점이 많다. 어떤 문제가 생겼을 때 교섭하고 해결하는 능력이 비교적 탁월하다. 선수는 선수를 알아보는 법이다. 이미 권력을 가진 쪽은 후안무치 자질이 뛰어날 것인즉, 같은 선수를 알아보고 상대방의 요청이나 요구에 응하게 될 가능성이 높다고 볼 수 있다.

　후안무치 자질이 뛰어난 사람이 자신의 후안무치를 자각할 수 있는가? 없다! 바로 여기서 비극이 싹튼다. 자신이 후안무치하다는 자의식을 갖게 되면 후안무치를 구사하는 게 어려워진다. 후안무치를 "안녕하세요"라고 가볍게 인사하는 기분으로 체화해야 한다. 그러다 보니 보통 사람의 상식적 판단을 넘어서는 일을 해도 그게 얼마나 큰 문제인지 판단하기 어려워진다. 같은 후안무치 자질을 갖고 있는 측근 인사들에게 의존해봐야 별 도움이 안 된다.

　대중은 묘한 동물이다. 그들은 정치인의 후안무치가 필요악임을 흔쾌히 인정하면서도 어느 순간 돌아서서 후안무치하다고 욕을 한다. 언제 어느 경우에 그러는지 그건 확실치 않다. 그들은 "해도 너무하네"라고 그러는데, 과연 어디까지가 괜찮고 어디서부터 너무한 건지 그들 자신도 답을 갖고 있진 않다. 그래서 정치는 늘 대중의 인내심을 시험하는 게임이 된다.

1920년대 후반 미국 마피아 조직을 주름잡았던 알 카포네Al Capone, 1899~1947는 "상류사회란 사회적 지위를 잃지 않고 이익을 만끽하려는 뻔뻔스러운 놈들로 이 '훌륭한 사람들'은 합법적인 공갈을 일삼고 있다"고 주장했다. 조폭이 감히 그런 말을 해? 아니다. 상류층의 후안무치가 임계점을 넘어서면 조폭도 당당해진다.

조폭마저 그럴진대, 일반 대중이 무얼 망설이랴. 민주화 이후 한국인에게 나타난 가장 두드러진 특성은 후안무치의 일상화다. 후안무치는 시대정신의 반열에 올랐다. 보수파들은 그게 민주화 탓이라고 말하고 싶겠지만, 그게 아니다. 후안무치의 엘리트 독식 체제에서 대중화 체제로 넘어간 것이다. 그러니 일단 긍정적 변화로 보는 게 옳다.

흔히 후안무치의 대표적 사례로 아줌마를 꼽는 이들이 있지만, 『경향신문』 기자 오광수의 이런 반론을 들어보는 게 좋겠다. "빈자리를 향해 돌진하는 아줌마/뻔뻔하다고 욕하지 마라/그녀들은 내 어머니고 부인이다/'아줌마의 힘'이 오늘을 있게 했다/악착같이 일하면서 집 장만하고/자식들 교육시키며 살아왔다/관절염에 부인병 이젠 성한 데가 없다/모든 영광은 지아비와 자식에게 돌리고/상처투성이의 중성中性으로 남은/거룩한 그대 이름은 '아줌마.'"[11] 남존여비男尊女卑 가부장 체제하에서 그간 억눌려왔던 후안무치 욕구가 결혼해 애 낳고 나서 폭발했다면 왜 그렇게 되었는지

원인부터 따져보는 게 좋지 않겠느냐는 것이다.

나는 후안무치해도 좋지만 너는 안 된다는 건 말이 안 된다. 후안무치의 평준화는 사회정의다. 한동안 열풍이 불었고 지금도 계속되고 있는 '아이 기氣 살려주기 운동'도 기실 따지고 보면 이 후안무치한 세상에서 내 새끼의 '뻔뻔' 경쟁력 키워주겠다는 뜻이 아니고 무엇이겠는가. 하지만 우리가 이런 하향평준화식 사회정의를 원하는 건 아니잖은가.

우리 모두 스스로 어리석음과 뻔뻔함을 키우면서 그걸 의무라고 목청 높여야만 하겠는가? 정치권의 후안무치가 대중의 일상적 삶에 스며들지 않도록 애써야 하지 않겠는가? 당신은 혹 당파성의 열정에 휘둘려, 반대편을 까는 데에 탁월한 후안무치 능력을 발휘한 정치인에게 박수를 보냈거나 보내고 있는 건 아닌가? 우리 모두 자문자답해볼 일이다.

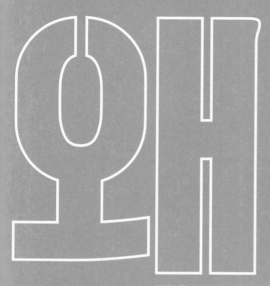

왜
민주당은
부자들을 위한
정당이 되었는가?

제 **20** 장

은퇴 후 큰돈을 버는
유력 정치인들

"정치 경력의 경제적 가치는 공직을 떠나고 난 뒤에 비로소 빛을
발한다." 캐나다 언론인 크리스티아 프릴랜드Chrystia Freeland가 『플
루토크라트: 모든 것을 가진 사람과 그 나머지』(2012)에서 한 말이
다. 이어 그는 이렇게 말한다. "정치인들은 자리에서 물러나고 나
서야 그들이 보유하고 있던 플루토크라트들과의 인맥을 돈으로 바
꿀 수 있다. 그러한 환금화가 이루어지고 나면 그들은 억만장자의

반열에 올라서기도 한다. 2000년에서 2007년 사이에 클린턴 부부는 1억 1,100만 달러를 벌어들였는데, 그중 거의 절반은 클린턴이 연설의 대가로 받은 돈이었고, 또한 그 가운데 상당 부분은 세계적인 플루토크라트들이 지불한 것이었다."[2]

플루토크라트Plutocrat는 오늘날의 부자 중에서도 부(그리스어 Pluto)와 권력Kratos을 모두 가진 상위 0.1퍼센트 계층으로, 과거의 갑부나 귀족보다 학력이 높고 전문직에 종사하며 세계를 무대로 일한다는 특징이 있다. 민주당을 사실상 지배하는 부자 유권자들의 대부분은 '플루토크라트'이며, 그래서 미국 민주주의는 사실상 '금권정치 체제plutocracy'라는 비판의 목소리가 높다.

맷 드러지Matt Drudge 같은 폭로 전문꾼이 먹고사는 것도 그런 위선 덕분이었다. 그는 2000년대에도 민주당 유력 정치인 '죽이기'를 위해 맹활약했는데, 2002년 존 케리John Kerry가 150달러짜리 이발을 했다는 보도에 이어, 2007년엔 존 에드워즈John Edwards가 400달러짜리 이발을 하고 이 비용을 선거운동본부에 청구했다는 사실을 폭로해 이들은 물론 민주당의 이미지에 큰 타격을 입혔다.[3]

사회주의자인 버니 샌더스Bernie Sanders는 어떤가? 그가 2016년 대선에서 민주당 경선이 끝나자마자 휴양지에 6억 3,000만 원짜리 별장을 구입한 사건은 어떻게 봐야 할까? "샌더스는 정치권에서 반세기가량 일해왔는데 이 정도의 집은 가질 수 있는 것 아니냐"며 사람들의 비판이 지나치다는 옹호론도 있긴 했지만, 샌더스가 '서민층과 함께하는 사회주의자'로 자처했던 것을 지적하면서 "위선자"라는 비난이 거세게 쏟아졌다. 일부는 배신감을 토로하면서 자신이 낸 후원금을 돌려달라고 요구했다.[4]

『중앙일보』 워싱턴 총국장 김현기 역시 '충격'이라고 말한다. "민주적 사회주의자를 자처하며 '1%가 99%를 지배하는 사회의 종식'을 외치던 그가 경선이 끝나자마자 휴양지에 6억 3,000만 원짜리 별장을 구입하다니. 별장 포함 집이 3채란다. 이런 사회주의자의 외침에 서민과 중산층 유권자들이 그토록 열광했던 것인가. 미국다운 정치 문화일지 모른다. 하지만 겉과 속이 다른 후보들, 자신들의 잣대로 '정의'를 휘두르는 언론 권력, 정책 아닌 '덜 거짓말 후보'를 놓고 고민하는 유권자……, 이 모두 결코 정상은 아니다. 우리가 배울 것은 더더욱 아니다. 한국 정치가 이들에 뒤처질 이유가 없다."[5]

억만장자가 된
클린턴 부부와 오바마

어찌 되었건 중요한 건 유력 정치인들이 은퇴 후에 큰돈을 벌어들이는 관행이 아닐까 싶다. 한국에서 늘 문제가 되는 이른바 '전관예우前官禮遇'일 수 있다는 점에서 말이다. 솔직한 걸까? 빌 클린턴

Bill Clinton은 이렇게 말한 바 있다. "나는 백악관을 나서기 전에는 내 명의로 된 금전을 한 푼도 갖고 있지 않았다. 이제 나는 백만장자가 되었다."[6] 주요 수입원은 강연이었다. 그의 강연료는 건당 평균 18만 달러로 2011년 한 해 동안 강연을 통해서 1,340만 달러(약 150억 원)를 벌어들였다. 2013년엔 이스라엘에서 45분 강연의 대가로 40만 달러(약 4억 5,000만 원)의 고액을 받아 논란이 일기도 했다.[7]

클린턴 부부에게도 할 말은 있었다. 2014년 6월 힐러리는 ABC방송 인터뷰에서 "남편의 대통령 퇴임 뒤 우리는 '완전 빈털터리'였다. 주택담보대출과 딸 학비를 대야 했고 빚도 갚아야 했다. 생계를 위해 수십만 달러짜리 강연을 할 수밖에 없었다"고 발언했다가 비난을 받기도 했다. 영국 BBC방송은 "1,000만 달러의 빚이 있었다고 해도 유명 인사로 엄청난 잠재 수입 능력이 있는 부부가 힘들었다고 말하는 게 미국 대중의 공감을 불러일으키지는 않을 것 같다"고 꼬집었다.[8]

하필 이즈음 웹사이트 '셀러브리티네트워스celebritynetworth닷컴'은 미국 전직 대통령 가운데 최고 부자는 클린턴 부부라고 보도했다. 클린턴은 그간 전 세계의 정부·기업·개인 파티 등에서 544번이나 마이크를 잡았는데, 2만 8,000달러(약 2,849만 원)였던 회당 강연료도 75만 달러(약 7억 6,000만 원)까지 치솟았다고 했다. 그는 2004년 자서전 『나의 인생』을 출간하며 선인세先印稅 1,500만 달러

(약 152억 원)를 받았으며, 아내 힐러리도 자서전 『힘든 선택들』을 출간하면서 선인세로 1,400만 달러(약 140억 원)를 받았다. 셀러브리티네트워스는 "이 두 책은 역대 미국 출판물 선인세 1·2위"라고 했다.[9] CNN에 따르면 클린턴 부부는 2001년부터 2015년 5월까지 총 729회 강연을 했다. 수입은 1억 5,367만 달러였다. 월스트리트 투자은행을 대상으로 한 강연은 39차례(770만 달러)였는데, 이 가운데 힐러리는 골드만삭스 3회 등 8차례(180만 달러) 강연을 했다.[10]

버락 오바마Barack Obama도 크게 다를 게 없었다. 오바마 부부는 2017년 2월 출판사 펭귄랜덤하우스와 자서전 2권을 내기로 하면서 글로벌 판권 선인세로 6,500만 달러(732억 원)를 받는 출판 계약을 맺었다.[11] 오바마는 2017년 대통령 임기를 끝내고 100일 후 높은 강연료로 비난을 받았던 힐러리의 2배에 달하는, 40만 달러(4억 5,000만 원)라는 기록적인 강연료를 받아 물의를 빚었다. 그는 나중에 강연료를 전액 기부하겠다고 했지만, 그 강연이 월스트리트 투자 은행가들을 대상으로 한 것이었기에 더욱 비판의 목소리가 높았다. 대통령 퇴임 후 영국의 억만장자인 리처드 브랜슨Richard Branson의 초청으로 카리브해 버진아일랜드에 있는 개인 소유의 섬에서 호화로운 휴가를 보냈는데, 이 모습을 파파라치가 촬영해 공개함으로써 논란을 빚기도 했다.[12]

오바마는 대통령 재직 때 2008년 금융위기에도 거액의 연봉과

보너스를 챙긴 경영진의 탐욕을 비난하며 월스트리트와 긴장 관계를 유지했기에 비난의 목소리는 더욱 높았다. 그는 2009년 CBS의 〈60분〉에 출연해 "나는 월가의 '살찐 고양이(배부른 자본가)' 무리를 도우려고 출마한 게 아니다"고 말한 바 있다. 또 2016년 백악관 출입기자 만찬에서 힐러리 클린턴 전 국무장관이 장관 퇴임 뒤 골드만삭스에서 거액의 연설료를 받은 것을 지적하며 "나도 내년에는 골드만삭스를 이용할 것"이라고 비꼬기도 했다. 민주당의 정치 컨설턴트인 핸크 세인코프는 "그는 월가를 계속 공격했다. 이제는 그가 '살찐 고양이'라고 불렀던 사람들로부터 급식을 받고 있다. 이것은 역설적이기보다는 위선적이다"고 말했다.[13]

정권들이 키우는
한국의 전관예우

전직 대통령들의 강연 수입에 대해 미국 공직자 감시단체 소장인 척 루이스Chuck Luis는 "국민에게 봉사하는 자리에 있어서 저명인사가 됐는데, 이를 돈벌이에 활용하는 것은 바람직하지 않다"고 비판했지만,[14] 이는 미국의 전통에 가까운 관행이 된 것 같다. 한국에선 대통령에 대한 '전관예우'보다는 일반 고위 공직자들에 대한 전관예우가 잦은 논란의 대상이 되고 있다.

그런데 생각해보면 참 이상한 일이다. 전관예우의 문제는 모두가 다 알고 있다. "전관예우는 사회 신뢰 좀먹는 암 덩어리다"는 지적도 나오고 있고,[15] 이런 사자후獅子吼도 토해지고 있다. "많은 은퇴자들이 퇴직 후 생계를 유지할 길이 없어 마지막 수단으로 빚을 내 편의점, 치킨점 등 자영업 구렁텅이 빠져들어 과잉 경쟁과 갑의 착취로 파멸되어간다. 그러나 다수 공무원들은 풍족한 연금도 부족하여 퇴직 후 공기업, 산하기관, 관련 기업들에 '낙하'하여 공무원 때의 몇 배나 되는 거액의 월급을 받으며 아름다운 인생 2라운드를 즐긴다. 이런 사회가 정상이고 건강한 사회인가.……국민들은 과잉 경쟁으로 배곯아 죽고 공무원들은 독점 이윤으로 배 터져 죽는 사회는 정상적인 사회가 아니다."[16]

어디 그뿐인가. 언론엔 매년 고위 공직 전 분야에 걸쳐 만연한 전관예우를 비판하는 기사와 칼럼이 수도 없이 많이 실리는데, 아무런 변화가 없으니, 이거야말로 귀신이 곡할 노릇이 아니고 무엇이랴. 지난 수년간 쏟아진 비판 중 일부 기사와 칼럼 제목만 소개하자면 다음과 같다.

「금융계 '모피아의 귀환'」,[17] 「관료 '마피아'의 무한 탐욕 시대」,[18] 「꼴찌 '한국 금융' 뒤엔 관치官治가 있다」,[19] 「변호사 10명 중 9명 "전관예우 여전"」,[20] 「"금융 공공기관 CEO 68%(2008년 이후)가 모피아(재무부 출신 관료)…배후 있나"」,[21] 「전관예우? 아니 전관범죄!」,[22] 「'전관예우 방지법' 뚫린 구멍 어떻게 메울 건가」,[23] 「교육 차관次官 14명 중 11명이 총장, 이러니 대학 개혁 되겠나」,[24] 「법원, 이대로는 안 된다: ‘전관예우 금지법까지 만들었지만…변호사 90% “전관예우 여전”」,[25] 「대법관과 전관예우」,[26] 「“전관예우 아닌 전관박대 어떠세요”」,[27] 「전관예우의 본질」,[28] 「전화 변론·판사와 친분 자랑…도 넘은 ‘전관 변호사’의 비위」,[29] 「몰래 주고받는 ‘전관예우’ 현직도 처벌해야」,[30] 「‘전관예우로 예산 끌어오겠다’는 최경환, 제정신인가」,[31] 「“비고시 1억 5천·고시 2억 5천”…재취업 연봉까지 정해준 공정위」,[32] 「수임 건수·수임료 3배 격차 전관예우, 사법 정의에 반한다」,[33] 「사법부 전관예우와 ‘라떼’」,[34] 「경제 관료 200여 명 포진…불변의 ‘금융권 낙하산’」,[35] 「국토부 고위급 퇴직자들…취업 심사 안 받는 산하기관으로 ‘낙하’」,[36] 「금감원 직원들 금융사로 옮겨 ‘방패’ 역할」.[37]

이렇듯 비판이 많이 쏟아지는데도 아무런 변화가 없다니 참으로 희한하고 놀라운 일이 아닌가. 전관예우를 유지시키는 데에 진보 정권이 보수 정권과 아무런 차이가 없다는 점도 놀랍지 않은가. 물론 우리는 그 이유를 잘 알고 있다. 내가 이미 『권력은 사람의 뇌를 바꾼다』에서 지적했다시피, 보수와 진보를 막론하고 한국의 정권들은 관료 조직이 친정권이냐 아니냐에만 관심을 기울일 뿐, 관료 조직 개혁엔 아무런 관심이 없기 때문이다.

즉, 정권을 위해 충성만 하면 무슨 짓을 해도 괜찮다는 식이다. 게다가 자리가 돌아가지 않은 선거 공신들의 공기관 낙하산 인사를 위해서도 관료 조직을 껴안아야만 한다. 관료는 각 정책 분야의 전문가들이지만 그들을 좋은 쪽으로 활용할 생각도 하지 않는다. 모든 걸 청와대에서 컨트롤하면서 그들을 종처럼 부리면 된다는 생각이다. 입에서 험한 욕 나올까봐 더는 말하지 않으려다.

선거 자금에 발목이 잡힌 정당과 정치인

정치인들과 고위 공직자들이 은퇴 후 큰돈을 버는 것보다 더욱 심각한 문제는 진보를 내세우는 정당마저 사실상 부자들을 위한 정당이 되었다는 점이다. 왜 그렇게 된 걸까? 전 민주당 하원의원 톰 페리엘로Tom Perriello는 2013년 『뉴욕타임스』 인터뷰에서 "민주당을 지지하는 큰손 후원자들은 일자리 부족보다는 재정적자를 더 큰 위기로 보는 경향이 있다"고 했다. 일반적으로 부유한 유권자들은 실업보다는 재정적자 감소와 정부 지출에 훨씬 큰 관심을 보이는데, 재정적자는 금리에, 금리는 투자에 영향을 주기 때문이다. 2009~2010년 하원의원을 지낸 후 중도좌파 단체인 미국진보센터를 위해 자금을 모으는 페리엘로는 후원자들의 우선순위 변화로 '상당한 반서민적 요소'가 민주당의 정치 과정과 정책 결정에 주입되고 있다고 말했다.[38]

그렇게 된 데엔 미국 대선이 이른바 '돈의 전쟁'으로 변질된 것이 결정적 영향을 미쳤다. 2016년 대선 때 힐러리 클린턴 당시 민주당 후보는 14억 2,570만 달러(약 1조 6,700억 원)를 모금하며 버락 오바마 전 대통령이 갖고 있던 기록을 깼다. 당시 도널드 트럼프 공화당 후보도 9억 5,760만 달러(약 1조 1,200억 원)를 모아 두 후보가 쓴 금액이 23억 8,330만 달러(약 2조 7,900억 원)에 달했다. 2020년 대선은 30억 달러(약 3조 5,100억 원)를 훌쩍 뛰어넘어 역대 최고치를 경신할 걸로 추정되고 있다.[39]

2020년 대선에선 민주당의 조 바이든 후보가 선거 자금 보유고와 텔레비전 광고 집행에서 트럼프를 압도했다. 버락 오바마 전 대통령 캠프에서 광고를 담당했던 리치 데이비스Rich Davies는 바이든의 선거 자금을 두고 "이건 '백만장자 브루스터' 수준의 돈 쓰기"라고 『폴리티코Politico』에 말했다. 1980년대 코미디 영화인 〈백만장자 브루스터〉는 주인공이 더 큰 유산을 상속받기 위해 30일 안에 3,000만 달러를 써버려야 한다는 내용이다.[40]

그 많은 돈이 어디서 나오겠는가? 세상에 공짜는 없는 법이다. 민주당은 돈을 많이 댄 큰손 후원자들의 입김에서 자유로울 수 없는 처지다. 게다가 민주당 정치인들이 부자들이다. 미국의 노동운동 지도자 앤디 스턴Andy Stern은 민주당 정치인들의 전형적 이미지를 "볼보자동차를 몰고 다니고, 비싼 커피를 홀짝이고, 고급 포도주를 마시고, 동북부에 살고, 하버드나 예일대를 나온 리버럴"로 규정한다.[41] 2003년 민주당 대선 후보 지명전에 참가했던 존 에드워즈John Edwards도 "지난 수십 년 동안 민주당이 끊임없이 저지른 죄악은 (남에게 과시하는 걸 좋아하는) 속물근성이었다"고 주장했다.[42]

게다가 IT 시대에 자수성가한 신흥 부자들은 대부분 민주당 성향이다. 정치에 뜻이 있어 선거에 출마한 부자들 중 2004년 기준으로 선거운동에 자신의 돈만 400만 달러 이상을 쓴 후보들은 민주당이 공화당보다 3대 1의 비율로 많았으며, 100~400만 달러를 쓴 후보들은 공화당이 민주당보다 거의 2대 1의 비율로 더 많았다.[43]

"우파와 좌파가 아니라 상층부와 하층부"

미국 스탠퍼드대학 정치학자 니컬러스 카네스Nicholas Carnes는 『화이트칼라 정부: 경제정책 결정에서 계급의 숨은 역할』(2013)이라는 책에서 1901년부터 2008년까지의 다양한 자료를 바탕으로 국회의원의 출신 계급이 경제와 사회문제에서 이들의 투표 행위를 결정짓는 데 핵심적이라는 결론을 내렸다. 또 다른 연구에서 나타난 흥미로운 사실은 공화당과 민주당의 차이다. 공화당 의원들은 대체로 경제적 불평등을 가중시키는 법을 지지했기 때문에 그들의 사회경제적 지위가 아무런 역할을 하지 못한 반면, 민주당 의원

들은 계급이 높을수록 경제적 불평등을 심화시키는 방향에 투표할 가능성이 높았다.[44]

이렇듯 민주당은 정치 참여에서부터 정치자금에 이르기까지 부자 유권자들에게 과도하게 의존하고 있어서 사실상 그들에게 발목이 잡힌 상태기 때문에 서민을 위한 경제정책을 만드는 게 어렵게 되어 있다.[45] 지난 수십 년간 가난한 사람들마저 공화당에 표를 던진 이유에 대해 『뉴욕타임스』 칼럼니스트 니컬러스 크리스토프Nicholas Kristof는 2004년 '민주당의 여피화the yuppication of the Democratic Party'를 지적한 바 있다.[46]

풀뿌리 민주주의 운동가인 짐 하이타워Jim Hightower는 "우리에게 제3당이 필요하다고 말하는 이들이 있다. 그러나 우리에게 필요한 건 제2당이다"며 이렇게 주장했다. "우파 대 좌파는 이론에 지나지 않는다. 상층부 대 하층부가 바로 우리가 경험하는 현실이다. 오늘날 대부분의 사람은 자신이 상층부 권력자들과 서로 목소리조차 들리지 않는 거리로 멀어져 있음을 잘 알고 있다. 권력자들이 공화당이나 민주당, 보수주의자나 자유주의자 가운데 어느 쪽의 탈을 쓰고 있건 사정은 마찬가지다."[47]

폴 로버츠Paul Roberts는 『근시사회: 내일을 팔아 오늘을 사는 충동인류의 미래』(2014)에서 "미국은 관념적 진보주의자의 나라가 되었다. 안전하고 편안하게 자기 집 거실이나 칸막이 친 사무실에 앉아 정치에 개입하고 분노하는 진보주의자들의 나라가 되었다"

며 이렇게 말한다. "자아 표출과 개인적 만족에 지나치게 몰두한 좌파는 자신의 역사적 역할에 대체로 소홀했다. 그것은 바로 정부가 시장의 노예로 완전히 전락하여 효율성을 맹목적으로 추구하는 일이 없도록 막아주는 역할이었다."[48]

'민생 의제'를 외면하는 한국의 '진보 꼴통'

한국의 민주당은 어떨까? 우선 정치자금부터 살펴보자. 미국에 비해 규제가 까다롭다는 점에선 나아 보이지만, 그게 시늉에 불과하다는 점에서 문제가 심각하다. 정치 컨설턴트 박성민은 2009년 5월에 쓴 「고전, 포르노, 정치자금」이라는 칼럼에서 이 문제를 잘 지적한 바 있다. 그는 "세상에는 모든 사람이 다 아는 척하지만 사실은 거의가 모르는 것이 있는데 '고전'이 그것이다.……반대로 세상에는 모든 사람이 다 모르는 척하지만 사실은 거의가 알고 있는 것이 있는데 '포르노'가 그것이다.……세상에는 어떤 사람들은 고전처럼 대하고 어떤 사람들은 포르노처럼 대하는 것도 있는데 '정치자금'이 그것이다"며 다음과 같이 말했다.

"대중은 정치자금에 대해 거의 모르면서도 마치 잘 아는 듯 엄밀한 도덕적 잣대로 비판한다. 정치인들은 정치자금에 대해 너무나 잘 알지만 누구도 꺼내놓고 말하지 않는다.……세상 사람 모두가 돈으로부터 자유롭기가 쉽지 않지만 정치인은 특히 더하다. 돈 때문에 감옥에 다녀온 정치인도 꽤 되지만 웬만한 정치인치고 돈 때문에 검찰에 불려가지도 않고 정치하기란 정말 어렵다. 전직 대통령, 국회의원, 자치단체장, 교육감 등 우리가 직접 뽑은 사람들이 우리가 직접 뽑지 않은 검찰에 쉴새없이 불려나간다. 누구나 돈 문제로 비판하기는 쉽다. 그러나 법이란 현실적이어야 한다.……현실적이고 합법적인 정치자금 제도를 만들지 않으면 모든 정치인은 정치에 입문하는 순간 잠재적 범죄자가 된다. 이미 입문한 정치인들은 '○○○ 게이트'가 터질 때마다 리스트에 이름이 나올까 벌벌 떨 수밖에 없다. '모든 정치인은 교도소 담장 위를 걷고 있다'는 말은 농담이 아닌 현실이다."

이어 박성민은 "비현실적인 법과 제도를 고치지 않고 정치인의 '도덕성'에 모든 책임을 떠넘기는 것은 민주주의가 아니다"며 "지금이 정치자금 제도를 개선할 기회다"고 역설했다.[49] 그러나 우리는 반대로 나아갔다. 돈과 부패의 문제를 없앤다는 명분으로 선거운동을 엄격히 제약하는 방식으로 간 것이다. 모든 정치인으로 하여금 끊임없이 교도소 담장 위를 걷도록 만들었을 뿐만 아니라 신진 세력의 정치 진입을 원초적으로 차단한 것이다.

이에 대해 정치학자 박상훈은 "투표하는 것 이외에 일반 대중이 할 수 있는 정치 참여는 사실상 어려워졌다. 대중적 선거운동,

대중적 선거 참여, 대중적 정치 헌금 모두가 막혀 있다고도 할 수 있다. 가난한 보통 시민들이 가진 수단은 '수의 힘'인데, 그 힘을 사용할 수가 없는 구조이다. 대중이 참여보다는 여론 동원의 수동적 대상이 될 때 어떤 결과가 나타나게 될까?"라면서 다음과 같이 말한다.

"당연히 대규모 비용이 요구되는 여론조사나 홍보 기획에 의존하는 정치만 심화될 수밖에 없다. 노동 집약적 정치 대신 자본 집약적 정치를 과대 성장시켜버렸는데, 이런 정치를 좋다고 평가할 수 있을까? 이런 조건에서 누가 정치를 할 수 있었을까? 당연히 돈이 있거나 아니면 돈을 동원할 능력 있는 사람만 가능하다. '신종 금권정치'가 지배하게 된 것인데, 가난한 사람이 정치를 할 수 없는 환경은 이렇게 만들어졌다."[50]

물론 이 문제에선 여야 정당이 모두 한통속이다. 그런 식으로 불공정하게 정치권력을 갖게 되었더라도 민주당이 민생을 중시하는 진보적 '의제 설정'을 해나간다면 모르겠는데, 이게 또 그렇질 않다. 민주당 의원들은 대체적으로 부자는 아닐망정 웬만큼 잘 먹고사는 사람들인지라 여기서 비롯된 계급적 편향성이 있다.

게다가 핵심 세력은 운동권 출신인지라 이들은 '민생 의제'보다는 '정치적 의제'에 집착하는 경향이 있다. '부동산 가격 안정'과 '검찰 개혁'은 양자택일할 성격의 의제는 아니지만, 민주당은 후자에 올인하면서 부동산 가격 폭등을 유발했거나 방치한 무능을 드러냈다. 이보다 심각한 문제는 이들이 이런 무능이 초래한 '합법적 약탈'의 문제에 대한 심각성을 전혀 느끼지 못하거나 않고 있다는 점이다. 책임진 사람이 아무도 없다는 건 바로 그들의 그런 멘털리티를 말해주는 것과 다름없다.

더욱 딱한 건 민주당이 일이 저질러진 다음엔 '시장'을 무시하고 급조해낸 '과격한 방안'을 들고 나와 그걸 '진보'라고 부르짖으면서 오히려 문제를 악화시킨다는 점이다. 이 정도면 '진보 꼴통'이라고 불러야 하지 않겠는가? 열성 지지자들도 정치적 문제엔 목숨을 건 듯이 열성적으로 참여해 자신들의 목소리를 내지만, 이들은 민생 문제엔 무관심하다. 아무래도 정치적 이슈가 피를 끓게 만드는 데엔 적격이라 그러겠지만, 이쯤 되면 과연 무엇이 '진보'인지 헷갈리지 않을 수 없다.

왜 우리는 '포스트 코로나' 시대에
대비하지 않는가?

"정치란 끝없는 타협이다."[1]
●독일 정치가 오토 폰 비스마르크

"우리가 당면한 문제들을 해결하기 위해선 정치를 최소화해야 한다."[2] 미국 제44대 대통령 버락 오바마Barack Obama가 2009년 1월 27일 취임 일주일을 맞아 경기 부양 법안 처리에 반대하는 공화당을 설득하기 위해 의회를 방문해서 한 말이다. 정치는 원래 문제 해결을 위한 것이지만, 당파 싸움으로 전락한 정치는 최소화할수록 문제 해결에 도움이 되지 않겠느냐는 뜻으로 한 말이다. 오죽했으면 '정치의 최소화'를 부르짖었을까? 그런데 이게 남의 나라 이야기가 아니다. 한국이 지금 그런 지경에 처해 있다.

2020년 4월 전 미국 국무부 장관 헨리 키신저Henry Kissinger는 "코로나19가 종식되더라도, 세계는 이전과 절대로 같아지지 않을 것"이라며 "자유주의적 세계 질서가 가고 과거의 성곽도시walled city 시대가 다시 도래할 수 있다"고 전망했다. 키신저 이외에도 많은 전문가가 코로나19로 인해 각국이 국경을 강화하고 무역과 시민들의 이동을 제한한 조치가 일시적인 것으로 끝나지 않고 '세계화 시대'의 쇠퇴, '보호무역 시대'의 부활로 이어질 수 있다는 경고를 하고 있다.

그런 일이 벌어진다면, 한국처럼 대외 의존도가 매우 높은 나라가 가장 큰 타격을 받게 될 것이다. 이미 우리를 괴롭혀온 승자 독식, 빈부 양극화, 세습 사회, 각자도생各自圖生의 어두운 그림자가 더욱 짙어질 가능성이 높다. 그렇다면 우리는 방역에 최선을 다하는 동시에 코로나 이후에 전개될 세상의 달라질 모습에 대비하는 고민을 해야 할 것이다. 그런 점에서 '다음 세대 정책실험실'을 표방하는 싱크탱크 LAB2050이 각계 전문가들의 지혜를 모아 최근 출간한 『코로나 0년 초회복의 시작: 파국을 뛰어넘는 새로운 시대의 상상력』이란 책은 시의적절하다.[3]

이 책에서 특히 다음 문장이 가슴에 와닿았다. "내일을 보기보다는 내년을 봐야 하며, 1년 후보다는 10년 후를 보면서 우리의 삶과 이 사회를 재구조화해야 한다." 그런데 누가 그 일을 할 수 있고 해야 하는가? 이 책은 "정부와 정치의 역할이 다른 시기보다 중요해진다"며 "가장 먼저 논의해야 할 것은 비전이다"고 역설한다.

하지만 안타깝게도 우리는 비전에 대해 생각하거나 말하고 있지 않다. 지금 우리가 가장 큰 힘을 쏟고 있는 건 당파 싸움이다. 물론 싸움을 벌이는 양측 모두 '당파 싸움'이란 표현엔 동의하지 않을 것이다. '정의를 위한 투쟁'이라고 할 것이다. 그런데 인류 역사 이래로 모든 당파 싸움이 다 그런 정도의 명분은 갖고 있지 않았나?

중요한 것은 이 싸움에선 그 어느 쪽도 완승을 거둘 수 없다는 점이다. 언론과 시민단체는 물론 다수 국민마저 사실상 당파 싸움에 참전하고 있어 심판관이 존재하지 않기 때문이다. 그렇다면 우리가 택할 수 있는 현실적인 길은 싸움은 어쩔 수 없이 계속하더라도 모두를 위한 비전도 모색하는 동시 병행론이다. 현재의 당파 싸움은 민생과는 별 관계가 없는데, 민생 위주의 비전을 모색하다 보면 그런 당파 싸움에 대해 다시 생각해보는 성찰이 가능할 수도 있으니 말이다.

비전에 대한 논의는 언론의 몫이다. 우선 비전은 '뉴스 상품성'이 떨어진다는 고정관념을 의심해봐야 한다. '뉴스 상품성'이 높다는 싸움 보도와 논평에 치중해서 그간 얻은 게 뭔가? 언론이 편을 나눠 싸운 덕분에 언론 신뢰도가 추락하다 못해 바닥을 치고 있지 않은가? 속된 말로, 이게 과연 '남는 장사'인가? 하루 이틀 장사하고 접을 건가? 멀리 내다보면 큰일 나나? 왜 그 좋은 머리로 '비전의 상품화'를 위해 애쓸 생각은 하지 않고, 싸움에만 집착해야 하는가? 언론을 '기레기'라고 부르는 몹쓸 욕설에 분노해야 마땅하지 않은가? 그렇게 분노할 수 있는 근거와 동력을 스스로 만들어나가야 하지 않겠는가?

디지털 혁명으로 인한 다매체 다채널 시대엔 "정치적 편향성은 이익이 되는 장사"라는 속설이 있다. 미국의 폭스뉴스가 이 전략으로 큰 재미를 본 것도 사실이다. 그래서 한국 언론이 보수와 진보를 막론하고 이 전략을 추종하고 있는 건지는 모르겠지만, 그건 멀리 내다보면 스스로 언론의 권위를 말살하는 '제 살 깎아먹기', 아니 '제 무덤 파기'다. 언론 행위의 기술적 가능성이 무궁무진해진 상황에서 급증하고 있는, 정치적 편향성을 종교적 신앙으로 삼은 '1인 선동가'들과 경쟁해보겠다니, 이런 자해 행위가 어디에 있단 말인가?

공영방송은 정치적 편향성이 있는 일부 프로그램들에 대해 다시 생각해봐야 한다. 편향성 판별법은 간단하다. 정권 바뀌어도 지금처럼 할 수 있겠는가? 보수에서 진보 또는 진보에서 보수로 정권이 바뀔 때마다 그 모진 시련과 고통을 겪고 나서도 아직도 느끼고 배운 게 없단 말인가? 모든 국민을 껴안는 비전 중심의 콘텐츠에 주력하면 좋겠다. 아니 대화와 타협의 문화 조성을 위해 영혼까지 끌어모을 정도로 모든 걸 다 바치는 공영방송을 보고 싶다.

문재인 정권의 공영방송 장악은 내로남불의 극치다. 야당 시절을 생각해보라. 문 정권의 내로남불 행태가 지긋지긋하기에, 나는 이미 2019년 7월 『한겨레』에 「'내로남불'이 희망이다」는 역설적 칼럼을 쓴 바 있다. 그 핵심 내용에 대해 다시 말해보련다.

　　나는 오히려 내로남불에 한국 정치의 희망이 숨겨져 있다고 생각한다. 내로남불의 원인을 바꾸는 건 '정치 혁명'이라고 해도 좋을 정도의 개혁인데, 내로남불에 대한 반감이 그런 개혁의 좋은 기회를 제공했다고 보기 때문이다. 완고한 이념이나 비전의 큰 차이를 갖고 있는 정당들 사이에선 그 어떤 타협도 기대하기 어렵다. 하지만 정당들이 이익 때문에 노선과 정책을 쉽게 바꿀 수 있는 '융통성'을 갖고 있다면 타협은 이익 분배 방식의 변화로 비교적 쉽게 이룰 수 있다. 한국이 세계에서 가장 평화로운 '종교 다원주의' 국가라는 건 한국인들이 현실적이고 실용적인 삶의 방식에 매우 익숙하다는 걸 말해준다. 이 좋은 자질을 왜 사장시켜야 한단 말인가?

　　정권의 이익 분배는 정치인들에게만 국한되지 않는다. 그들과 직간접적 네트워크를 형성하고 있는 수백만 인구의 삶에도 큰 영향을 미친다. 어떤 정권, 어떤 지방정부가 들어서느냐에 따라 정치적 가치와는 무관한 곳에서까지 인적 물갈이가 이루어지는 '정치 만능'의 상황을 바꿔야 한다. 시민사회의 역량을 믿고 정치적 '지대 추구'를 차단하는 '중립 영역'을 늘려나가야 한다. 내로남불을 그런 희망의 기회로 활용하는 국민적 합의와 압력이 있길 기대한다.

국민 다수가 '정치 팬덤화'된 상황에서 그런 기대는 어림도 없는 것이지만, 그래도 써야 하는 게 글쟁이의 숙명이다. 정치 때문에 서로 원수처럼 악다구니 쓰면서 싸우는 보통 사람들을 보고 있노라면, 저들을 저렇게 만든 인간들에 대한 분노가 치민다. 물론 나의 건강을 위해 곧 냉정을 되찾지만, "뭐가 그렇게 서로 다른 게 많단 말인가"라는 질문은 꼭 해보고 싶어진다.

대다수 국민은 부동산 가격 폭등에 분노하고, 동일 노동에 큰 임금 격차를 두는 신분 차별에 반대하고, 학교가 계급투쟁의 도구로 전락한 현실에 개탄하며, 그 어떤 차별 없이 창의와 혁신을 위한 경쟁이 왕성하게 이루어질 수 있는 세상을 원한다. 이 문제들을 놓고 누가 더 좋은 비전과 아이디어를 제시하느냐 하는 경쟁을 해야 한다. 싸움을 하더라도 그렇게 해서 얻은 국민적 신뢰가 있어야 완승을 거두는 싸움도 가능하지 않겠는가.

정치인들은 열성 지지자들의 환호에 도취한 나머지 '싸가지 없음'을 경쟁력으로 내세우는 걸 즉각 중단하고 싸가지를 갖춰야 한다. 싸가지 없음은 스스로 통제할 수 있는 게 아니다. 아주 괜찮았던 사람도 정략적 이유로 싸가지 없는 행태를 반복하다 보면 '지적 오만함'에 사로잡히기 쉽고, 그로 인해 자멸自滅의 길로 내달리게 된다.[4] 이는 역사의 준엄한 법칙이라고 해도 과언이 아니다. 대화와 타협을 하는 '싸가지 있는 정치'로 '포스트 코로나' 시대에 대비하는 정치를 보고 싶다.

머리말 왜 다시 문제는 '싸가지'인가?

1   문재인, 『1219 끝이 시작이다』(바다출판사, 2013), 310쪽.
2   노회찬·구영식, 『대한민국 진보, 어디로 가는가: 노회찬, 작심하고 말하다』
    (비아북, 2014), 50쪽.
3   노회찬·구영식, 『대한민국 진보, 어디로 가는가: 노회찬, 작심하고 말하다』
    (비아북, 2014), 182쪽.
4   진중권, 『진보는 어떻게 몰락하는가: 저들은 대체 왜 저러는가?』(천년의상
    상, 2020), 35쪽.
5   주디스 슈클라(Judith N. Shklar), 사공일 옮김, 『일상의 악덕』(나남,
    1984/2011), 351쪽.

제1장 왜 문재인은 늘 고구마처럼 침묵할까?

1   조 내버로(Joe Navarro)·토니 시아라 포인터(Toni Sciarra Poynter), 장세
    현 옮김, 『우리는 어떻게 설득당하는가』(위즈덤하우스, 2010/2012), 139쪽.
2   류인선, 「참여연대 "秋는 취소하고, 尹은 해명하고, 文은 좀 나서라"」, 『뉴시
    스』, 2020년 11월 25일.
3   이혜리, 「추의 윤 직무 정지…시민 56.3%는 "잘못", 38.8%는 "잘한 일"」,
    『경향신문』, 2020년 11월 26일.
4   조백건·김아사, 「윤석열이 대선 여론조사 묵인했다고?…추미애의 황당한
    근거」, 『조선일보』, 2020년 11월 25일, A3면.
5   오선민, 「'태블릿PC 조작설' 재판 꺼낸 법무부…납득 못할 발표」, 『JTBC』,
    2020년 11월 25일.
6   김원재, 「변희재, 태블릿 조작 검사 3인 조사 않는 윤석열…법무부 감찰

요청: 25일, 법무부 법무부 감찰 담당관실에 민원 접수」, 『미디어워치』, 2020년 11월 26일.

7   이우희, 「난리 난 JTBC, '홍석현–윤석열 회동 직후 변희재 5년 구형' 핵심 은폐 시도」, 『미디어워치』, 2020년 11월 25일.

8   김도연, 「홍석현 회동에 윤석열 징계, 변희재가 왜 거기서 나와」, 『미디어오늘』, 2020년 11월 26일.

9   다음 기사에 달린 댓글이다. 「[사설] 초유의 검찰총장 직무 배제, 철저한 진상 규명을」, 『한겨레』, 2020년 11월 25일, 27면.

10 데이비드 와이너(David L. Weiner), 임지원 옮김, 『권력중독자』(이마고, 2002/2003), 233~234쪽.

11 박태훈, 「진중권 "임은정 너도 검사냐…추미애 이성윤엔 아무 말 못하고 엉뚱한데"」, 『세계일보』, 2020년 1월 28일; 오원석, 「진중권, 검찰 비판 임은정에 "사골 1,000인 분, 설렁탕집 하라"」, 『중앙일보』, 2020년 4월 11일; 배재성, 「임은정 대검 '감찰' 임명에…진중권 "권력의 개, 역겹다"」, 『중앙일보』, 2020년 9월 10일.

12 김이택, 「'윤석열식 검찰 중립' 유감」, 『한겨레』, 2019년 12월 17일, 26면.

13 전혼잎, 「진중권 "너도 검사냐"…임은정 "난 직 걸고 말한다"」, 『한국일보』, 2020년 1월 29일.

14 엘리아스 카네티(Elias Canetti), 강두식 옮김, 『군중과 권력』(주우, 1960/1982), 289쪽.

15 이세영, 「'秋 사태'엔 계속 침묵 文, "서로 존중하는 세상 만들어간다"」, 『조선일보』, 2020년 11월 25일.

16 손국희·윤성민, 「대통령이 안 보인다」, 『중앙일보』, 2020년 11월 26일, 3면.

17 박효목, 「추미애·윤석열 갈등, 법적 다툼으로…1년째 침묵 文 대통령, 왜?」, 『동아일보』, 2020년 11월 25일.

18 류인선, 「참여연대 "秋는 취소하고, 尹은 해명하고, 文은 좀 나서라"」, 『뉴시스』, 2020년 11월 25일.

19 한영익, 「"비겁한 대통령…尹 맘에 안 들면 직접 쳐라" 저격당한 '文의 침묵'」, 『중앙일보』, 2020년 11월 25일.

20 「[사설] 도대체 대통령은 어디 있나」, 『중앙일보』, 2020년 11월 26일, 34면.

21 「[사설] 초유의 검찰총장 직무 정지, 대통령이 국민에게 답할 때다」, 『경향신문』, 2020년 11월 26일, 27면.

22 이완, 「문 대통령의 긴 침묵…청와대 입장 표명은 언제쯤 나오나」, 『한겨레』, 2020년 11월 26일, 5면.

23 박효목, 「추미애·윤석열 갈등, 법적 다툼으로…1년째 침묵 文 대통령, 왜?」, 『동아일보』, 2020년 11월 25일.

24 「[사설] '추-윤 충돌', 민생 빨아들이는 블랙홀 돼선 안 된다」, 『한겨레』, 2020년 11월 28일, 19면.

25 정우상·이슬비, 「1년 반 남은 정권이 빚은 대혼란…文 책임 피할수록 더 커진다」, 『조선일보』, 2020년 11월 28일.

26 정우상·이슬비, 「1년 반 남은 정권이 빚은 대혼란…文 책임 피할수록 더 커진다」, 『조선일보』, 2020년 11월 28일.

27 이지율, 「진중권 "거의 스탈린주의 재판 보는 듯, 3공 긴급조치 수준"」, 『뷰스앤뉴스』, 2020년 11월 24일; 김승현, 「진중권 "文은 허수아비…586, 모자란 추미애 내세워 막 나가"」, 『조선일보』, 2020년 11월 24일.

28 이영섭, 「신평 "文 대통령 최대 특징, 책임 지지 않고 회피하는 것"」, 『뷰스앤뉴스』, 2020년 11월 25일.

29 김지은, 「대통령의 침묵은 '독'이다」, 『한국일보』, 2020년 11월 25일.

30 문재인, 『문재인의 운명』(가교출판, 2011), 120쪽.

31 문재인, 『대한민국이 묻는다: 완전히 새로운 나라, 문재인이 답하다』(21세기북스, 2017), 256쪽.

32 2018년 정동영 전 민주평화당 대표는 함세웅 신부가 한 말이라며 "문 대통령이 요새 혼자 밥을 먹는다고 한다. 집권해서 1년이 지나가면 귀가 닫힌다"고 했다. 대통령이 다양한 사람을 만나 소통해야 하는데 그러지 못했다는 지적이었다. 2018년 12월 문희상 당시 국회의장은 청와대 오찬 자리에서 "혼밥하시우?"라고 묻기도 했다. 당시 문 대통령은 "허허허" 웃었다고 한다. 김형원·김정환, 「文 대통령, 강경화와 45회 식사…홍남기·김현미 9회」, 『조선일보』, 2020년 10월 29일, A4면.

33 황호선, 「변호사 문재인, 그리고 정치인 문재인」, 고민정 외, 『그래요 문재인: 위기와 희망의 길목에서 문재인을 말하다』(은행나무, 2017), 162~165쪽.

제2장 왜 문재인은 '공사 구분 의식'이 모호한가?

1 Ronald Steel, 『Walter Lippmann and the American Century』(Boston,

Mass.: Little, Brown, 1980), p.xiii.

2 헬렌 토머스(Helen Thomas), 한국여성언론인연합 공역, 『백악관의 맨 앞
   줄에서』(답게, 1999/2000), 378쪽.

3 리처드 닉슨(Richard Nixon), 박정기 옮김, 『20세기를 움직인 지도자들』
   (을지서적, 1982/1998), 143쪽.

4 데이비드 거겐(David Gergen), 서율택 옮김, 『CEO 대통령의 7가지 리더
   십: 리처드 닉슨에서부터 빌 클린턴까지』(스테디북, 2000/2002), 56쪽.

5 정진석, 『총성 없는 전선: 격동의 한·미·일 현대 외교 비사』(한국문원,
   1999), 23쪽.

6 이동원, 『대통령을 그리며』(고려원, 1992), 144~145쪽.

7 이동원, 『대통령을 그리며』(고려원, 1992), 146~147쪽.

8 이동원, 『대통령을 그리며』(고려원, 1992), 147~148쪽.

9 정진석, 『총성 없는 전선: 격동의 한·미·일 현대 외교 비사』(한국문원,
   1999), 25쪽.

10 이동원, 『대통령을 그리며』(고려원, 1992), 148쪽.

11 '양념 발언'은 2017년 4월 3일 저녁 더불어민주당 대통령 후보 경선 승리
   를 확정한 문재인과 MBN 뉴스 앵커 사이에 오간 대화를 말한다. 문재인 후
   보: "우리 정당 사상 가장 아름다운 경선을 했다고 생각한다." MBN 앵커:
   "가장 아름다운 경선이라고 평가했지만 사실 지지자들 사이엔 그렇지 않은
   모습, 18원 문자 폭탄도 그렇고 상대 후보를 비방하는 댓글 등 여러 가지가
   문 후보 측에서 조직적으로 이뤄진 게 드러나기도 했습니다." 문재인 후보:
   "뭐 치열하게 경쟁하다 보면 있을 수 있는 일들이죠. 우리 경쟁을 더 흥미
   롭게 만들어주는 양념 같은 것이었다고 생각하고요⋯⋯." 서승욱, 「문자 폭
   탄, 대청소, 대통합」, 『중앙일보』, 2017년 4월 7일.

12 함민복·김민정 엮음, 『문재인 스토리』(모악, 2017), 97~99쪽.

13 김용민은 2004~2005년 자신이 PD로 참여한 인터넷방송 〈김구라·한이의
   플러스 18〉에 직접 출연해 테러 대처 방안에 대해 이야기를 나누다가 "미국
   에 대해서 테러를 하는 거예요. 유영철을 풀어가지고 부시, 럼스펠트, 라이
   스는 아예 ××을 해가지고 죽이는 거예요"라고 말했다. 그는 또 저출산 문
   제와 관련해 "지상파 텔레비전 에스비에스, 엠비시, 케이비에스가 밤 12시
   에 무조건 떡영화를 두세 시간씩 상영하는 겁니다. 주말은 특집으로 포르
   노를 보여주는 거예요. 피임약을 최음제로 바꿔서 피임약이라고 파는 겁니
   다" 등의 발언을 했다. 4월 4일엔 같은 인터넷방송에서 했던 김용민의 과

거 노인 비하 발언이 터져나왔다. 이 음성 파일에 따르면 김구라가 "시청역 앞에서 오버하고 지랄하는 노친네들이 많은데요. 다스리는 법이 없을까요"라고 묻자 김용민은 "시청역은 4개 층 정도 지하로 내려가야 하잖나. 계단을 하나로 만드는 거예요. 에스컬레이터, 엘리베이터 다 없애고…… . 그러면 엄두가 나질 않아서 시청에 안 오지 않겠나"라고 말했다. 이어 "또 다른 방법도 있다. 알카에다 테러 조직에 까놓고 '밥도 주고 돈도 줄 테니까'라고 해서 시청 광장에다 아지트를 지어주는 거예요"라고 했다. 민주당 대표 한명숙은 대전 유세 도중 기자들과 만난 자리에서 "걱정이다"라는 짤막한 답변으로 이번 사태에 대한 우려를 표시했다. 한 핵심 관계자는 "선거가 1주일도 남지 않았는데…… . 악재 중 악재"라고 토로했다. 그러나 공식 언급을 내놓지는 않았다. 민병선, 「"라이스, 강간해서 죽이자" 김용민 발언 파문」, 『동아일보』, 2012년 4월 4일; 손원제, 「김용민, 과거 막말 발언 "용서 구합니다"」, 『한겨레』, 2012년 4월 3일; 조수진·노지현, 「민주 김용민 "시청역 에스컬레이터 다 없애면 노인들 시청 앞 못 나오지 않겠나」, 『동아일보』, 2012년 4월 5일; 「"노인들 시청에 못 나오게…" 김용민 막말 논란」, 『경향신문』, 2012년 4월 5일.

14 조수진, 「김용민 감싸고돈 문재인 '부메랑'」, 『동아일보』, 2012년 4월 13일.

15 『경향신문』은 "19대 총선에서 민주통합당 김용민 후보(서울 노원갑)의 '막말 파문'이 적지 않은 영향력을 미쳤다는 건 전문가들의 공통된 견해다"면서 "선거 이슈로서 '정권 심판론'을 상쇄했고, '스윙 보터(부동층)'인 30~40대 투표율도 저하시켰다. 특히 여야가 박빙 승부를 벌인 지역의 승패를 가른 것으로 평가됐다"고 했다. 안일원 리서치뷰 대표는 "민주당이 5~10% 앞서가던 곳들이 (막말 파문이 터진) 4월 들어 접전을 보이거나 역전되는 등 데이터상 충격이라고 할 정도의 변화가 나타났다"면서 "야권이 기대했던 것보다 투표율이 낮게 나온 데서 알 수 있듯이 젊은층 투표의지도 약화시킨 것으로 보인다"고 밝혔다. 리얼미터가 4월 12일 유권자 750명을 상대로 여론조사한 결과 지지 후보를 결정하는 데 가장 큰 영향을 미쳤던 이슈는 '막말 파문'(22.3퍼센트)으로 나타났다. 이어 '경제 민주화 공약'(16.1퍼센트), '민간인 불법 사찰'(14.9퍼센트), '한·미 자유무역협정 폐기 논란'(10.7퍼센트), '서울 관악을 야권 단일화의 여론조사 조작 파문'(9.7퍼센트) 순이었다. 민주통합당 박선숙 사무총장은 막말 파문이 터지고 난 뒤 줄곧 "김용민 변수가 충청·강원 지역에 꽤 영향을 미치는 것 같다"고 말했다. 막말 파문이 보수층엔 '대응 논리'를 마련해주면서 결집도를

높여준 것은 물론, 공천 파동과 경선 여론조작 논란 등 일련의 과정에서 야권에 대해 내키지 않는 시각을 가지고 있던 중도층의 표심이 이탈하는 빌미도 제공했다는 풀이도 나왔다. 김진우, 「김용민 막말에 접전지 타격…"표 1~3%P 깎여"」, 『경향신문』, 2012년 4월 13일. 물론 반론도 있기는 했다. 『미디어오늘』은 "김용민 교수의 막말 논란이 총선에 악영향을 준 것은 분명하다"면서도 "이번 총선은 '조중동 프레임'에 농락당한 선거"라고 주장했다. 류정민, 「이게 모두 다 한명숙·김용민 책임이라고?」, 『미디어오늘』, 2012년 4월 15일.

16 양원보, 「한명숙, 끝까지 김용민 버리지 못한 이유는」, 『중앙일보』, 2012년 4월 14일, 8면.

17 황형준, 「"한명숙 추징금 모으자"…문재인, 최고위서 제안」, 『동아일보』, 2015년 8월 27일.

18 진중권, 『진보는 어떻게 몰락하는가: 저들은 대체 왜 저러는가?』(천년의상상, 2020), 232~233쪽.

제3장 왜 문재인은 '의전'으로만 소통하는가?

1 원문은 다음과 같다. "In politics, more than anywhere else, we have no possibility of distinguishing between being and appearance." Hannah Arendt, 『On Revolution』(New York: Viking, 1963), p.94.

2 퀸틴 스키너(Quentin Skinner) 외, 강정인 편역, 『마키아벨리의 이해』(문학과지성사, 1993), 89쪽.

3 Murray Edelman, 『The Symbolic Uses of Politics』(Urbana: University of Illinois Press, 1964).

4 Harold D. Lasswell, 「The Symbolic Uses of Politics(book review article)」, 『American Journal of Sociology』, 70(May 1965), p.735.

5 Murray Edelman, 『Politics as Symbolic Action: Mass Arousal and Quiescence』(Chicago: Markham, 1971), p.2.

6 Murray Edelman, 『Politics as Symbolic Action: Mass Arousal and Quiescence』(Chicago: Markham, 1971), p.5.

7 알 리스(Al Ries)·로라 리스(Laura Ries), 심현식 옮김, 『마케팅 반란』(청림출판, 2003), 21쪽; 「Positioning (marketing)」, 『Wikipedia』.

8 잭 트라우트(Jack Trout)·알 리스(Al Ries), 안진환 옮김, 『포지셔닝』(을유

문화사, 2002), 19, 27쪽.

9 　도리스 굿윈(Doris Goodwin), 「프랭클린 D. 루스벨트: 강한 의지·확고한 신념-미소의 리더십」, 로버트 A. 윌슨(Robert A. Wilson) 외, 형선호 옮김, 『국민을 살리는 대통령 죽이는 대통령』(중앙M&B, 1995/1997), 28~29쪽.

10 　게리 윌스(Gary Wills), 곽동훈 옮김, 『시대를 움직인 16인의 리더: 나폴레옹에서 마사 그레이엄까지』(작가정신, 1994/1999), 45, 49쪽.

11 　리처드 닉슨(Richard Nixon), 박정기 옮김, 『20세기를 움직인 지도자들』(을지서적, 1982/1998), 90~91쪽.

12 　Neil Postman, 『Amusing Ourselves to Death: Public Discourse in the Age of Show Business』(New York: Penguin Books, 1985), p.125.

13 　Barrett Seaman & David Beckwith, 「I Love People」, 『Time』, 7 July, 1986, p.16.

14 　정철, 『사람사전: 세상 모든 단어에는 사람이 산다』(허밍버드, 2020), 93쪽.

15 　최인준, 「[기자의 시각] 또 '쇼통' 들러리 된 기업인」, 『조선일보』, 2020년 11월 27일, A34면.

16 　문재인, 「우리 대통령은 착한 임금님」, 『한겨레』, 2020년 11월 20일, 22면.

17 　이는 다음과 같은 말 끝에 한 말이다. "인간이 현실을 파악하고 행동을 선택하는 데에는 두 가지 메커니즘이 개입한다. 감성 체계와 숙의 체계다. 우리의 감성 체계는 감정적 반응을 일으키고 선악에 대한 직관적 느낌을 도출한다. 이 느낌은 즉각적 행동으로 이어진다. 숙의 체계는 느낌보다는 사고력과 관계가 있으며 숫자와 추상적 개념을 다룬다. 이 과정은 의식적이고 논리와 증거를 요구한다. 그 결과 숙의 체계는 감성 체계보다 시간이 더 걸리고 즉각적 행동을 일으키지 않는다. 문 대통령의 직관적 느낌은 빠르고 강하나 숙의 체계는 게으르다. 그는 통계를 증거로 제시하지만, 자기 진영의 감성 체계를 통과한 통계만 좋아한다. 문 대통령의 숙의 체계는 자신의 감성 체계 충동에 져왔다고 할 수 있다. 문 대통령이 강조한 협치가 진정성이 있으려면 상대 진영의 논리와 증거를 존중하려는 인지적 수고와 노력이 뒷받침돼야 한다." 허우성, 「진정한 협치는 상대의 논리 존중하는 노력 뒷받침돼야」, 『중앙일보』, 2020년 7월 27일, 29면.

18 　『중앙일보』 논설의원 강찬호는 "문재인 대통령이 진짜로 믿고 의지하는 사람은 누굴까. 문재인 대선 캠프에 참여했던 여권 관계자에 따르면 3명이다. 양정철·윤건영·김경수다. 여기에 알파가 추가된다. 탁현민이다"며 여권 관계자의 말을 이렇게 소개한다. "캠프에서 현안이 생기면 양정철·윤건영·

김경수가 미리 모처에서 문재인 후보와 만나 결정을 내려놓는다. 이어 회의가 열리면 3인 중 한 사람이 '문의 뜻이다. 이렇게 해야 한다'고 말한다. 그러면 회의는 끝이다. 캠프 우두머리로 선대본부장이 있지만, 비문이라 아무 힘이 없다. 그리고 탁현민이 있다. 캠프에서 이벤트를 할 때 우리가 짜는 계획은 다 소용없다. 탁현민이 들어와 뒤집으면 끝이다. 문 후보도 탁현민에겐 꼼짝 못 하더라. 절대적으로 매달리더라. 탁현민의 힘은 밖에서 알려진 것 이상이다. 그의 영향력은 지대하다." 강찬호, 「박원순엔 침묵하고 탁현민은 감싸며 '페미니스트'라는 대통령」, 『중앙일보』, 2020년 7월 30일, 28면.

19 진중권, 『진보는 어떻게 몰락하는가: 저들은 대체 왜 저러는가?』(천년의상상, 2020), 244~246쪽.

20 안혜리, 「탁현민이 대한민국 대통령인가」, 『중앙일보』, 2020년 9월 25일, 30면.

21 조형국, 「[창간기획─여론조사] 국정 운영 5개 항목 중 '인사' 최저점…'소통'만 긍정적」, 『경향신문』, 2020년 10월 6일, 4면.

22 대통령 취임사에 나오는 소통 약속의 일부를 다시 음미해보자면 이렇다. "오늘부터 저는 국민 모두의 대통령이 되겠습니다. 저를 지지하지 않았던 국민 한 분 한 분도 저의 국민이고, 우리의 국민으로 섬기겠습니다. 저는 감히 약속드립니다. 2017년 5월 10일, 이날은 진정한 국민 통합이 시작되는 예로 역사에 기록될 것입니다.……국민과 수시로 소통하는 대통령이 되겠습니다. 주요 사안은 대통령이 직접 언론에 브리핑하겠습니다. 퇴근길에는 시장에 들러 마주치는 시민들과 격의 없는 대화를 나누겠습니다. 때로는 광화문 광장에서 대토론회를 열겠습니다.……낮은 자세로 일하겠습니다. 국민과 눈높이를 맞추는 대통령이 되겠습니다.……분열과 갈등의 정치도 바꾸겠습니다. 보수와 진보의 갈등은 끝나야 합니다. 대통령이 나서서 직접 대화하겠습니다. 야당은 국정 운영의 동반자입니다. 대화를 정례화하고 수시로 만나겠습니다.……소통하는 대통령이 되겠습니다. 낮은 사람, 겸손한 권력이 돼 가장 강력한 나라를 만들겠습니다. 군림하고 통치하는 대통령이 아니라 대화하고 소통하는 대통령이 되겠습니다. 광화문 시대 대통령이 되어 국민과 가까운 곳에 있겠습니다. 따뜻한 대통령, 친구 같은 대통령으로 남겠습니다."

23 손국희·정진우, 「'호텔거지' 신조어까지 등장…그들이 입 열면 국민은 홧병」, 『중앙일보』, 2020년 11월 23일, 12면.

24 고석현, 「김기현 "文, 나라 엉망인데 입 닫아…기자회견이라도 하시라"」,

『중앙일보』, 2020년 11월 23일.

제4장 왜 문재인 정권은 적에게 포위되었다고 주장하는가?

1   프랭크 푸레디(Frank Furedi), 박형신 옮김, 『우리는 왜 공포에 빠지는가?:
     공포문화 벗어나기』(이학사, 2006/2011), 9~10쪽.
2   반가운, 「권력과 위계의 일터, 어떻게 뒤집을 것인가」, 이원재·최영준 외,
     『코로나 0년 초회복의 시작: 파국을 뛰어넘는 새로운 시대의 상상력』(어크
     로스, 2020), 98쪽.
3   케인스의 이 말을 인용한 영국 저널리스트 데이비드 보일은 "불행하게도 지
     금도 이런 비현실주의자들이 세상을 지배하고 있다"며 이렇게 개탄한다.
     "전통경제학이 시장 원리만을 추구하고 오로지 수요와 공급만이 존재한다
     고 가정하다 보니 경제학자들은 가격 너머에 있는 다른 가치들, 즉 생산된
     제품 뒤에 숨은 윤리 의식, 자연환경과 더불어 생태계를 파괴시키지 않으면
     서도 지속가능한 성장을 추구하려는 의식 혹은 돈을 덜 벌더라도 삶의 질을
     추구하려는 것 같은 가치를 보지 못한다." 데이비드 보일(David Boyle)·앤
     드루 심스(Andrew Simms), 조군현 옮김, 『이기적 경제학/이타적 경제학』
     (사군자, 2009/2012), 31~32쪽.
4   칼 번스타인(Carl Bernstein), 조일준 옮김, 『힐러리의 삶』(현문미디어,
     2007), 343~344쪽.
5   게일 시히(Gail Sheehy), 유정화 옮김, 『힐러리의 선택: 대통령을 경영한
     여자』(한국방송출판, 1999/2001), 333~334, 368쪽.
6   게일 시히(Gail Sheehy), 유정화 옮김, 『힐러리의 선택: 대통령을 경영
     한 여자』(한국방송출판, 1999/2001), 403~408쪽; 밥 우드워드(Bob
     Woodward), 임홍빈 옮김, 『대통령의 안방과 집무실』(문학사상사, 1994/
     1995), 292~293쪽.
7   박현영, 「'아웃사이더' 대통령 트럼프가 정치적 올바름을 버린 이유」, 『중앙
     일보』, 2020년 11월 16일, 26면.
8   윤정호, 「독불장군 트럼프, 공화당 지도부와 내전」, 『조선일보』, 2016년 6월
     21일.
9   「Siege mentality」, 『Wikipedia』.
10   Tamar Liebes, 「Israel」, Klaus Bruhn Jensen ed., 『News of the World:
     World Cultures Look at Television News』(London: Routledge, 1998),

p.102.

11 손진석,「"세종대왕 말 생각해보라" 文 내로남불 비판한 英『이코노미스트』」,
『조선일보』, 2020년 8월 23일. 『조선일보』 파리 특파원인 손진석은 "언론
인으로서 피포위 의식을 깊게 성찰한 이는 『뉴욕타임스』 칼럼니스트인 데
이비드 브룩스다. 그는 피포위 의식을 가진 정치 집단은 스스로 고결하다
고 여기며, 대중에게 자신들의 우월함을 어필하는 스토리를 전달할 줄 안
다고 했다. '악으로 가득 찬 세계에서 성스러운 소수'를 자처하는 이들에게
추종자들이 뭉친다고 했다"며 이렇게 말한다. "중요한 포인트는 피포위 의
식이 주로 독재 권력과 그들의 추종자를 설명할 때 쓰이는 표현이라는 점
이다. 이란, 북한, 베네수엘라 등의 철권통치 세력이 서방에 의해 위협받는
다며 공포를 조장해 지지자들을 동원하는 원리를 설명하는 용어. 브룩스
가 피포위 의식 개념을 끌어온 것도 미국의 극우 정치가인 로이 무어가 아
동 성추행을 저질렀는데도 왜 극렬 보수층이 그에 대한 지지를 거두지 않는
지 설명하기 위해서였다." 손진석,「'피포위'에 사로잡힌 親文」, 『조선일보』,
2020년 8월 27일, A34면.

12 손희정,「그 사내다움에 대하여: 음모론 시대의 남성성과 검사 영화」, 정희
진 외, 『지금 여기의 페미니즘 X 민주주의』(교유서가, 2018), 204쪽.

13 신동흔,「최승호 前 MBC 사장 "김어준, 취재 안 하고 상상으로 음모론
펴"」, 『조선일보』, 2020년 7월 6일, A18면.

14 천관율,「[이해찬 독점 인터뷰 1] 나는 왜 20년 집권을 말했나」, 『시사IN』,
2020년 9월 14일.

15 진중권, 『진보는 어떻게 몰락하는가: 저들은 대체 왜 저러는가?』(천년의상
상, 2020), 273쪽.

16 손진석,「'피포위'에 사로잡힌 親文」, 『조선일보』, 2020년 8월 27일, A34면.

17 문재인, 『사람이 먼저다: 문재인의 힘』(퍼플카우, 2012), 247쪽.

18 고성국·이종근, 『자유 우파 필승 대전략』(옴므리브르, 2019), 82쪽.

19 진중권, 『진보는 어떻게 몰락하는가: 저들은 대체 왜 저러는가?』(천년의상
상, 2020), 273쪽.

20 정환봉·장나래,「"의견 전달 자유 있다"는 윤영찬, 실제 카카오에 연락했
다」, 『한겨레』, 2020년 9월 9일, 6면.

제5장 **왜 문재인 정권은 정치를 '적과 동지'의 대결 구도로만 보는가?**

1 다음과 같은 말 끝에 한 말이다. "공중의 감격, 호의, 관대함을 일으키는 것은 오래가지 않으며 또 그들을 움직이지 못한다. 반대로, 공중의 증오를 불러일으키는 것이야말로 그들을 흥분시키고 봉기하게 하며 그들에게 행동의 기회를 제공한다. 공중에게 먹이로서 그러한 반발과 스캔들의 대상을 보여주고 던져주는 것은 그들에게 잠재적인 파괴성, 즉 터지기 위해서 사인(sign)만을 기다리고 있다고 말할 수 있는 공격성을 자유롭게 발휘하도록 해주는 것이다." 세르주 모스코비치(Serge Moscovici), 이상률 옮김, 『군중의 시대: 대중심리학에 대한 역사적 고찰』(문예출판사, 1981/1996), 332~333쪽.

2 카를 슈미트(Carl Schmitt), 김효전·정태호 옮김, 『정치적인 것의 개념』(살림, 1932/1963/2012), 39쪽.

3 카를 슈미트(Carl Schmitt), 김효전·정태호 옮김, 『정치적인 것의 개념』(살림, 1932/1963/2012), 43, 68~69쪽. 러시아의 파시즘 철학자 이반 일린(Ivan Ilyin, 1883~1954)도 슈미트를 따라 정치를 "적을 확인하고 무해하게 만드는 기술"이라고 정의했다. 티머시 스나이더(Timothy Snyder), 유강은 옮김, 『가짜 민주주의가 온다: 도둑 정치, 거짓 위기, 권위주의는 어떻게 권력을 잡는가』(부키, 2018/2019), 53쪽.

4 마이클 린치(Michael P. Lynch), 성원 옮김, 『우리는 맞고 너희는 틀렸다: 똑똑한 사람들은 왜 민주주의에 해로운가』(메디치, 2019/2020), 157~158쪽; 김항, 「옮긴이 해제: 카를 슈미트의 침묵과 철학의 정의」, 카를 슈미트(Carl Schmitt), 김항 옮김, 『정치 신학: 주권론에 관한 네 개의 장』(그린비, 1934/2010), 93, 109쪽.

5 Samuel P. Huntington, 『The Clash of Civilizations and the Remaking of World Order』(New York: Simon & Schuster, 1996), p.130.

6 에릭 호퍼(Eric Hoffer), 이민아 옮김, 『맹신자들: 대중운동의 본질에 관한 125가지 단상』(궁리, 1951/2011), 138쪽.

7 울리히 벡(Ulrich Beck), 정일준 옮김, 『적이 사라진 민주주의』(새물결, 1995/2000), 283쪽.

8 울리히 벡(Ulrich Beck), 정일준 옮김, 『적이 사라진 민주주의』(새물결, 1995/2000), 292쪽.

9 조너선 하이트(Jonathan Haidt), 왕수민 옮김, 『바른 마음: 나의 옳음과 그

들의 옳음은 왜 다른가』(웅진지식하우스, 2012/2014), 489쪽.

10   박래용, 「[여적] 반문연대」, 『경향신문』, 2018년 11월 15일.

11   이정민, 「기저질환이 된 습관성 말 바꾸기」, 『중앙일보』, 2020년 11월 23일, 30면.

12   강원택, 「돌격대 아니면 나팔수만 보이는 與黨」, 『조선일보』, 2020년 10월 5일, A30면.

13   이하경, 「대통령직에 스스로 침을 뱉은 문재인 정권」, 『중앙일보』, 2020년 10월 5일, 31면. 1년여 전인 2019년 11월에 일어난 '탈북민 강제 북송 사건'도 같은 맥락에서 이해할 수 있겠다. 변호사 김태훈은 "나는 탈북민 강제 북송 사건을 (문재인 정권의) 가장 심각한 범죄로 본다. 자유를 찾아온 북한 젊은이들을 포승으로 묶어 눈을 가린 뒤 몰래 내보냈다. 판문점에서 안대를 푸니까, 이 중 한 명이 북한군이 보이자 털썩 주저앉았다고 한다. 양식 있는 사람들이 이 사안에 분노하지 않는 게 이상하다"고 했다. 문 정권은 선상(船上) 살인을 저지른 중대 범죄자여서 추방했다고 말했지만, 김태훈은 "정부의 주장일 뿐이다. 설령 범죄자라 해도 우리 법원에서 재판받게 해야 하는 것이다. 국가인권위에 조사를 하라고 진정했지만 답변이 없었다. 정보 공개 청구를 하니 '국가 기밀로 비공개 사안'이라고 해서 행정소송을 제기해놓았다"고 했다. 최보식, 「노영민 고소한 老 변호사 "세상이 날 이렇게 만드네": [최보식이 만난 사람] 김태훈(73) '한반도 인권과 통일을 위한 변호사 모임' 회장」, 『조선일보』, 2020년 11월 16일, A28면.

14   김명진, 「조국 비판 금태섭, 민주당 탈당 "뻔뻔함과 오만한 태도에 절망"」, 『조선일보』, 2020년 10월 21일.

15   함민정, 「"철새 금태섭"이라는 김남국…과거엔 "금태섭처럼 되겠다"」, 『중앙일보』, 2020년 10월 21일.

16   주희연, 「박용진 "조응천이야말로 충신, 통합당으로 가라니"」, 『조선일보』, 2020년 8월 18일.

17   김경훈, 「"김치찌개 빨리 달란 게 청탁?" 추미애 감싼 정청래 "박근혜 추종자들의 정치 공작"」, 『서울경제』, 2020년 9월 14일.

18   원선우, 「추미애를 위해…홍영표 입에서 '쿠데타'라는 말까지 나왔다」, 『조선일보』, 2020년 9월 16일.

19   노석조, 「진중권 "의원들, 文 대통령의 차지철 노릇…입법 활동이 선동 정치"」, 『조선일보』, 2020년 8월 25일.

20   로버트 스턴버그(Robert J. Sternberg)·카린 스턴버그(Karin Sternberg),

김정희 옮김, 『우리는 어쩌다 적이 되었을까?』(21세기북스, 1998/2010), 148쪽.

21 Samuel P. Huntington, 『The Clash of Civilizations and the Remaking of World Order』(New York: Simon & Schuster, 1996), p.20.

22 Tal Ben-Shahar, 『Even Happier: A Gratitude Journal for Daily Joy and Lasting Fulfullment』(New York: McGraw-Hill, 2010), p.152.

제6장 왜 유시민은 김정은을 '계몽 군주'라고 했을까?

1 「어처구니없는 소방대원 "일거리 만든다" 10차례 방화」, 『경향신문』, 1996년 7월 17일, 7면.

2 윤태진, 「종교가 된 대한민국 정치」, 『경향신문』, 2017년 4월 10일.

3 김대식, 「[김대식의 브레인 스토리] [272] 모든 정치는 종교일까?」, 『조선일보』, 2018년 1월 10일; 카를 슈미트(Carl Schmitt), 김항 옮김, 『정치 신학: 주권론에 관한 네 개의 장』(그린비, 1934/2010), 54~72쪽.

4 지그문트 바우만(Zygmunt Bauman), 함규진 옮김, 『유동하는 공포』(산책자, 2006/2009), 185쪽.

5 엘리엇 애런슨(Elliot Aronson)·캐럴 태브리스(Carol Tavris), 박웅희 옮김, 『거짓말의 진화: 자기정당화의 심리학』(추수밭, 2007), 67~68쪽.

6 엘리엇 애런슨(Elliot Aronson)·캐럴 태브리스(Carol Tavris), 박웅희 옮김, 『거짓말의 진화: 자기정당화의 심리학』(추수밭, 2007), 68~69쪽.

7 데이비드 브룩스(David Brooks), 이경식 옮김, 『소셜 애니멀: 사랑과 성공, 성격을 결정짓는 관계의 비밀』(흐름출판, 2011), 456~457쪽; Donald Green et al., 『Partisan Hearts and Minds: Political Parties and the Social Identities of Voters』(New Haven, Conn.: Yale University Press, 2002), pp.204~229.

8 로버트 스턴버그(Robert J. Sternberg)·카린 스턴버그(Karin Sternberg), 김정희 옮김, 『우리는 어쩌다 적이 되었을까?』(21세기북스, 1998/2010), 196쪽.

9 수전 그린필드(Susan Greenfield), 이한음 옮김, 『마인드 체인지: 디지털 기술은 우리의 뇌에 어떤 흔적을 남기는가』(북라이프, 2015), 334쪽.

10 Eric Hoffer, 『The True Believer: Thoughts on the Nature of Mass Movements』(New York: Harper & Row, 1951/2010), p.98.

11 Eric Hoffer, 『The True Believer: Thoughts on the Nature of Mass Movements』(New York: Harper & Row, 1951/2010), pp.7, 38; 톰 버틀러 보던(Tom Butler-Bowdon), 이정은 옮김, 『내 인생의 탐나는 심리학 50』(흐름출판, 2007/2008), 87~90쪽.

12 에릭 호퍼(Eric Hoffer), 이민아 옮김, 『맹신자들: 대중운동의 본질에 관한 125가지 단상』(궁리, 1951/2011), 137~143쪽.

13 무자퍼 셰리프(Muzafer Sherif) 외, 정태연 옮김, 『우리와 그들, 갈등과 협력에 관하여: 로버스 케이브 실험을 통해 본 집단 관계의 심리학』(에코리브르, 1961/2012), 317쪽.

14 세라 로즈 캐버너(Sarah Rose Cavanagh), 강주헌 옮김, 『패거리 심리학: 분열된 세계에서의 종족주의』(로크미디어, 2019/2020), 41~42쪽.

15 톰 버틀러 보던(Tom Butler-Bowdon), 이정은 옮김, 『내 인생의 탐나는 심리학 50』(흐름출판, 2007/2008), 91쪽.

16 김아진, 「"당신 가족이 죽어도 김정은이 계몽 군주냐" 유시민에 누리꾼들 폭발」, 『조선일보』, 2020년 9월 26일.

17 양범수, 「'진인 조은산', "김정은 계몽 군주" 유시민에 "비벼댈 마음에 오타 냈나"」, 『조선일보』, 2020년 9월 27일.

18 원선우, 「김근식 "계몽 군주가 고급 단어? 유시민, 천지분간 못하고 혹세무민"」, 『조선일보』, 2020년 10월 1일.

19 김인엽, 「나훈아와 유시민이 불러낸 '테스형!'…"지식인보다 예인이 소크라테스에 가깝다"」, 『서울경제』, 2020년 10월 2일.

20 고석현, 「유시민 "계몽 군주는 고급 비유" 진중권 "설마 싸구려 입에서"」, 『중앙일보』, 2020년 10월 1일.

21 선정민, 「진중권 "유시민이 소크라테스? 막장 궤변론자일 뿐"」, 『조선일보』, 2020년 10월 3일.

22 진중권, 「"밀을 '재인산성 옹호자' 둔갑시킨 유시민…탁월한 어용 지식인"」, 『중앙일보』, 2020년 11월 18일, 28면.

23 아치 브라운(Archie Brown), 홍지영 옮김, 『강한 리더라는 신화: 강한 리더가 위대한 리더라는 환상에 관하여』(사계절, 2014/2017), 86쪽.

24 정희진, 「문재인 정부와 젠더: 나라 만들기를 넘어 민주주의로」, 정희진 외, 『지금 여기의 페미니즘 X 민주주의』(교유서가, 2018), 262~264쪽.

25 강준만, 「왜 어느 소방대원은 상습적인 방화를 저질렀을까?: 파킨슨의 법칙」, 『감정 독재: 세상을 꿰뚫는 50가지 이론 1』(인물과사상사, 2013),

296~300쪽 참고.

26 박주연, 「유시민 "진보가 위기 몰려도 정계 복귀 의무 없어 내 마음 변치 않을 것": 유시민 노무현재단 이사장 인터뷰」, 『경향신문』, 2019년 5월 30일.

제7장 왜 추미애는 졸지에 '이순신 장군'이 되었는가?

1 스티븐 레비츠키(Steven Levitsky)·대니얼 지블랫(Daniel Ziblatt), 박세연 옮김, 『어떻게 민주주의는 무너지는가: 우리가 놓치는 민주주의 위기 신호』 (어크로스, 2018), 270쪽.

2 스티븐 레비츠키(Steven Levitsky)·대니얼 지블랫(Daniel Ziblatt), 박세연 옮김, 『어떻게 민주주의는 무너지는가: 우리가 놓치는 민주주의 위기 신호』 (어크로스, 2018), 271쪽.

3 스티븐 레비츠키(Steven Levitsky)·대니얼 지블랫(Daniel Ziblatt), 박세연 옮김, 『어떻게 민주주의는 무너지는가: 우리가 놓치는 민주주의 위기 신호』 (어크로스, 2018), 272~275쪽.

4 진중권, 『진보는 어떻게 몰락하는가: 저들은 대체 왜 저러는가?』(천년의상상, 2020), 208쪽.

5 신승근, 「검찰, 선출받지 않은 권력」, 『한겨레』, 2019년 10월 1일, 26면. 『한겨레』 법조팀장 김태규는 "지금의 혼란은 제도가 아닌 사람의 문제다"며 '추미애-윤석열의 동반 퇴진'을 제안했다. "검찰총장은 국무위원이 아니므로 탄핵이 아닌 한 임기 중 해임이 불가능하다는 견해도 있지만, 윤 총장은 임명권자가 바란다면 그만둘 수도 있다는 뜻을 사석에서 나타낸 것으로 알려졌다.……이제 임명권자가 결단해야 한다." 김태규, 「추미애-윤석열의 동반 퇴진」, 『한겨레』, 2020년 11월 11일, 26면.

6 이슬비, 「野 "文, 윤석열 임기 보장했나" 묻자 盧 실장 "말할 수 없다" 답변만 다섯 번」, 『조선일보』, 2020년 11월 5일, A8면.

7 캐서린 그레이엄(Katharine Graham), 뉴스위크 한국판 뉴스팀 옮김, 『캐서린 그레이엄 자서전: 워싱턴 포스트와 나의 80년』(중앙일보, 1997), 239쪽.

8 미국 정치학자 제임스 데이비드 바버(James David Barber)는 대통령의 성격을 정치적 야심이 적극적이냐 또는 소극적이냐, 개인적 기질이 긍정적이냐 부정적이냐, 하는 2가지 기준을 조합시켜 '적극적-긍정적', '적극적-부정적', '소극적-긍정적', '소극적-부정적'이라는 4가지의 성격 유형을 제시한 바 있다. 굳이 이 모델을 끌어올 필요는 없을 것 같아 논의하지 않겠

지만, '소극성'이 극단적일 경우 리더십의 재앙을 낳을 수 있다는 점만 지적해두기로 하자. James David Barber, 『The Presidential Character: Predicting Performance in the White House』, 3rd ed.(Englewood Cliffs, N. J.: Prentice-Hall, 1985).

9   「[사설] 추미애 내세워 검찰을 난장판 만드는 게 대통령 뜻인가」, 『중앙일보』, 2020년 11월 20일, 30면.

10 금태섭, 「'검찰 개혁 좀 제대로 합시다!'」, 『경향신문』, 2020년 9월 24일, 25면.

11 2019년 10월 2일 민주당이 조국 법무부 장관 일가 의혹을 수사 중인 검찰을 '피의사실 공표' 혐의로 고발하자, 민주당 내부에서조차 "여당이 검찰을 고발한다는 것은 말이 되지 않는 부끄러운 일"이라며 "집권 여당이 무능하다는 것을 방증하는 조치밖에 더 되느냐"는 탄식이 나왔다고 한다. 김혜영·류호, 「'조국 일가 수사 검사' 검찰 고발한 여당…당내서도 "부끄럽다" 탄식」, 『한국일보』, 2019년 10월 3일, 5면.

12 "면죄부, 뭐든 해도 용서가 되는 부적"은 진중권의 표현이다. 최현철, 「공정·검찰 개혁·피해자…오염되는 말들」, 『중앙일보』, 2020년 9월 17일, 30면.

13 민주당 의원 윤호중의 말이다. 김경래, 「[최강시사] 윤호중 "장관 지휘, 법적 보장돼…검찰 독립성 필요한 조직 아냐"」, 『KBS 라디오』, 2020년 7월 3일.

14 박권일, 「사법부에 필요한 건 민주시민 교육」, 『한겨레』, 2018년 8월 3일.

15 「[사설] 조현아 기소, '갑질 한국' 뜯어고치는 계기 돼야」, 『경향신문』, 2015년 1월 8일; 강준만, 『바벨탑 공화국: 욕망이 들끓는 한국 사회의 민낯』(인물과사상사, 2019) 참고.

16 「[사설] 금감원은 '소비자 보호'란 소명이 부끄럽지 않은가」, 『중앙일보』, 2020년 10월 27일, 34면.

17 「[사설] 靑·금감원 직원이 라임 사기꾼 수족, 수사 의뢰도 안 한 금감원」, 『조선일보』, 2020년 10월 27일, A39면.

18 우석훈, 「'론스타 사건' 국정조사, 김상조 때문에 불가능?」, 『경향신문』, 2019년 11월 11일, 28면.

19 홍신영, 「[스트레이트] 정권은 바뀌지만 모피아는 영원하다!」, 『MBC』, 2020년 11월 22일.

20 장정훈, 「누가 검찰 수사를 막고 있는가」, 『중앙일보』, 2020년 10월 21일,

30면.

21 진중권은 "일찍이 이런 청와대는 없었다"고 주장한다. "조국 민정수석(직권 남용 등 12개 혐의), 한병도 정무수석(선거 개입), 전병헌 정무수석(뇌물), 신미숙 인사비서관(환경부 블랙리스트), 송인배 정무비서관(불법 정치자금), 백원우 민정비서관과 박형철 반부패비서관(감찰 무마와 선거 개입), 최강욱 공직비서관(허위 인턴 증명서, 선거법 위반), 윤건영 상황실장(회계 부정) 등등. 이렇게 많은 이들이 각종 비리에 연루되었다. 일찍이 이런 청와대가 또 있었던가." 진중권, 「일찍이 이런 청와대는 없었다」, 『경향신문』, 2020년 11월 16일, 25면.

22 김형원, 「대통령 측근 의혹 끊이지 않는데…청와대 특별감찰관 3년째 공석」, 『조선일보』, 2019년 12월 21일, A1면; 「[사설] '선거 공작', '비리 비호' 靑의 내부 감찰관 공석 방치, 이유가 있었다」, 『조선일보』, 2019년 12월 23일, A35면.

23 조지 스테파노풀러스(George Stephanopoulos), 최규선 옮김, 『너무나 인간적인』(생각의나무, 1998/1999), 278쪽; Jeff Gerth & Don Van Natta Jr., 『Her Way: The Hopes and Ambitions of Hillary Rodham Clinton』 (New York: Back Bay Books, 2007/2008), pp.125~128.

24 조지 오웰(George Orwell), 이한중 옮김, 『나는 왜 쓰는가: 조지 오웰 에세이』(한겨레출판, 2010), 270~271쪽.

25 이현상, 「왕은 잔 다르크를 구하지 않았다」, 『중앙일보』, 2020년 10월 22일, 34면.

26 김은중, 「최배근 "쓰레기 치우는 추미애 장관에 응원의 꽃 보내자"」, 『조선일보』, 2020년 7월 3일.

27 이해준, 「'檢 개혁 온몸 던진다' 이번엔 추미애 이순신에 빗댄 친여 학자」, 『중앙일보』, 2020년 11월 21일.

28 홍규빈, 「"秋 수사 지휘권 두고 진영 대립 뚜렷…찬반 46.4% 동률"」, 『연합뉴스』, 2020년 10월 21일.

29 고석현, 「추미애 vs 윤석열 갈등, 누구 책임 물으니…"추미애 때문" 36%」, 『중앙일보』, 2020년 11월 8일.

30 박홍두, 「박원석 "추미애, 지지층 향해 윤석열을 제물로 정치 게임하고 있다"」, 『경향신문』, 2020년 10월 21일.

제8장 **왜 '진보'를 완장으로 애용하는 사람이 많을까?**

1   강갑생, 「'하빠리' 완장질은 가라」, 『중앙일보』, 2014년 9월 25일.
2   박찬수, 「김대중은 왜 '진보'란 이름을 피했을까」, 『한겨레』, 2020년 7월 14일.
3   강준만, 「왜 "개혁이 혁명보다 어렵다"고 하는가?: 경로의존」, 『습관의 문법: 세상을 꿰뚫는 이론 7』(인물과사상사, 2019), 288~294쪽 참고.
4   박찬수, 「운동권 '낡은 진보' 넘자는 게 노회찬의 '진보의 세속화'였다」, 『한겨레』, 2020년 10월 6일, 24면.
5   노회찬·구영식, 『대한민국 진보, 어디로 가는가: 노회찬, 작심하고 말하다』(비아북, 2014), 179쪽.
6   노회찬·구영식, 『대한민국 진보, 어디로 가는가: 노회찬, 작심하고 말하다』(비아북, 2014), 183~184쪽.
7   노회찬·구영식, 『대한민국 진보, 어디로 가는가: 노회찬, 작심하고 말하다』(비아북, 2014), 184쪽.
8   김경택·심희정, 「42일 만에 돌아온 김종인 "보수·자유 우파 같은 말도 쓰지 말라"」, 『국민일보』, 2020년 5월 28일.
9   진중권, 『진보는 어떻게 몰락하는가: 저들은 대체 왜 저러는가?』(천년의상상, 2020), 242쪽.
10 김형민, 「의장님만 믿고 또래 젊은이를 고문했는가」, 『한겨레』, 2014년 3월 8일.
11 이철희, 『이철희의 정치 썰전: 보수와 진보를 향한 촌철살인 돌직구』(인물과사상사, 2015), 260쪽.
12 정희진, 「트럼프, 캐릭터의 승리」, 『경향신문』, 2016년 11월 14일.
13 박권일, 「좀비들」, 『한겨레』, 2020년 7월 24일, 21면.
14 김민아, 「박원순 사후, 이제 피해자에 귀 기울일 때」, 『경향신문』, 2020년 7월 28일, 26면.
15 김정환·이슬비, 「"박원순·오거돈 성범죄" 3번 물어도, 답변 피한 여가부 장관」, 『조선일보』, 2020년 8월 4일, A6면.
16 송혜진·주희연·김주영, 「이런 의원, 이런 장관」, 『조선일보』, 2020년 11월 6일, A1면.
17 고한솔·고경태, 「김재련 변호사 "박원순 피해자, 이미 포렌식 맡긴 뒤 찾아왔다"」, 『한겨레』, 2020년 9월 11일, 1, 8면.

18 김지은, 『김지은입니다: 안희정 성폭력 고발 554일간의 기록』(봄알람, 2020), 108쪽.

19 김지은, 『김지은입니다: 안희정 성폭력 고발 554일간의 기록』(봄알람, 2020), 116~117쪽.

20 베른하르트 그림(Bernhard A. Grimm), 박규호 옮김, 『권력과 책임: 최고 리더십을 위한 반(反)마키아벨리즘』(청년정신, 1996/2002), 239쪽.

제9장 왜 집단은 제정신이 아닌 게 정상인가?

1 에이미 추아(Amy Chua), 김승진 옮김, 『정치적 부족주의: 집단 본능은 어떻게 국가의 운명을 좌우하는가』(부키, 2018/2020), 128쪽.

2 마이클 오크쇼트(Michael J. Oakeshott), 박동천 옮김, 『신념과 의심의 정치학』(모티브북, 1996/2015), 64~75쪽.

3 박동천, 「역자 해제」, 마이클 오크쇼트(Michael J. Oakeshott), 박동천 옮김, 『신념과 의심의 정치학』(모티브북, 1996/2015), 245~246쪽.

4 토머스 소웰(Thomas Sowell), 채계병 옮김, 『비전의 충돌: 세계를 바라보는 두 개의 시선』(이카루스미디어, 2002/2006), 5쪽.

5 김병수, 『이상한 나라의 심리학: 힘겨운 세상에 도움이 되는 심리 테라피』(인물과사상사, 2019), 136쪽.

6 한영익, 「가짜뉴스는 마약이다」, 『중앙일보』, 2017년 2월 14일.

7 한영익, 「가짜뉴스는 마약이다」, 『중앙일보』, 2017년 2월 14일.

8 케일린 오코너(Cailin O'Connor)·제임스 오언 웨더럴(James Owen Weatherall), 박경선 옮김, 『가짜뉴스의 시대: 잘못된 믿음은 어떻게 퍼져나가는가』(반니, 2016/2019), 44쪽.

9 안토니오 가르시아 마르티네즈(Antonio Garcia Martinez), 문수인 옮김, 『카오스 멍키』(비즈페이퍼, 2016/2017), 478쪽.

10 조너선 색스(Jonathan Sacks), 임재서 옮김, 『차이의 존중: 문명의 충돌을 넘어서』(말글빛냄, 2002/2007), 44쪽.

11 구스타브 르봉(Gustave Le Bon), 이상돈 옮김, 『군중심리』(간디서원, 1895/2005), 34쪽; 에이미 추아(Amy Chua), 김승진 옮김, 『정치적 부족주의: 집단 본능은 어떻게 국가의 운명을 좌우하는가』(부키, 2018/2020), 135쪽.

12 세르주 모스코비치(Serge Moscovici), 이상률 옮김, 『군중의 시대: 대중심

리학에 대한 역사적 고찰』(문예출판사, 1981/1996), 291~292쪽.

13 에이미 추아(Amy Chua), 김승진 옮김, 『정치적 부족주의: 집단 본능은 어떻게 국가의 운명을 좌우하는가』(부키, 2018/2020), 8쪽.

14 박권일, 「부족의 언어, 공감의 언어」, 『한겨레』, 2020년 10월 16일, 21면.

15 타르드는 그렇게 된 이유를 가족, 특히 아버지에게서 찾았다. "아버지는 항상 아들의 최초의 스승, 최초의 사제(司祭), 최초의 본보기이며 앞으로도 그러할 것"이며 "오늘날에도 모든 사회는 거기서부터 시작한다"는 것이다. 이 말을 인용한 프랑스 사회심리학자 세르주 모스코비치(Serge Moscovici, 1925~2014)는 "가족이 복종의 요람, 따라서 권력의 받침돌"이라고 했다. 세르주 모스코비치(Serge Moscovici), 이상률 옮김, 『군중의 시대: 대중심리학에 대한 역사적 고찰』(문예출판사, 1981/1996), 293~294쪽.

16 에이미 추아(Amy Chua), 김승진 옮김, 『정치적 부족주의: 집단 본능은 어떻게 국가의 운명을 좌우하는가』(부키, 2018/2020), 136쪽.

17 크리스토퍼 히친스(Christopher Hitchens), 차백만 옮김, 『젊은 회의주의자에게 보내는 편지』(미래의창, 2001/2012), 38쪽.

18 마이클 린치(Michael P. Lynch), 성원 옮김, 『우리는 맞고 너희는 틀렸다: 똑똑한 사람들은 왜 민주주의에 해로운가』(메디치, 2019/2020), 42쪽.

19 마이클 린치(Michael P. Lynch), 성원 옮김, 『우리는 맞고 너희는 틀렸다: 똑똑한 사람들은 왜 민주주의에 해로운가』(메디치, 2019/2020), 10~11쪽.

20 마이클 린치(Michael P. Lynch), 성원 옮김, 『우리는 맞고 너희는 틀렸다: 똑똑한 사람들은 왜 민주주의에 해로운가』(메디치, 2019/2020), 15쪽.

21 샌디 호치키스(Sandy Hotchkiss), 이세진 옮김, 『사랑과 착취의 심리』(교양인, 2002/2005), 34쪽.

22 마이클 린치(Michael P. Lynch), 성원 옮김, 『우리는 맞고 너희는 틀렸다: 똑똑한 사람들은 왜 민주주의에 해로운가』(메디치, 2019/2020), 42쪽.

23 몬트세라트 귀베르나우(Montserrat Guibernau), 유강은 옮김, 『소속된다는 것: 현대사회의 유대와 분열』(문예출판사, 2013/2015), 234쪽.

24 아렌트는 "대중을 이끄는 지도자의 주요 자질은 끝없는 무오류성이 되었다. 그는 절대 오류를 인정할 수 없다"며 이렇게 말한다. "대중 지도자가 권력을 거머쥐고 현실을 자신의 거짓말에 맞춰 조작하기에 앞서, 이들의 선동에는 사실에 대한 극도의 경멸이 뚜렷하게 나타난다. 이들의 견해에 따르면 사실은 그것을 조작할 수 있는 사람의 손에 전적으로 달린 문제이다." 마이

클 린치(Michael P. Lynch), 성원 옮김, 『우리는 맞고 너희는 틀렸다: 똑똑한 사람들은 왜 민주주의에 해로운가』(메디치, 2019/2020), 116~118쪽.

25 마이클 린치(Michael P. Lynch), 성원 옮김, 『우리는 맞고 너희는 틀렸다: 똑똑한 사람들은 왜 민주주의에 해로운가』(메디치, 2019/2020), 117~118쪽.

26 박상훈, 『청와대 정부: '민주정부란 무엇인가'를 생각하다』(후마니타스, 2018), 43쪽.

27 박상훈, 『청와대 정부: '민주정부란 무엇인가'를 생각하다』(후마니타스, 2018), 44~45쪽.

28 강성원, 「유시민 "야권의 집권, 정치권력만 잡은 것일 뿐"」, 『미디어오늘』, 2017년 5월 6일.

29 이어 그는 "여론 대책이나 야당에 대한 대응 논리에 골몰하는 것이 청와대를 지배하는 심리 상황이 되면, 앞으로도 청와대에서는 한목소리만 나올 것이다"고 했다. 박상훈, 『청와대 정부: '민주정부란 무엇인가'를 생각하다』 (후마니타스, 2018), 189쪽.

30 박성민, 「정치는 즐기고 지지자에게 욕먹을 용기 있는 자가 해야」, 『경향신문』, 2019년 6월 1일.

31 이어 그는 이렇게 말한다. "지적 오만함의 핵심에 있는 나쁜 신념은 증거를 무시하는 수준을 훨씬 넘어설 수 있다. 오만함은 진실과의 관계를 왜곡한다. 우리가 오만함의 희생양이 된다면 어느 정도 우리의 세계관은 그저 우리 것이라는 이유만으로 옳다는 생각의 희생양이 되는 것이다. 여기에는 두 가지 의미가 있을 수 있다. 첫 번째, 자존심과 진실을 일치시키는 것이다.……오만함이 진실과의 관계를 왜곡하는 두 번째 방법은 진실에 우선적으로 관심을 두지 않는 데서 기인한다.……당신이 타고난 도덕적 우월함을 믿을 경우, 실수는 방어적인 태도로 부정하거나 어떻게든 둘러대며 넘길 수밖에 없다. 그건 놀랍지 않다. 오만함은 무언가 실패 또는 상실했다는 인식에 대한 보상일 때가 많고, 여기에는 자기방어적인 태도가 동반되며, 이는 잘못에 대한 인정을 절대 용납하지 않는다." 마이클 린치(Michael P. Lynch), 성원 옮김, 『우리는 맞고 너희는 틀렸다: 똑똑한 사람들은 왜 민주주의에 해로운가』(메디치, 2019/2020), 116, 144~147쪽.

제10장 왜 '도덕적 우월감'은 이성을 마비시키는가?

1 프랜시스 후쿠야마(Francis Fukuyama), 이수경 옮김, 『존중받지 못하는 자들을 위한 정치학: 존엄에 대한 욕구와 분노의 정치에 대하여』(한국경제신문, 2018/2020), 278~279쪽.

2 알베르 소불(Albert Soboul), 최갑수 옮김, 『프랑스 혁명사』(교양인, 1995/2018), 464쪽.

3 예컨대, 노무현은 2004년 12월 6일 파리의 동포 간담회에서 "인류 역사 가운데 가장 훌륭했던 게 혁명이라고 생각한다"면서 "바로 프랑스혁명"이라고 말했다. 이어 "프랑스혁명은 적어도 명분에 있어서 자유와 평등, 박애를 내세우고 성공했던 혁명"이라며 "200년이 지난 지금까지 우리 인간은 프랑스혁명의 이상을 다 성취하진 못했지만 어떻든 인류 역사상 가장 빛나는 업적"이라고 주장했다.

4 임철규, 『눈의 역사 눈의 미학』(한길사, 2004), 297~298쪽. 당시 전국에 걸쳐 들어선 사찰위원회는 혁명에 위해가 되리라고 여겨지는 사람은 마음대로 구속하고 처결할 수 있었다. 오늘날 널리 쓰이는 '테러(terror)'라는 단어도 이때의 공포정치를 지칭하는 데서 처음 사용되었다. 도덕을 위해선 테러가 불가피하다고 생각했던 걸까? 로베스피에르는 구질서의 잔재를 말살하겠다는 야심하에 테러를 이렇게 옹호했다. "평화 시 인민정부의 기초가 미덕에 있다면 혁명 시의 기초는 미덕과 테러에 있다. 미덕 없는 테러는 재난을 낳고 테러 없는 미덕은 무력하다." 홍사중, 『근대시민사회사상사』(한길사, 1997), 164쪽.

5 토머스 소웰(Thomas Sowell), 채계병 옮김, 『비전의 충돌: 세계를 바라보는 두 개의 시선』(이카루스미디어, 2002/2006), 41~42쪽.

6 모겐소는 "현실주의는 바람직한 것과 가능한 것을 엄격히 구별할 것을 분명하게 요구한다"고 했다. 한스 모겐소(Hans Morgenthau), 이호재·엄태암 옮김, 『국가 간의 정치: 세계평화의 권력 이론적 접근 1』(김영사, 1948/2006/2013), 86~88쪽.

7 홍사중, 『근대시민사회사상사』(한길사, 1997), 165~166쪽.

8 이훈범, 「작으면 사람을 죽이고 크면 나라를 망친다」, 『중앙선데이』, 2020년 1월 4일, 31면.

9 강준만, 「왜 '도덕적 우월감'을 갖는 사람들이 부도덕해지기 쉬울까?: 도덕적 면허 효과」, 『감정 동물: 세상을 꿰뚫는 이론 6』(인물과사상사, 2017),

19~25쪽 참고.

10 윤정호, 「노동절 표심 뚜껑 열어보니…클린턴, 아슬아슬 리드」, 『조선일보』, 2016년 9월 12일; 황금비, 「'비호감' 경쟁? 클린턴도 막말 논란」, 『한겨레』, 2016년 9월 12일.

11 마이클 린치(Michael P. Lynch), 성원 옮김, 『우리는 맞고 너희는 틀렸다: 똑똑한 사람들은 왜 민주주의에 해로운가』(메디치, 2019/2020), 175~177쪽.

12 마이클 린치(Michael P. Lynch), 성원 옮김, 『우리는 맞고 너희는 틀렸다: 똑똑한 사람들은 왜 민주주의에 해로운가』(메디치, 2019/2020), 126~128쪽.

13 프랜시스 후쿠야마(Francis Fukuyama), 이수경 옮김, 『존중받지 못하는 자들을 위한 정치학: 존엄에 대한 욕구와 분노의 정치에 대하여』(한국경제신문, 2018/2020), 149~150쪽.

14 프랜시스 후쿠야마(Francis Fukuyama), 이수경 옮김, 『존중받지 못하는 자들을 위한 정치학: 존엄에 대한 욕구와 분노의 정치에 대하여』(한국경제신문, 2018/2020), 150쪽.

15 이어 그는 이렇게 말했다. "미국 엘리트 계층은 자신이 '부족적'인 것과는 정반대라고 믿는다. 그들은 자신이 보편 인류를 찬양하고 전 지구적, 코즈모폴리턴적 가치를 받아들인 '세계 시민'이라고 생각한다. 하지만 바로 그 코즈모폴리턴주의가 얼마나 부족적인 것인지를 그들은 깨닫지 못하고 있다. 고학력이고 세계 여러 나라를 다녀볼 수 있었던 사람들의 코즈모폴리턴주의는 사실 매우 배타적인 부족적 표식이다.……엘리트 계층이 촌스럽고 평범하고 '애국적'인 사람들에게 보이는 경멸보다 더 부족적인 것은 없을 것이다." 에이미 추아(Amy Chua), 김승진 옮김, 『정치적 부족주의: 집단 본능은 어떻게 국가의 운명을 좌우하는가』(부키, 2018/2020), 13~15쪽.

16 석경민, 「NYT "미국 좌파의 편협함이 트럼프의 분노 정치 부채질"」, 『중앙일보』, 2020년 11월 20일, 8면.

17 서영지, 「노영민 "가짜뉴스가 여기서 나오네!"…국민의힘에 '버럭'」, 『한겨레』, 2020년 11월 13일.

제11장 왜 정치는 "원칙의 경쟁으로 위장하는 밥그릇 싸움"인가?

1 Ambrose Bierce, 『The Devil's Dictionary』(New York: Bloomsbury,

1906/2008), p.115.

2   앰브로즈 비어스(Ambrose Bierce), 정시연 옮김, 『악마의 사전』(이른아침, 1906/2005), 181쪽.

3   하노 벡(Hanno Beck), 배명자 옮김, 『경제학자의 생각법』(알프레드, 2009/2015), 246~247쪽.

4   강준만, 「왜 정치와 행정은 사익을 추구하는 비즈니스인가?: 공공선택 이론」, 『감정 독재: 세상을 꿰뚫는 50가지 이론 1』(인물과사상사, 2013), 291~295쪽 참고.

5   하노 벡(Hanno Beck), 배명자 옮김, 『경제학자의 생각법』(알프레드, 2009/2015), 246~247쪽.

6   리처드 세넷(Richard Sennett), 유병선 옮김, 『뉴캐피털리즘: 표류하는 개인과 소멸하는 열정』(위즈덤하우스, 2006/2009), 192~198쪽; 강준만, 「왜 근린증오가 더 격렬할까?: 사소한 차이에 대한 나르시시즘」, 『우리는 왜 이렇게 사는 걸까?: 세상을 꿰뚫는 50가지 이론 2』(인물과사상사, 2014), 111~115쪽 참고.

7   지크문트 프로이트(Sigmund Freud), 김석희 옮김, 『문명 속의 불만』(열린책들, 1929/1997), 303쪽.

8   로버트 스턴버그(Robert J. Sternberg)·카린 스턴버그(Karin Sternberg), 김정희 옮김, 『우리는 어쩌다 적이 되었을까?』(21세기북스, 1998/2010), 147~148쪽; 강준만, 「왜 근린증오가 더 격렬할까?: 사소한 차이에 대한 나르시시즘」, 『우리는 왜 이렇게 사는 걸까?: 세상을 꿰뚫는 50가지 이론 2』(인물과사상사, 2014), 111~115쪽 참고.

9   마이클 포터(Michael E. Porter)·캐서린 겔(Katherine M. Gehl), 박남규 옮김, 『권력의 배신』(매일경제신문사, 2020), 106~107쪽.

10 윤석만, 「35년 동지가 대통령에게 보내는 편지」, 『중앙일보』, 2020년 10월 26일, 30면.

11 강준만·김환표, 『약탈 정치: 이명박·박근혜 정권 10년의 기록』(인물과사상사, 2017).

12 윤형준, 「기관장 45%·감사 82% '캠코더 인사'」, 『조선일보』, 2018년 7월 31일.

13 안효성, 「"문 정부서 임명된 공공기관 임원 1,722명 중 372명 캠코더"」, 『중앙일보』, 2018년 10월 26일.

14 김준영, 「지원서에 '대선 기여로 민주당 1급 포상'…교육부 산하기관장 합

격: 25곳 임명직 187명 중 61명 캠코더」,『중앙일보』, 2019년 9월 26일, 14면.

15 「[사설] 여당이 강제로 만든 기업 이사 자리 700여 개, 누구 몫이겠나」,『조선일보』, 2020년 1월 17일, A35면.

16 박국희·이민석,「사외이사 임기 제한하더니…그 빈자리 줄줄이 親與 인사로」,『조선일보』, 2020년 3월 10일, A14면.

17 김형원·김은중,「당청 출신 장관 정책보좌관, 숯 부처에서 국정 좌지우지: 전체 37명 중 24명이 당청 출신, 인사·정책 전반에 영향력 행사」,『조선일보』, 2020년 9월 17일, A1면.

18 윤정민,「"文 정부 3년, 특임 공관장 67% 캠프·여권 출신 캠코더"」,『중앙일보』, 2020년 9월 22일, 8면.

19 이미도,「[이미도의 무비 識道樂] [34] Politicians are like diapers」,『조선일보』, 2017년 9월 9일.

20 비키 쿤켈(Vicki Kunkel), 박혜원 옮김,『본능의 경제학: 본능 속에 숨겨진 인간 행동과 경제학의 비밀』(사이, 2009), 79~80쪽.

21 세르주 모스코비치(Serge Moscovici), 이상률 옮김,『군중의 시대: 대중심리학에 대한 역사적 고찰』(문예출판사, 1981/1996), 332~333쪽.

22 James Davison Hunter & Alan Wolfe,『Is There a Culture War?: A Dialogue on Values and American Public Life』(Washington, D.C.: Brookings Institution Press, 2006), p.18; Alan Wolfe,『Does American Democracy Still Work?』(New Haven: Yale University Press, 2006), pp.6~7.

23 MSNBC는 Microsoft and the National Broadcasting Company의 약자로, 마이크로소프트와 제너럴 일렉트릭 소유의 NBC 방송이 1996년 7월 15일 공동으로 출범시킨 24시간 케이블뉴스 채널이다.

24 비키 쿤켈(Vicki Kunkel), 박혜원 옮김,『본능의 경제학: 본능 속에 숨겨진 인간 행동과 경제학의 비밀』(사이, 2009), 85~86쪽.

25 조지 레이코프(George Lakoff), 나익주 옮김,『자유전쟁: '자유' 개념을 두고 벌어지는 진보와 보수의 대격돌』(프레시안북, 2006/2009), 309~311쪽. 웨스틴은 다음 해에 출간한『정치적 뇌』에서 '당파적 뇌(partisan brain)'란 개념을 제시했다. Drew Westin,『The Political Brain: The Role of Emotion in Deciding the Fate of the Nation』(New York: PublicAffairs, 2007), pp.x~xv.

26 Richard A. Viguerie & David Franke, 『America's Right Turn: How Conservatives Used News and Alternative Media to Take Power』 (Chicago: Bonus Books, 2004), pp.219~221.

27 권태호, 「왜곡 일삼는 '폭스뉴스', 시청률·신뢰도는 '1위'」, 『한겨레』, 2010년 3월 17일.

28 김동준, 「미국인 49% 폭스뉴스 가장 신뢰」, 『PD저널』, 2010년 2월 10일.

29 Ellen McCarthy & Paul Farhi, 「How Fox News Changed the Face of Journalism」, 『The Washington Post』, October 14, 2011.

30 Andrew Gelman et al., 『Red State, Blue State, Rich State, Poor State: Why Americans Vote the Way They Do』(Princeton, NJ: Princeton University Press, 2008); Robert D. Putnam. 『Bowling Alone: The Collapse and Revival of American Community』(New York: Touchstone Book, 2000).

31 Robert D. Putnam & David E. Campbell, 『American Grace: How Religion Divides and United Us』(New York: Simon & Schuster, 2010), p.516.

32 David Berreby, 『US & THEM: The Science of Identity』(Chicago: University of Chicago Press, 2008); Frances E. Lee. 『Beyond Ideology: Politics, Principles, and Partisanship in the U.S. Senate』 (Chicago: University of Chicago Press, 2009); Bruce Rozenblit, 『Us Against Them: How Tribalism Affects the Way We Think』(Kansas City, MO: Transcendent Publications, 2008).

33 리베카 코스타(Rebecca Costa), 장세현 옮김, 『지금, 경계선에서: 오래된 믿음에 대한 낯선 성찰』(쌤앤파커스, 2010/2011), 130~131쪽.

34 조찬제, 「[여적] 폭스뉴스의 변신」, 『경향신문』, 2020년 11월 11일, 26면.

제12장 왜 여당 의원들은 '싸가지 없는 발언' 경쟁을 벌이는가?

1 『아파트 민주주의』(2020)의 저자 남기업이 『중앙일보』 인터뷰에서 한 말이다. 이상언, 「갑질과 부패를 부르는 엉터리 '아파트 민주주의'」, 『중앙일보』, 2020년 11월 16일, 25면.

2 박성민, 「정치는 즐기고 지지자에게 욕먹을 용기 있는 자가 해야」, 『경향신문』, 2019년 6월 1일.

3   임귀열, 「임귀열 영어」, 『한국일보』, 2010년 5월 19일.

4   Martin N. Marger, 『Elites and Masses: An Introduction to Political Sociology』(New York: D. Van Nostrand, 1981), p.58.

5   David Held, 『Models of Democracy』(Cambridge, UK: Polity Press, 1987), pp.165~167.

6   콜린 크라우치(Colin Crouch), 이한 옮김, 『포스트 민주주의: 민주주의 시대의 종말』(미지북스, 2005/2008), 185쪽.

7   Robert D. Putnam. 『Bowling Alone: The Collapse and Revival of American Community』(New York: Touchstone Book, 2000), pp.340~342.

8   이철희, 「좋은 정치인은 어떻게 만들어지나?」, 『월간 인물과사상』, 제252호(2019년 4월), 147쪽.

9   에이프릴 카터(April Carter), 조효제 옮김, 『직접행동: 21세기 민주주의, 거인과 싸우다』(교양인, 2005/2006), 478~479쪽.

10   박상훈, 『청와대 정부: '민주정부란 무엇인가'를 생각하다』(후마니타스, 2018), 81쪽.

11   이대근, 「[여적] 젊은 지도자와 늙은 정치」, 『경향신문』, 2015년 2월 6일.

12   구정은, 「정치인들은 왜 늙었을까」, 『경향신문』, 2017년 4월 19일.

13   정만진, 「[주장] 국회의원 중 최소 30% 이상, 청년들에게 주자」, 『오마이뉴스』, 2020년 8월 18일.

14   원성훈, 「진중권 "기득권 586은 생각 자체가 약육강식 논리…쓴소리 하면 척결 대상"」, 『뉴스웍스』, 2020년 2월 21일.

15   홍세화·김혜민, 「[생생경제] "지금 집권하는 586은 민주 건달, 권력 게임하느라 민생 문제 관심 없어"(홍세화)」, 『YTN라디오』, 2020년 8월 21일.

16   박진용, 「장혜영 "민주당 586세대, 변화를 가로막는 기득권으로 전락"」, 『서울경제』, 2020년 9월 16일.

17   윤지원, 「이한상 교수 "70년대 국민의힘·80년대 민주당 세대 쓸모 다해… 좌우를 터서 젊은 세대 먹여 살리는 공론화 필요"」, 『경향신문』, 2020년 10월 9일, 24면.

18   이진순, 「대전환의 시대, 새로운 진보의 출현」, 『한겨레』, 2020년 8월 5일, 26면.

제13장 왜 문재인 정권은 오만의 수렁에 빠졌을까?

1 『군주론』(1532)에서 한 말이다. 시오노 나나미(鹽野七生) 엮음, 오정환 옮김, 『마키아벨리 어록』(한길사, 1988/1996), 56쪽.

2 박승희, 「'거부 민주주의'에 막혀 멈춰선 미국 정치 시계」, 『중앙일보』, 2013년 10월 11일.

3 모이제스 나임(Moises Naim), 김병순 옮김, 『권력의 종말: 다른 세상의 시작』(책읽는수요일, 2013/2015), 432쪽.

4 에이미 추아(Amy Chua), 김승진 옮김, 『정치적 부족주의: 집단 본능은 어떻게 국가의 운명을 좌우하는가』(부키, 2018/2020), 210쪽.

5 모이제스 나임(Moises Naim), 김병순 옮김, 『권력의 종말: 다른 세상의 시작』(책읽는수요일, 2013/2015), 432~433쪽.

6 프랜시스 후쿠야마(Francis Fukuyama), 이수경 옮김, 『존중받지 못하는 자들을 위한 정치학: 존엄에 대한 욕구와 분노의 정치에 대하여』(한국경제신문, 2018/2020), 7쪽.

7 아치 브라운(Archie Brown), 홍지영 옮김, 『강한 리더라는 신화: 강한 리더가 위대한 리더라는 환상에 관하여』(사계절, 2014/2017), 10쪽.

8 황영식, 「'거부권 정치'의 조짐」, 『한국일보』, 2015년 3월 20일.

9 예컨대, 다음 비판이 그 대표적 예다. 「[사설] "주52시간제 유예⋯전태일도 동의" 윤희숙의 궤변」, 『한겨레』, 2020년 11월 16일, 27면.

10 선정민, 「"전 임차인입니다" 레전드 연설이라는 야당 윤희숙 5분 발언」, 『조선일보』, 2020년 7월 31일.

11 송진식·김희진, 「'서울에서 전세 찾기' 해법이 안 보인다」, 『경향신문』, 2020년 10월 16일, 2면; 한은화, 「윤희숙 '5분 연설' 맞았다, 전세 난민 양산한 임대차 3법」, 『중앙일보』, 2020년 10월 19일, 14면; 「[사설] 전세 대란 만들고는 또 대책⋯이젠 뭐가 나올지 두렵다」, 『중앙일보』, 2020년 10월 26일, 34면; 「[사설] 멀쩡한 전월세 시장을 암시장으로 만든 정부, 이 난장판 어쩔 건가」, 『조선일보』, 2020년 10월 31일, A31면; 이희정, 「임대차법 후 서울 전셋값 7.5%↑⋯수도권선 '집값 추월'」, 『JTBC』, 2020년 11월 2일; 지선호, 「서울 입주 물량 2년 7개월 만에 최저⋯'전세 대란' 지속될 듯」, 『TV조선』, 2020년 11월 2일.

12 진명선, 「임대차 3법은 정말 하지 말았어야 했나요?」, 『한겨레』, 2020년 11월 7일, 2면.

13 김회승, 「'홍남기 위로금'을 지지한다」, 『한겨레』, 2020년 11월 13일, 23면.

14 안재승, 「'동네북' 임대차 3법, 더 강력해져야 한다」, 『한겨레』, 2020년 11월 17일, 26면.

15 강준만, 「왜 자신이 어리석다는 사실을 전혀 모를까?: 더닝-크루거 효과」, 『습관의 문법: 세상을 꿰뚫는 이론 7』(인물과사상사, 2019), 72~77쪽 참고.

16 김종철, 「"'운동권 조롱' 불편해하기 앞서 민주화 세력 겸손해져야": 민주화 운동의 막후 김정남 선생」, 『한겨레』, 2020년 10월 17일, 14~15면.

17 한은화, 「임대차법 탓 아니라더니, 여당 '전셋값 폭등' 예상했었다」, 『중앙일보』, 2020년 11월 11일, 10면.

18 이철희, 「다수결에 대한 오해」, 『한겨레』, 2020년 10월 27일, 27면.

제14장 왜 대통령의 통치가 '영원한 선거 캠페인'으로 변질되는가?

1 김영희, 「슈뢰더의 교훈」, 『중앙일보』, 2015년 5월 29일. 이와 비슷한 말을 한 이가 많다. 헝가리 출신의 미국 생화학자 알베르트 센트죄르지(Albert Szent-Gyorgyi, 1893~1986)는 "정치가가 다음 세대를 생각할 때 정상배들은 다음 선거를 생각한다. 사람들은 최고의 정상배를 뽑아놓고 그가 최악의 정치가라는 사실을 알고는 기절할 듯 놀란다"고 했다. 센트죄르지는 비타민C의 효능을 밝혀내 1937년 노벨 생리의학상을 수상했을 뿐만 아니라 파시스트가 헝가리의 권력을 잡자 유대인들을 해방시키는 활동을 했으며 제2차 세계대전 말기에는 연합국과의 비밀 평화 협상에 참여하는 등 영웅적인 활약을 하다가 1947년 미국으로 망명했다. 미국 철학자 존 롤스(John Rawls, 1921~2002)도 "정치꾼은 다음 선거를 준비하고 정치가는 다음 세대를 준비한다"고 했다. 롤스의 말을 인용한 김만권은 "유권자는 다음 선거를 준비하는 정치꾼을 뽑는다"가 현실이라며 이렇게 말한다. "다음 세대를 준비하는 사람을 유권자가 선택하지 않는다는 말입니다. 이 말은 정치꾼들의 정당이 선거에서 승리한다는 말과 다름이 없을 겁니다. 정치가가 되고자 하는 이들에게, 그리고 다음 세대를 준비하는 정당에게 기회를 주는 것, 그게 유권자의 힘이 아닐까요." 이훈범, 「친이, 친박 그리고 친문」, 『중앙선데이』, 2020년 9월 19일, 31면; 김만권, 『정치에 반하다: 우리 모두를 위한 정치학 특강』(궁리, 2017), 255쪽.

2 Morris P. Fiorina et al., 『America's New Democracy』(New York: Longman, 2002), p.11; 데니스 존슨(Dennis W. Johnson), 강흥수 옮김,

『선거 캠페인의 CEO, 정치 컨설턴트』(커뮤니케이션북스, 2001/2008), 1쪽.

3 데니스 존슨(Dennis W. Johnson), 강흥수 옮김, 『선거 캠페인의 CEO, 정 치 컨설턴트』(커뮤니케이션북스, 2001/2008), 421쪽.

4 데니스 존슨(Dennis W. Johnson), 강흥수 옮김, 『선거 캠페인의 CEO, 정 치 컨설턴트』(커뮤니케이션북스, 2001/2008), 35쪽.

5 「Verbatim」, 『Time』, October 20, 2008, p.12.

6 「"선거는 인간을 피폐하게 만든다": 부산 출마는 국민에 대한 忠諫…유권자 들 선택에 할 말 없다"」, 『주간동아』, 2006년 5월 29일.

7 신진호·최모란, 「이장이 뭐길래…선거로 두 쪽 난 주민들 "동네 창피해 유"」, 『중앙일보』, 2016년 2월 22일.

8 신진호·최모란, 「이장이 뭐길래…선거로 두 쪽 난 주민들 "동네 창피해 유"」, 『중앙일보』, 2016년 2월 22일.

9 신진호·최모란, 「이장이 뭐길래…선거로 두 쪽 난 주민들 "동네 창피해 유"」, 『중앙일보』, 2016년 2월 22일.

10 박용근, 「'10당8락 조합장' 돈 선거 심해졌다」, 『경향신문』, 2019년 7월 31일, 8면.

11 양영유, 「대학 총장은 욕먹는 걸 두려워 말라」, 『중앙일보』, 2008년 5월 26일.

12 헤르만 셰어(Hermann Scheer), 윤진희 옮김, 『정치인을 위한 변명: 정치 는 어떻게 정치인을 망가뜨리는가』(개마고원, 2003/2005), 47~48쪽.

13 헤르만 셰어(Hermann Scheer), 윤진희 옮김, 『정치인을 위한 변명: 정치 는 어떻게 정치인을 망가뜨리는가』(개마고원, 2003/2005), 33쪽.

14 헤르만 셰어(Hermann Scheer), 윤진희 옮김, 『정치인을 위한 변명: 정치 는 어떻게 정치인을 망가뜨리는가』(개마고원, 2003/2005), 37쪽.

15 마이클 셔드슨(Michael Schudson), 이강형 옮김, 『뉴스의 사회학』(한국언 론진흥재단, 2011/2014), 63쪽.

16 Todd Gitlin, 『Inside Prime Time』(New York: Pantheon Books, 1983), p.82.

17 진 립먼-블루먼(Jean Lipman-Blumen), 정명진 옮김, 『부도덕한 카리스 마의 매혹』(부글북스, 2004/2005), 23쪽.

18 Sidney Blumenthal, 『Permanent Campaign: Inside the World of Elite Political Operations』(Boston, Mass.: Beacon Press, 1980).

19 William Schneider, 「An Insiders' View of the Election」, 『Atlantic

Monthly』, July 1988, pp.29~57; Edward R. Tufte, 『Political Control of the Economy』(Princeton, N. J.: Princeton University Press, 1980); Gary Wills, 『Reagan's America: Innocents at Home』(New York: Doubleday, 1987).

20 David A. Stockman, 『The Triumph of Politics : Why the Reagan Revolution Failed』(New York : Harper & Row, 1986).

21 이냐시오 라모네(Ignacio Ramonet), 주형일 옮김, 『소리없는 프로파간다: 우리 정신의 미국화』(상형문자, 2001/2002), 97쪽.

22 일레인 카마르크(Elaine C. Kamarck), 안세민 옮김, 『대통령은 왜 실패하는가』(한국경제신문, 2016/2017), 26쪽.

23 이기우, 「고삐 풀린 국가의 빚, 스위스식 제동 장치 시급하다」, 『중앙일보』, 2019년 12월 30일, 28면.

24 이기우, 「고삐 풀린 국가의 빚, 스위스식 제동 장치 시급하다」, 『중앙일보』, 2019년 12월 30일, 28면.

25 송병철, 「국가 채무 비율 40% 지킨다더니 60%로 후퇴…이유는」, 『TV조선』, 2020년 10월 5일.

26 「[사설] 임기 끝까지 빚내 돈 뿌리겠다고 선언한 재정 준칙」, 『조선일보』, 2020년 10월 6일, A35면.

27 「[사설] 선거 의식한 '조세 원칙' 훼손, 소탐대실 부른다」, 『한겨레』, 2020년 11월 3일, 27면. 『경향신문』도 "이번 양도세 과세 후퇴는 전형적인 포퓰리즘이라고 해도 여권은 할 말이 없는 처지다. 국가 운영이 이토록 무원칙해도 되는지 묻고 싶다"고 비판했다. 「[사설] '주식 양도세 강화' 끝내 보류, 이러고도 공평 과세 말할 건가」, 『경향신문』, 2020년 11월 4일, 27면.

28 Edward R. Tufte, 『Political Control of the Economy』(Princeton, N. J.: Princeton University Press, 1980).

제15장 왜 정권과 정치권은 예산으로 장난을 치는가?

1 이에 대해 프랑스 철학자 다니엘 벤사이드(Daniel Bensaid, 1946~2010)는 "민주주의에 대한 바디우의 급진적 비판은 민주주의가 자본주의 및 상품 등가성과 순전히 동일하다고 보는 데 기초한다"고 말한다. 다니엘 벤사이드(Daniel Bensaid), 「영원한 스캔들」, 알랭 바디우(Alain Badiou) 외, 『민주주의는 죽었는가: 새로운 논쟁을 위하여』(난장, 2009/2010), 53쪽.

2   김정하, 「[김정하의 직격인터뷰] 원조 친노 유인태 "'소설 쓰시네' 기가 찼다…추미애, 정권 큰 부담"」, 『중앙일보』, 2020년 8월 21일, 26면.

3   강준만, 「지방의 '내부 식민지화'를 고착시키는 일상적 기제: '대학−매체−예산'의 트라이앵글」, 『사회과학연구』, 54집 2호(2015), 113~147쪽 참고.

4   김연근, 「2009년을 노래하기 위한 아름다운 예산 만들기」, 『새전북신문』, 2008년 11월 24일; 송경화, 「지자체 서울 사무소 '뛰어야 산다': "재정 열악, 정부 예산 한 푼이라도 더…"」, 『한겨레』, 2008년 11월 27일; 길진균, 「"의원 붙잡고 애걸…말이 공무원이지 영업사원 뺨쳐"」, 『동아일보』, 2008년 12월 8일.

5   「[사설] 국민의 피와 살로 짠 예산 이렇게 심의해선 안 돼」, 『조선일보』, 2008년 12월 11일; 「[사설] 순천서 벌어지는 저급한 '예산 폭탄' 논쟁」, 『중앙일보』, 2014년 7월 28일; 장세정, 「장관에게 '예산 청탁'하는 정권 실세」, 『중앙일보』, 2014년 8월 12일; 「[사설] 密室 예산 심사로 또 무슨 장난질 치려는 건가」, 『조선일보』, 2014년 11월 11일; 정환보·구교형, 「공무원 앞에서 "깡패" "양아치" 여야 설전…예산소위 회의장 풍경」, 『경향신문』, 2014년 11월 18일; 「[사설] 국회 예산小委서 벌어지는 막가파 행태들」, 『조선일보』, 2015년 11월 18일; 「[사설] 언제까지 국회 예결위를 복마전으로 둘 것인가」, 『한겨레』, 2015년 11월 20일.

6   이한수, 「정치는 醜學인가」, 『조선일보』, 2015년 5월 2일.

7   이성원, 「노래 한 곡에 100억?」, 『전북일보』, 2015년 8월 27일.

8   「[사설] "보선은 性 학습 기회" "살려달라 해보라" 궤변과 오만」, 『조선일보』, 2020년 11월 7일, A27면.

9   주희연, 「보궐선거 카드 가덕도 예산 막히자…여당 "X자식, 국토부"」, 『조선일보』, 2020년 11월 7일, A1면.

10   강갑생, 「김해 신공항 안 되면 가덕도라고?…공항 뒤덮은 정치」, 『중앙일보』, 2020년 11월 10일, 26면. 『조선일보』(11월 12일)는 사설을 통해 "후보를 내지 않겠다는 대국민 약속까지 뒤집더니 이제 10조 원 안팎의 국민 세금이 들어가는 국책 사업까지 표 얻는 데 이용하려고 한다. 우리 정치에 문제가 많지만 이런 사람들은 없었다"고 비판했다. 「[사설] 성추행 시장 빈 자리 또 차지하려 다 끝난 신공항 조작 시작」, 『조선일보』, 2020년 11월 12일, A35면.

11   "가덕도 신공항은 프랑스 업체 평가에서 2위도 아닌 3위 점수를 받았다. 하지만 김해 신공항이 부적격 판정을 받으면 2위를 제치고 가덕도 공항을 바

로 대안으로 발표할 태세다. 1위를 억지로 끌어내리고 3위에게 금메달을 주는 것이다. 만약 2위 지역에서 선거가 있었으면 가덕도 아닌 2위를 금메달로 만들었을 것이다.……시장 선거 정도가 아니라 정권의 사활이 걸린 대선이 2022년에 치러진다. 정말 상상 못한 일들이 벌어질 수 있다."「[사설] 이번엔 '신공항' 뒤집기, 10조 원짜리 매표 행위」, 『조선일보』, 2020년 11월 17일, A39면.

12 「[사설] 돈 너무 들어 경제성 없는 가덕도, 그래서 표 얻기 더 좋다니」, 『조선일보』, 2020년 11월 18일, A35면.

13 「[사설] 또 정치 논리로 오락가락하는 영남권 신공항」, 『한겨레』, 2020년 11월 18일, 27면.

14 「[사설] 선거 의식한 가덕도 밀어붙이기, 볼썽사납다」, 『한겨레』, 2020년 11월 19일, 31면.

15 윤정민·정진우, 「국민의힘 '가덕도 특별법' 자중지란…뒤돌아 웃는 민주당」, 『중앙선데이』, 2020년 11월 21일, 4면.

16 「[사설] 어차피 정권 마음대로 할 거면서 왜 검증위에 멍에 씌우나」, 『조선일보』, 2020년 11월 21일, A31면.

17 원선우, 「"신공항 10조면, 고교 무상교육 10년 가능" 조국, 8년 전엔 반대하더니 "생각 바뀌었다"」, 『조선일보』, 2020년 11월 23일, A4면.

18 강준만, 「왜 우리는 정당을 증오하면서도 사랑하는 걸까?: 스톡홀름 신드롬」, 『우리는 왜 이렇게 사는 걸까?: 세상을 꿰뚫는 50가지 이론 2』(인물과사상사, 2014), 86~91쪽 참고.

제16장 왜 도덕은 진보에 부메랑이 되었는가?

1 『마르크스와 칸트』(1904)에서 한 말이다. 스티븐 룩스(Steven Lukes), 황경식·강대진 옮김, 『마르크스주의와 도덕』(서광사, 1985/1994), 57쪽. 마르크스는 『독일 이데올로기』에서 "공산주의자들은 도덕을 전혀 설교하지 않는다"면서 '학교 선생님들'이란 그같이 고상한 추론을 들어 혁명을 위한 자신들의 주장을 편다고 했다. 리처드 벨라미(Richard Bellamy), 「현대 사회주의와 노르베르토 보비오의 정치사상」, 노르베르토 보비오 (Noberto Bobbio), 황주홍 옮김, 『자유주의와 민주주의』(문학과지성사, 1990/1992), 203쪽.

2 신판 마키아벨리 책의 서문에 맥스 러너(Max Lerner, 1902~1992)는 "명

확한 사실 한 가지만 짚고 넘어가도록 하자. 정치에서 이상과 윤리는 매우 중요한 규범이지만, 기술적인 면에서는 전혀 무의미하다"고 했다. 데이비드 거겐(David Gergen), 서율택 옮김, 『CEO 대통령의 7가지 리더십: 리처드 닉슨에서부터 빌 클린턴까지』(스테디북, 2000/2002), 111쪽.

3 솔 알린스키(Saul D. Alinsky), 박순성 · 박지우 옮김, 『급진주의자를 위한 규칙: 현실적 급진주의자를 위한 실천적 입문서』(아르케, 1971/2008), 87~88, 101쪽.

4 스티븐 룩스(Steven Lukes), 황경식 · 강대진 옮김, 『마르크스주의와 도덕』(서광사, 1985/1994), 24~25쪽.

5 스티븐 룩스(Steven Lukes), 황경식 · 강대진 옮김, 『마르크스주의와 도덕』(서광사, 1985/1994), 27, 36쪽. 물론 이런 시각은 오늘날에도 진보좌파 진영에서 건재하다. 작가 박남일은 "현실에서 도덕은 적대적 계급 관계 속에서 지배권력의 입맛대로 조작되거나 폐기된다"며 "따라서 '도덕이 땅에 떨어졌다'는 말은, 그 도덕의 토대가 되는 지배 질서에 구멍이 났다는 뜻이기도 하다"고 주장한다. 박남일, 『어용사전: 철학적 인민 실용사전』(서해문집, 2014), 247쪽.

6 룩스는 마르크스주의의 이런 도덕관은 '결과주의(consequentialism)'의 산물이라고 주장한다. 결과주의는 영국의 분석철학자 엘리자베스 앤스콤(Elizabeth Anscombe, 1919~2001)이 1958년에 쓴 「현대의 도덕 철학(Modern Moral Philosophy)」이란 논문에서 만든 말로, 단순하게 말하자면 "목적이 수단을 정당화한다(the ends justify the means)"는 이론이다. 룩스는 다음과 같이 말한다. "결과주의는 결과에 의해서만 행위들을 판단하며 행위 주체들에게 모든 것을 고려할 때 가능한 한 최선의 결과를 산출하도록 요구하는 이론을 의미한다. 결과주의는 행위 주체가 전체적으로 최선의 결과를 가져오도록 행동한다면 항상 옳다고 주장함으로써 옳음과 좋음을 연결짓는다." 스티븐 룩스(Steven Lukes), 황경식 · 강대진 옮김, 『마르크스주의와 도덕』(서광사, 1985/1994), 211쪽; 「Consequentialism」, 『Wikipedia』.

7 흔히 결과주의의 반대로 명분주의 또는 명분론이 거론되지만, 둘 사이의 경계가 명확한 건 아니다. 명분을 앞세운 결과주의도 있기 때문이다. 명분을 앞세운 결과주의는 자신들의 목적이 더 선하고 정의롭다고 믿는 도덕적 우월감을 가진 세력에 많이 나타난다. 마르크스주의가 꿈꾸는 인간 해방의 과정이 짧다면 결과주의의 강점이 두드러지겠지만, 과정이 길어진다면 이야

기는 달라진다. 인간 해방은 멀고 인간 행태는 가깝다. 마르크스주의자들이 보이는 인간 행태에 대한 대중의 혐오와 공포가 인간 해방이라는 가치를 압도할 수밖에 없다.

8   김동춘,『근대의 그늘: 한국의 근대성과 민족주의』(당대, 2000), 265~266쪽.

9   김형민,「의장님만 믿고 또래 젊은이를 고문했는가」,『한겨레』, 2014년 3월 8일.

10   이광수·남종석·이창우·최희철,『위기의 진보 정당, 무엇을 할 것인가: 부산 지역 진보 정당 평당원 4인의 작은 목소리』(앨피, 2014), 12~13쪽.

11   이는 조르주 소렐(Georges Eugène Sorel, 1847~1922)의 다음 표현을 빌린 것이다. "우리는 사회주의자들이 일반적으로 윤리적 고려에 대해 혐오감이 크다는 것을 알고 있다. 그들은 마치 볼테르가 종교를 다룰 때와 같은 경멸감으로 도덕을 다룬다." 세리 버먼(Sheri Berman), 김유진 옮김,『정치가 우선한다: 사회민주주의와 20세기 유럽의 형성』(후마니타스, 2006/2010), 113쪽.

12   강준만,『싸가지 없는 진보: 진보의 최후 집권 전략』(인물과사상사, 2014) 참고.

13   베른하르트 그림(Bernhard A. Grimm), 박규호 옮김,『권력과 책임: 최고 리더십을 위한 반(反)마키아벨리즘』(청년정신, 1996/2002), 61쪽.

14   또 그는 일본에서 도덕의 이미지는 '노인·보수'인 반면, 한국에서 도덕의 이미지는 '청춘·혁신'이라고 했다. 오구라 기조(小倉紀藏), 조성환 옮김,『한국은 하나의 철학이다: 리(理)와 기(氣)로 해석한 한국 사회』(모시는사람들, 1998/2017), 13, 15, 22쪽.

15   오스트리아의 진화생물학자이자 과학철학자인 프란츠 부케티츠(Franz M. Wuketits)는 도덕주의자는 "우리 삶의 모든 활동들을 도덕적인 관점에서 평가하는 자"로 정의한다. "도덕주의자는, 남들이 자기 행위를 할 때 사전에 어떤 도덕 체계 속에 그 행위를 분류해 넣을 것인지를 전혀 생각하지 않고도 행위할 수 있다는 점을 상상조차 할 수 없는 자이다. 또한 도덕주의자는 자신과 직접적으로 사회적인 상호관계 속에 있지 않은 사람들에게도 많은 것을 금지하려고 한다." 프란츠 부케티츠(Franz M. Wuketits), 김성돈 옮김,『도덕의 두 얼굴』(사람의무늬, 2010/2013), 199쪽.

16   최장집은 "내면적 신념을 추구하는 것만으로 정치의 영역에서 발생하는 문제들이 해결될 수 있다면, 정치는 곧 윤리학으로 환원될 수 있을 것이다"며 "정치 영역의 자율성을 발견하는 것이야말로 정치에 대한 가장 본질적인

문제를 이해하는 것이다"고 말한다. 최장집, 「정치가는 누구인가」, 최장집 엮음, 박상훈 옮김, 『막스 베버: 소명으로서의 정치』(폴리테이아, 2011), 84쪽.

17 박상훈, 『청와대 정부: '민주정부란 무엇인가'를 생각하다』(후마니타스, 2018), 134~137쪽.

18 최장집, 「다시 한국 민주주의를 생각한다: 위기와 대안」, 『한국정치연구』, 29권 2호(2020년 6월), 19쪽.

19 김영수, 「박정희의 정치 리더십」, 한국정신문화연구원 편, 『장면·윤보선·박정희: 1960년대 초 주요 정치 지도자 연구』(백산서당, 2001), 175, 225~234, 242쪽.

20 박정희, 『국가와 혁명과 나』(지구촌, 1963/1997), 251~256쪽.

21 박성희, 「'적폐' 윤회설」, 『조선일보』, 2017년 7월 25일.

22 함민복·김민정 엮음, 『문재인 스토리』(모악, 2017), 100쪽.

23 스티븐 헤이워드(Steven F. Hayward), 김장권 옮김, 『지금 왜 처칠인가』(중앙M&B, 1997/1998), 173~174쪽.

제17장 왜 진보는 '태극기 부대'를 악의적으로 오해하는가?

1 피터 싱어(Peter Singer), 김성한 옮김, 『사회생물학과 윤리』(연암서가, 2011/2012), 301쪽.

2 조너선 하이트(Jonathan Haidt), 왕수민 옮김, 『바른 마음: 나의 옳음과 그들의 옳음은 왜 다른가』(웅진지식하우스, 2012/2014), 194~196쪽; 조효제, 『인권의 지평: 새로운 인권 이론을 위한 밑그림』(후마니타스, 2016), 157~158쪽.

3 조너선 하이트(Jonathan Haidt), 왕수민 옮김, 『바른 마음: 나의 옳음과 그들의 옳음은 왜 다른가』(웅진지식하우스, 2012/2014), 197쪽.

4 Jonathan Haidt & Craig Joseph, 「Intuitive ethics: how innately prepared intuitions generate culturally variable virtues」, 『Daedalus』, 133:4(Fall 2004), pp.55~66.

5 석승혜·장예빛·유승호, 「한국의 중도 집단은 탈도덕적인가?: 이념 성향에 따른 도덕성 기반 비교를 중심으로」, 『한국사회학』, 49권 5호(2015년 10월), 121쪽.

6 조효제, 『인권의 지평: 새로운 인권 이론을 위한 밑그림』(후마니타스,

2016), 163~164쪽.

7 석승혜·장예빛·유승호, 「한국의 중도 집단은 탈도덕적인가?: 이념 성향에 따른 도덕성 기반 비교를 중심으로」, 『한국사회학』, 49권 5호(2015년 10월), 122쪽; 이재호·조긍호, 「정치 성향에 따른 도덕 판단 기준의 차이」, 『한국심리학회지: 사회 및 성격』, 28권 1호(2014년 2월), 3~4쪽.

8 Jonathan Haidt, 「The Emotional Dog and Its Rational Tail: A Social Intuitionist Approach to Moral Judgment」, 『Psychological Review』, 108:4(2001), pp.814~834; 조너선 하이트(Jonathan Haidt), 왕수민 옮김, 『바른 마음: 나의 옳음과 그들의 옳음은 왜 다른가』(웅진지식하우스, 2012/2014), 107쪽.

9 조나 레러(Jonah Lehrer), 강미경 옮김, 『탁월한 결정의 비밀: 뇌신경과학의 최전방에서 밝혀낸 결정의 메커니즘』(위즈덤하우스, 2009), 274쪽.

10 석승혜·장예빛·유승호, 「한국의 중도 집단은 탈도덕적인가?: 이념 성향에 따른 도덕성 기반 비교를 중심으로」, 『한국사회학』, 49권 5호(2015년 10월), 121~122쪽; 이재호·조긍호, 「정치 성향에 따른 도덕 판단 기준의 차이」, 『한국심리학회지: 사회 및 성격』, 28권 1호(2014년 2월), 3쪽; 드루 웨스턴(Drew Westen), 뉴스위크한국판 옮김, 『감성의 정치학: 마음을 읽으면 정치가 보인다』(뉴스위크한국판, 2007), 357쪽.

11 Jonathan Haidt & Jesse Graham, 「When Morality Opposes Justice: Conservatives Have Moral Intuitions that Liberals may not Recognize」, 『Social Justice Research』, 20:1(March 2007), pp.98~116; Jesse Graham, Jonathan Haidt, and Brian A. Nosek, 「Liberals and Conservatives Rely on Different Sets of Moral Foundations」, 『Journal of Personality and Social Psychology』, 96:5(2009), pp.1029~1046; 정은경·정혜승·손영우, 「진보와 보수의 도덕적 가치 판단의 차이: 용산 재개발 사건을 중심으로」, 『한국심리학회지: 사회 및 성격』, 25권 4호(2011년 11월), 95쪽.

12 석승혜·장예빛·유승호, 「한국의 중도 집단은 탈도덕적인가?: 이념 성향에 따른 도덕성 기반 비교를 중심으로」, 『한국사회학』, 49권 5호(2015년 10월), 123쪽.

13 Jesse Graham, Jonathan Haidt, and Brian A. Nosek, 「Liberals and Conservatives Rely on Different Sets of Moral Foundations」, 『Journal of Personality and Social Psychology』, 96:5(2009), pp.1029~1046;

조너선 하이트(Jonathan Haidt), 왕수민 옮김, 『바른 마음: 나의 옳음과 그들의 옳음은 왜 다른가』(웅진지식하우스, 2012/2014), 298~299쪽.

14 Jonathan Haidt & Jesse Graham, 「When Morality Opposes Justice: Conservatives Have Moral Intuitions that Liberals may not Recognize」, 『Social Justice Research』, 20:1(March 2007), pp.98~116; 조너선 하이트(Jonathan Haidt), 왕수민 옮김, 『바른 마음: 나의 옳음과 그들의 옳음은 왜 다른가』(웅진지식하우스, 2012/2014), 217~220, 286쪽; 이재호 · 조긍호, 「정치 성향에 따른 도덕 판단 기준의 차이」, 『한국심리학회지: 사회 및 성격』, 28권 1호(2014년 2월), 5쪽.

15 조너선 하이트(Jonathan Haidt), 왕수민 옮김, 『바른 마음: 나의 옳음과 그들의 옳음은 왜 다른가』(웅진지식하우스, 2012/2014), 311~322쪽. 'Righteous Mind'의 번역과 관련, 조효제가 잘 지적했듯이, "하이트의 모든 논점이 축약된 원제목을 고려해 좀더 맥락을 살려 번역한다면 '스스로 옳다고 생각하는 마음'이라고 옮길 수 있다." 조효제, 『인권의 지평: 새로운 인권 이론을 위한 밑그림』(후마니타스, 2016), 164쪽.

16 조너선 하이트(Jonathan Haidt), 왕수민 옮김, 『바른 마음: 나의 옳음과 그들의 옳음은 왜 다른가』(웅진지식하우스, 2012/2014), 311, 333, 335, 337쪽.

17 이동현 · 유재연, 「슬픔 공감대 옅어지자 '유족 배려 폭' 놓고 다른 목소리」, 『중앙선데이』, 2014년 7월 26일.

18 조너선 하이트(Jonathan Haidt), 왕수민 옮김, 『바른 마음: 나의 옳음과 그들의 옳음은 왜 다른가』(웅진지식하우스, 2012/2014), 171~179, 333~338쪽.

19 오창동, 「도덕 기반 이론을 통해 본 한국 정당의 유권자 동원 담론: 정당 논평에 대한 자동화된 텍스트 분석을 중심으로」, 『한국사회학회 사회학대회 논문집』, 2016년 12월, 460~461쪽.

20 조슈아 그린(Joshua Greene), 최호영 옮김, 『옳고 그름: 분열과 갈등의 시대, 왜 다시 도덕인가』(시공사, 2013/2017), 507~511쪽. 그린은 "하이트는 중도파이며 결국에는 무엇보다도 공리주의를 지지하는, 이따금 양면적인 자유주의자"로 평가한다.(517쪽)

21 조너선 하이트(Jonathan Haidt), 왕수민 옮김, 『바른 마음: 나의 옳음과 그들의 옳음은 왜 다른가』(웅진지식하우스, 2012/2014), 300~307, 502~509쪽; 김종목, 「[책과 삶] 이성은 직관의 '변호사'…상대방 직관을

보면 통한다」, 『경향신문』, 2014년 4월 26일.

22   티머시 D. 윌슨(Timothy D. Wilson), 「사회심리학이란 무엇인가」, 대니얼 카너먼(Daniel Kahneman) 외, 『생각의 해부』(와이즈베리, 2013/2015), 179~180쪽.

23   조지 레이코프(George Lakoff), 손대오 옮김, 『도덕의 정치』(생각하는백성, 2002/2004), 33, 402쪽.

24   조지 레이코프(George Lakoff), 손대오 옮김, 『도덕의 정치』(생각하는백성, 2002/2004), 41쪽.

25   정은경·손영우, 「진보와 보수의 도덕적 가치 판단의 차이: 간통죄를 중심으로」, 『한국심리학회지: 일반』, 30권 3호(2011년 9월), 727~741쪽; 정은경·정혜승·손영우, 「진보와 보수의 도덕적 가치 판단의 차이: 용산 재개발 사건을 중심으로」, 『한국심리학회지: 사회 및 성격』, 25권 4호(2011년 11월), 93~105쪽; 이재호·조긍호, 「정치 성향에 따른 도덕 판단 기준의 차이」, 『한국심리학회지: 사회 및 성격』, 28권 1호(2014년 2월), 1~26쪽; 석승혜·장예빛·유승호, 「한국의 중도 집단은 탈도덕적인가?: 이념 성향에 따른 도덕성 기반 비교를 중심으로」, 『한국사회학』, 49권 5호(2015년 10월), 123~124쪽.

26   Shim, K., Cho, H.C., Kim, S., & Yeo, S. 「Impact of Moral Foundations on Consumers' Boycott Intentions: A Cross-Cultural Study of Crisis Perceptions and Responses in US, Korea, Malaysia and Singapore」, PR division, 『ICA 67TH ANNUAL CONFERENCE』, May, 2017, San Diego, US.

27   조효제, 『인권의 지평: 새로운 인권 이론을 위한 밑그림』(후마니타스, 2016), 162~163쪽.

28   조효제, 『인권의 지평: 새로운 인권 이론을 위한 밑그림』(후마니타스, 2016), 168쪽.

29   한귀영, 「왜 가난한 이들은 보수 정당을 지지했는가?」, 이창곤·한귀영 엮음, 『18 그리고 19: 18대 대선으로 본 진보 개혁의 성찰과 길』(도서출판 밈, 2013), 35쪽.

30   Joseph A. DeVito, 『Human Communication: The Basic Course』, 11th ed.(New York: Pearson, 2009), pp.47~48; Ronald B. Adler et al., 『Interplay: The Process of Interpersonal Communication』, 7th ed.(New York: Harcourt Brace, 1998), p.63.

31 신진욱이 지적한 4가지 오해와 편견은 다음과 같다. "첫째는 '극소수'에 불과하다는 생각이다. 하지만 필자가 참여하는 '거버넌스의 다양성' 에스에스케이(SSK)연구단의 2020년 조사에서 태극기 집회 경험자는 5.4%나 됐다. 200만 명이 넘는다. 또한 단순히 '티케이'(TK) 현상도 아니다. 전체 참가자 중 비중은 서울 사람이 많고, 지역별로 참가자 비율은 충청, 경상이 가장 높다. 둘째는 '비자발적 참여'라는 추측이다. 보수단체가 동원했거나 일당을 주고 샀다는 것이다. 그러나 이들 중 다수는 조직에 속해 있지 않을뿐더러, 조직적 참여가 곧 비자발성을 뜻하는 것도 아니다. 연세대 김왕배 교수의 2017년 연구는 오히려 이들에게서 강렬한 분노와 애국적 자긍심을 발견했다. 셋째는 '루저' 현상이라는 해석이다. 사회 변화에 낙오된 패자들이라는 것이다. 그러나 대구가톨릭대 장우영 교수의 2018년 연구에 따르면 태극기 집회 참여자는 고소득층부터 저소득층까지 고루 분포했다. 고용 형태상으로도 정규직, 자영업, 학생, 주부 등 다양했다. 넷째로 '노인 집회'라는 편견이 있다. 하지만 초기에도 평균 참여자 연령은 60살 미만이었다. 상기한 2020년 조사에서 연령대별 참여 경험자 비율은 20대가 6.9%, 30대가 8.6%로 노인층보다 높았다. 현재 2030은 진보 성향이 가장 강한 연령층인데, 그 연령대에 이런 강경 보수도 있는 것이다." 신진욱, 「'태극기 집회'와 극단주의 감별법」, 『한겨레』, 2020년 10월 14일, 27면.

32 대깨문? 무슨 말인지 모를 분들도 있을 것 같아, 『나무위키』의 정의를 소개한다. "'대가리 깨져도 문재인'의 줄임말. 본래는 문재인의 콘크리트 지지층들이 어대문(어차피 대통령은 문재인)과 유사하게, 제19대 대통령 선거 시절부터 문재인을 지지하는 긍정적인 의미의 유행어 중 하나였다. 그러나 이후 문재인 정부의 지지율 하락으로 호불호가 많이 갈리는 상황이 되자 반문 진영에서 맹목적으로 문재인 대통령을 지지하는 사람을 조롱하는 폄칭으로 자리 잡았다. 과거에는 문재인의 콘크리트 지지층들이 스스로를 자랑스럽게 소개하는 단어였지만, 현재는 반문 진영에서 문재인 지지자를 조롱하는 말로 쓰이게 된 것이다."

33 신진욱, 「'태극기 집회'와 극단주의 감별법」, 『한겨레』, 2020년 10월 14일, 27면.

34 고동욱, 「박용진, 이승만·박정희 공로 조명…"진영 논리 벗어나야"」, 『연합뉴스』, 2020년 11월 12일.

35 원선우, 「이승만·박정희 재평가 박용진에 친문 폭격 "미친 X 쓰레기"」, 『조선일보』, 2020년 11월 13일.

36　이철희, 『디브리핑: 클린턴과 블레어, 그리고 그 참모들』(운주사, 2002), 163쪽.

제18장 왜 지지 정당이 다르면 가족마저 절연하는가?

1　이탈리아 르네상스 시대 피렌체의 정치 지배자 로렌초 데 메디치(Lorenzo di Piero de' Medici, 1449~1492)도 비슷한 말을 했다. "군주가 하는 일을 대중도 한다. 왜냐하면 그들의 시선은 언제나 통치자를 향하고 있기 때문이다." 이 두 명언을 인용한 이탈리아 사상가 니콜로 마키아벨리(Niccoló Machiavelli, 1469~1527)는 『정략론』(1531)에서 이렇게 말한다. "군주는 민중이 무슨 과오를 범하더라도 불평할 수 없다. 왜냐하면 민중이 저지른 과오는 통치자 쪽의 태만에서 나온 것이거나 아니면 통치자가 저지른 것을 그들이 답습한 데 지나지 않기 때문이다." 시오노 나나미(鹽野七生) 엮음, 오정환 옮김, 『마키아벨리 어록』(한길사, 1988/1996), 194쪽.

2　마이클 린치(Michael P. Lynch), 성원 옮김, 『우리는 맞고 너희는 틀렸다: 똑똑한 사람들은 왜 민주주의에 해로운가』(메디치, 2019/2020), 176쪽.

3　정시행, 「가족 갈라놓는 대통령」, 『조선일보』, 2020년 9월 30일, A26면.

4　폴 로버츠(Paul Roberts), 김선영 옮김, 『근시사회: 내일을 팔아 오늘을 사는 충동인류의 미래』(민음사, 2014/2016), 266~267쪽; 세라 로즈 캐버너(Sarah Rose Cavanagh), 강주헌 옮김, 『패거리 심리학: 분열된 세계에서의 종족주의』(로크미디어, 2019/2020), 134쪽.

5　폴 로버츠(Paul Roberts), 김선영 옮김, 『근시사회: 내일을 팔아 오늘을 사는 충동인류의 미래』(민음사, 2014/2016), 266쪽.

6　폴 로버츠(Paul Roberts), 김선영 옮김, 『근시사회: 내일을 팔아 오늘을 사는 충동인류의 미래』(민음사, 2014/2016), 267쪽.

7　김혜인, 「도널드 트럼프-힐러리 클린턴 지지자들이 만났더니?: [인터뷰] '스페이스십 미디어' 이브 펄먼의 '대화 저널리즘'…"보도의 속도를 늦춰야 한다"」, 『미디어스』, 2019년 11월 4일.

8　정시행, 「누가 이겨도 큰일, 美 유권자 20% "선거 지면 불복하겠다"」, 『조선일보』, 2020년 10월 29일, A1면.

9　롭 앤더슨(Rob Anderson)·로버트 다덴(Robert Dardenne)·조지 킬렌버그(George M. Killenberg), 차재영 옮김, 『저널리즘은 어떻게 민주주의를 만드는가』(커뮤니케이션북스, 1996/2006); 김동윤 외, 『뉴스 수용자의 진

화』(커뮤니케이션북스, 2010); 김사승, 『현대 저널리즘』(커뮤니케이션북스, 2013) 등 참고.

10 강준만, 「'대화 저널리즘'을 위하여」, 『한겨레』, 2020년 10월 26일.

11 테렌스 볼(Terence Ball)·리처드 대거(Richard Dagger), 정승현 외 옮김, 『현대 정치사상의 파노라마: 민주주의의 이상과 정치 이념』(아카넷, 2004/2006), 367쪽.

제19장 왜 후안무치는 정치인의 필수 덕목인가?

1 이훈범, 「친이, 친박 그리고 친문」, 『중앙선데이』, 2020년 9월 19일, 31면.

2 제프리 페퍼(Jeffrey Pfeffer), 이경남 옮김, 『권력의 기술: 조직에서 권력을 거머쥐기 위한 13가지 전략』(청림출판, 2010/2011), 209~210쪽.

3 Larry Martz, 「Ollie Takes the Hill(Cover Story)」, 『Newsweek』, July 20, 1987, pp.12~20.

4 홍장원, 『트럼프는 어떻게 트럼프가 되었는가: 우리가 알지 못했던 진짜 트럼프 이야기』(한스미디어, 2016), 140~141쪽.

5 김진명, 「71번 말 끊은 트럼프…바이든은 "닥쳐줄래" 결국 美 TV 토론 방식 바꾼다」, 『조선일보』, 2020년 10월 4일, A17면.

6 Brad Lowry, 『Donald Trump: The Top Reasons He Should Win the 2016 Presidential Election(pamphlet)』(2016), pp.16~17; J. M. Carpenter, 『Stumped: How Trump Triumphed: The Open Secrets of Donald Trump's Gravity-Defying Political Domination and How You Can Use Them(pamphlet)』(2016), pp.52~53.

7 제프리 페퍼(Jeffrey Pfeffer), 이경남 옮김, 『권력의 기술: 조직에서 권력을 거머쥐기 위한 13가지 전략』(청림출판, 2010/2011), 209쪽.

8 토머스 패터슨(Thomas E. Patterson), 오현경 옮김, 『뉴스 생태학: 정보의 오염과 지식 기반 저널리즘』(한울, 2013/2018), 81쪽.

9 토니 마이어스(Tony Myers), 박정수 옮김, 『누가 슬라보예 지젝을 미워하는가』(앨피, 2003/2005), 129쪽; 이진우, 「해제: 시대정신으로서의 '냉소주의'」, 페터 슬로터다이크(Peter Sloterdijk), 이진우·박미애 옮김, 『냉소적 이성 비판』(에코리브르, 1983/2005), 10~11쪽.

10 최승호, 『방부제가 썩는 나라: 최승호 시집』(문학과지성사, 2018), 16쪽.

11 박상우, 「아줌마를 푸대접 말라」, 『경향신문』, 2006년 10월 5일, 18면.

제20장 왜 민주당은 부자들을 위한 정당이 되었는가?

1   존 스페이드(Jon Spayde)·제이 월재스퍼(Jay Walljasper), 원재길 옮김,
    『틱낫한에서 촘스키까지: 더 실용적이고 창조적인 삶의 전망 61장』(마음산
    책, 2001/2004), 232~233쪽.
2   크리스티아 프릴랜드(Chrystia Freeland), 박세연 옮김, 『플루토크라트: 모
    든 것을 가진 사람과 그 나머지』(열린책들, 2012/2013), 405쪽.
3   우태희, 『오바마 시대의 세계를 움직이는 10대 파워』(새로운제안, 2008),
    308~309쪽.
4   김성훈, 「샌더스도 집이 세 채…6억짜리 별장 구입에 논란 일어」, 『헤럴드
    경제』, 2016년 8월 11일; 신보영, 「별장 구입 샌더스에 "위선자" 비난 쇄
    도」, 『문화일보』, 2016년 8월 12일; 신지홍, 「'사회주의자' 샌더스 별장 구
    입에 "집만 3채 위선자" 비난 쇄도」, 『연합뉴스』, 2016년 8월 12일.
5   김현기, 「속 미국 대선 관전기 1」, 『중앙일보』, 2016년 8월 16일.
6   레너드 버나도(Leonard Bernardo)·제니퍼 와이스(Jennifer Weiss), 이종
    인 옮김, 『미국 대통령의 역사』(시대의창, 2009/2012), 52쪽.
7   채승기, 「헬로 한마디에 17만 원…너무 비싼 클린턴 입」, 『중앙일보』, 2013년
    6월 5일.
8   김창금, 「힐러리 "생계형 억대 강연" 역풍」, 『한겨레』, 2014년 6월 12일.
9   정지섭, 「클린턴, 최고 부자 美 대통령」, 『조선일보』, 2014년 6월 14일.
10 조찬제, 「월가 고액 강연 논란, 오바마는 다를까」, 『경향신문』, 2017년 5월
    4일.
11 신준봉, 「오바마 '6,000만 불의 사나이'」, 『중앙일보』, 2017년 3월 8일, 22면;
    황상철, 「오바마도 '살찐 고양이' 되나」, 『한겨레』, 2017년 4월 27일.
12 미하엘 하르트만(Michael Hartmann), 이덕임 옮김, 『엘리트 제국의 몰락』
    (북라이프, 2018/2019), 41~42쪽.
13 황상철, 「오바마도 '살찐 고양이' 되나」, 『한겨레』, 2017년 4월 27일.
14 윤정호·이준호, 「1시간에 2억 원 버는 힐러리…뭇매 맞는 '고액 강연'」, 『조
    선일보』, 2014년 6월 30일.
15 임수빈, 「전관예우는 사회 신뢰 좀먹는 암 덩어리다」, 『중앙일보』, 2018년
    7월 16일.
16 이동걸, 「공무원부터 민영화하라」, 『한겨레』, 2014년 2월 3일.
17 김지환, 「금융계 '모피아의 귀환'」, 『경향신문』, 2013년 6월 7일.

18 박두식, 「관료 ‘마피아’의 무한 탐욕 시대」, 『조선일보』, 2013년 6월 8일.

19 박종세, 「꼴찌 ‘한국 금융’ 뒤엔 官治가 있다」, 『조선일보』, 2013년 6월 12일.

20 김기환, 「변호사 10명 중 9명 “전관예우 여전”」, 『중앙일보』, 2013년 6월 12일.

21 금원섭·김시현, 「“금융 공공기관 CEO 68%(2008년 이후)가 모피아(재무부 출신 관료)…배후 있나”」, 『조선일보』, 2013년 6월 18일.

22 고영회, 「전관예우? 아니 전관범죄!」, 『자유칼럼그룹』, 2013년 6월 20일.

23 「[사설] ‘전관예우 방지법’ 뚫린 구멍 어떻게 메울 건가」, 『조선일보』, 2014년 2월 22일.

24 「[사설] 교육 次官 14명 중 11명이 총장, 이러니 대학 개혁 되겠나」, 『조선일보』, 2014년 3월 6일.

25 송원형, 「법원, 이대로는 안 된다: ‘前官예우 금지법’까지 만들었지만…변호사 90% “전관예우 여전”」, 『조선일보』, 2014년 4월 3일.

26 김민아, 「[여적] 대법관과 전관예우」, 『경향신문』, 2015년 3월 21일.

27 박재현, 「“전관예우 아닌 전관박대 어떠세요”」, 『중앙일보』, 2015년 3월 23일.

28 손창완, 「전관예우의 본질」, 『경향신문』, 2015년 6월 12일.

29 송원형, 「전화 변론·판사와 친분 자랑…도 넘은 ‘前官 변호사’의 비위」, 『조선일보』, 2015년 8월 20일.

30 「[사설] 몰래 주고받는 ‘전관예우’ 현직도 처벌해야」, 『조선일보』, 2015년 9월 22일.

31 「[사설] “전관예우로 예산 끌어오겠다”는 최경환, 제정신인가」, 『경향신문』, 2016년 3월 28일.

32 김양진, 「“비고시 1억 5천·고시 2억 5천”…재취업 연봉까지 정해준 공정위」, 『한겨레』, 2018년 7월 27일.

33 「[사설] 수임 건수·수임료 3배 격차 전관예우, 사법 정의에 반한다」, 『동아일보』, 2019년 12월 3일.

34 최한수, 「사법부 전관예우와 ‘라떼’」, 『한겨레』, 2020년 10월 5일, 27면.

35 박초롱, 「경제 관료 200여 명 포진…불변의 ‘금융권 낙하산’」, 『연합뉴스TV』, 2020년 10월 10일.

36 김희진, 「국토부 고위급 퇴직자들…취업 심사 안 받는 산하기관으로 ‘낙하’」, 『경향신문』, 2020년 10월 12일, 6면.

37 윤진호, 「금감원 직원들 금융사로 옮겨 ‘방패’ 역할」, 『조선일보』, 2020년

10월 23일.

38 폴 로버츠(Paul Roberts), 김선영 옮김, 『근시사회: 내일을 팔아 오늘을 사는 충동인류의 미래』(민음사, 2014/2016), 278쪽.

39 박신홍, 「'쩐의 전쟁' 미 대선 자금, 3조 5,100억 원 역대 최고치 확실」, 『중앙선데이』, 2020년 9월 26일, 6면.

40 황준범, 「미 대선 막판 '돈의 전쟁'…바이든, TV 광고 지출도 트럼프 압도」, 『한겨레』, 2020년 10월 20일, 14면.

41 Andrew Gelman et al., 『Red State, Blue State, Rich State, Poor State: Why Americans Vote the Way They Do』(Princeton, NJ: Princeton University Press, 2008), pp.145, 183.

42 토머스 프랭크(Thomas Frank), 김병순 옮김, 『왜 가난한 사람들은 부자를 위해 투표하는가: 캔자스에서 도대체 무슨 일이 있었나』(갈라파고스, 2004/2012), 324쪽.

43 로버트 프랭크(Robert Frank), 권성희 옮김, 『리치스탄: 새로운 백만장자의 탄생과 부의 비밀』(더난출판, 2007/2008), 257쪽.

44 미하엘 하르트만(Michael Hartmann), 이덕임 옮김, 『엘리트 제국의 몰락』(북라이프, 2018/2019), 196~198쪽.

45 David Callahan, 『Fortunes of Change: The Rise of the Liberal Rich and the Remaking of America』(Hoboken, NJ: John Wiley & Sons, 2010), pp.31~32.

46 Andrew Gelman et al., 『Red State, Blue State, Rich State, Poor State: Why Americans Vote the Way They Do』(Princeton, NJ: Princeton University Press, 2008), p.24; 강준만, 『강남 좌파 2: 왜 정치는 불평등을 악화시킬까?』(인물과사상사, 2019) 참고.

47 존 스페이드(Jon Spayde)·제이 월재스퍼(Jay Walljasper), 원재길 옮김, 『틱낫한에서 촘스키까지: 더 실용적이고 창조적인 삶의 전망 61장』(마음산책, 2001/2004), 232~233쪽.

48 폴 로버츠(Paul Roberts), 김선영 옮김, 『근시사회: 내일을 팔아 오늘을 사는 충동인류의 미래』(민음사, 2014/2016), 286~287쪽.

49 박성민, 「고전과 포르노 사이, 정치자금에 길을 터줘라」, 『한겨레』, 2015년 4월 25일.

50 박상훈, 『정당의 발견: 민주주의에서 정당이란 무엇이고 또 무엇일 수 있을까』(후마니타스, 2015), 326~327쪽.

1   "헌법 생활은 결코 수학적 규칙일 수 없으며 결코 도그마적인 법률 규정에만 따라 판단될 수 없다"며 한 말이다. 에리히 슈빙어(Erich Schwinge), 김삼룡 옮김, 『정치가란 무엇인가?』(유나이티드컨설팅그룹, 1983/1992), 68~69쪽.

2   이종혁, 『PR을 알면 세상이 열린다: PR로 평하는 세상 이야기』(커뮤니케이션북스, 2010), 60~61쪽.

3   이원재·최영준 외, 『코로나 0년 초회복의 시작: 파국을 뛰어넘는 새로운 시대의 상상력』(어크로스, 2020).

4   마이클 린치의 다음 경고를 두려운 마음으로 받아들이는 게 좋겠다. "지적 오만함에 병적으로 시달릴 때 우리는 다른 누구에게도 배울 게 없다고 생각한다. 우리의 세계관은 나와 다른 관점을 가진 사람들이 하는 말을 경청함으로써 더 나아질 리가 없다고 보는 것이다.……환경만 맞으면 오만함은 파벌적인 성격을 띠고 '우리'가 '그들'을 대하는 태도가 될 수 있다. 이렇게 되면 우리는 비민주적인 미래로 이어지는 길에 진입하게 된다. 이 '파벌적인 오만함' 때문에 사람들은 진실보다 충성을 내세우고, 자신들의 관점이 우월할 뿐만 아니라, 이보다 훨씬 위험하게 인간으로서도 우월하다고 믿게 되기 때문이다." 마이클 린치(Michael P. Lynch), 성원 옮김, 『우리는 맞고 너희는 틀렸다: 똑똑한 사람들은 왜 민주주의에 해로운가』(메디치, 2019/2020), 15쪽.

싸가지 없는 정치

© 강준만, 2020

초판 1쇄 2020년 12월 24일 펴냄
초판 2쇄 2021년 1월 5일 펴냄

지은이 ㅣ 강준만
펴낸이 ㅣ 강준우
기획·편집 ㅣ 박상문, 박효주
디자인 ㅣ 최진영, 홍성권
마케팅 ㅣ 이태준
관리 ㅣ 최수향
인쇄·제본 ㅣ ㈜삼신문화

펴낸곳 ㅣ 인물과사상사
출판등록 ㅣ 제17-204호 1998년 3월 11일

주소 ㅣ (04037) 서울시 마포구 양화로7길 6-16 서교제일빌딩 3층
전화 ㅣ 02-325-6364
팩스 ㅣ 02-474-1413

www.inmul.co.kr ㅣ insa@inmul.co.kr

ISBN 978-89-5906-595-0 03300

값 18,000원

이 도서의 국립중앙도서관 출판예정도서목록(CIP)은 서지정보유통지원시스템 홈페이지
(http://seoji.nl.go.kr)와 국가자료공동목록시스템(http://www.nl.go.kr/kolisnet)에서
이용하실 수 있습니다. (CIP제어번호: CIP2020053171)